SABERES CON SABOR

Saberes con sabor: Culturas hispánicas a través de la cocina es un manual avanzado que responde al creciente interés por el estudio de las prácticas culinarias y alimenticias de Ibero-América, sin desatender ni la lengua ni la cultura de esas regiones del mundo.

Cada capítulo comprende aspectos vinculados con recetas, lengua, arte y teoría. Los estudiantes son expuestos a temas de geografía, historia, literatura, política, economía, religión, música e, incluso, cuestiones de género que estarían implicadas en la elaboración y en el consumo de ciertas comidas. Y, esto, mientras mejoran sus habilidades en temas esenciales y específicos del español. A lo largo del libro, están incorporados materiales de internet —como vínculos para videos, registros sonoros, referencias históricas, sitios web de cocina y contenidos suplementarios para la investigación.

Muy útil en cursos universitarios, *Saberes con sabor* es un recurso original y único de aprendizaje para estudiantes fascinados por los placeres del paladar y, de igual manera, con una genuina pasión por las culturas hispánicas.

Conxita Domènech es Associate Professor de Literaturas y Culturas Ibéricas en el Departamento de Lenguas Modernas y Clásicas de la University of Wyoming. Asimismo, es Assistant Managing Editor de la revista *Hispania*. Obtuvo su doctorado en la University of Colorado Boulder en 2010. Es autora de *La Guerra dels Segadors en comedias y en panfletos ibéricos: Una historia contada a dos voces (1640–1652)* (Reichenberger 2016). Es co-autora y co-editora con Andrés Lema-Hincapié de *Letras hispánicas en la gran pantalla: De la literatura al cine* (Routledge 2017), *Pedro Calderón de la Barca's* La vida es sueño: *Philosophical Crossroads* (Juan de la Cuesta 2014), *Ventura Pons: Una mirada excepcional desde el cine catalán* (Vervuert/Iberoamericana 2015), *El Segundo Quijote (1615): Nuevas interpretaciones cuatro siglos después* (Vervuert/Iberoamericana 2018) e *Indiscreet Fantasies: Iberian Queer Cinema* (Bucknell University Press 2020). Sus ensayos han aparecido en *Hispanic Review, Anales Cervantinos, Bulletin of Hispanic Studies, Catalan Review, Hispanófila, Bulletin of the Comediantes, Revista Canadiense de Estudios Hispánicos, Hispania, Hispanic Studies Review, Ometeca, Millars, Transitions, Neophilologus, Romance Quarterly, Signos Literarios, Rocky Mountain Review, Céfiro, Caplletra* y *Confluencia*, así como en volúmenes colectivos. Ha obtenido becas para proyectos de enseñanza y de investigación (Institut Ramon Llull, Ministerio de Educación, Cultura y Deporte, University of Wyoming, University of Colorado Denver y University of Colorado Boulder). Ha recibido diversas distinciones académicas: George Duke Humphrey Distinguished Faculty Award (2017), Extraordinary Merit Award in Teaching (2016), Extraordinary Merit Award in Research (2015) y Excellence in Teaching Award (2009).

Andrés Lema-Hincapié es Associate Professor de Literaturas y de Culturas Ibero-Americanas en la University of Colorado Denver. Es Doctor en Filosofía de la Université d'Ottawa (1998) y Doctor en Estudios Románicos de Cornell University (2008). Es autor de *Borges, . . . ¿filósofo?* (Instituto Caro y Cuervo 2013) y de *Kant y Biblia: Principios kantianos de exegesis bíblica* (Anthropos 2006). Sus ensayos han aparecido en *Ibero-Americana Praguensia* (República Checa), *Revista de Occidente* (España), *Bulletin Hispanique* (Francia), *Revista de Filosofía* (Costa Rica), *Daimón* (España), *Contrastes* (España), *Praxis Filosófica* (Colombia), *Ideas y Valores* (Colombia), *Revista Canadiense de Estudios Hispánicos* y en ediciones colectivas. Además de las obras en co-autoría o en co-edición con Conxita Domènech, Andrés Lema-Hincapié es co-editor de *Despite All Adversities: Spanish-American Queer Cinema* (State University of New York Press 2015) y de *Burning Darkness: A Half Century of Spanish Cinema* (State University of New York 2008). Entre sus distinciones académicas hay visiting fellowships (University of Edinburgh, 1999; Cornell University, 2000–01), doctoral fellowships (Université d'Ottawa y Ministerio de Educación de la Provincia de Ontario, 1993–97; Cornell University, 2001–06; Cornell University's Society for the Humanities, 2002) y el Stephen and Margery Russell Distinguished Teaching Award (2005). Con el crítico colombiano Conrado Zuluaga Osorio, y desde 2009, Lema-Hincapié es co-director del *Proyecto Gabriel García Márquez* en la University of Colorado Denver. Por último, con Jeff Schweinfest, Lema-Hincapié co-fundó y co-dirige la primera versión de la International Queer Biennial Arts and Academic Conference.

SABERES CON SABOR

Culturas hispánicas a través de la cocina

Conxita Domènech y Andrés Lema-Hincapié

SPANISH LIST ADVISOR: JAVIER MUÑOZ-BASOLS

Routledge
Taylor & Francis Group

LONDON AND NEW YORK

First published 2021
by Routledge
2 Park Square, Milton Park, Abingdon, Oxon OX14 4RN

and by Routledge
52 Vanderbilt Avenue, New York, NY 10017

Routledge is an imprint of the Taylor & Francis Group, an informa business

British Library Cataloguing-in-Publication Data
A catalogue record for this book is available from the British Library

Library of Congress Cataloging-in-Publication Data
Names: Domènech, Conxita, author. | Lema-Hincapié, Andrés, author.
Title: Saberes con sabor : culturas hispánicas a través de la cocina / Conxita Domènech y Andrés Lema-Hincapié.
Description: New York : Routledge, 2020. | Includes bibliographical references and index.
Identifiers: LCCN 2020014960 (print) | LCCN 2020014961 (ebook) |
    ISBN 9781138359635 (hardback) | ISBN 9781138359642 (paperback) |
    ISBN 9780429433597 (ebook)
Subjects: LCSH: Cooking, Latin American. | Cooking, Spanish. | Civilization, Hispanic.
Classification: LCC TX716.A1 D66 2020 (print) | LCC TX716.A1 (ebook) |
    DDC 641.598—dc23
LC record available at https://lccn.loc.gov/2020014960
LC ebook record available at https://lccn.loc.gov/2020014961

ISBN: 978-1-138-35963-5 (hbk)
ISBN: 978-1-138-35964-2 (pbk)
ISBN: 978-0-429-43359-7 (ebk)

Typeset in Bembo
by Apex CoVantage, LLC

A Leonor Ramírez de Hincapié, pues incitó mi valor
para probar lo desconocido; y a Diego Lema Gutiérrez,
con quien pude, por primera vez, cocinar en la imaginación.
Andrés

A Isaac Itskovsky, mi cocinero personal.
Él sabe bien que sus platillos, con frecuencia
inesperados, alegran y mejoran la vida.
Conxita

IMAGEN 0FM.1   Budín colombiano de coco, Pablo Hernán Aguirre y Andrés Lema-Hincapié. *Food Metaphors: Ibero-American Cuisine and Cultures.* University of Colorado Denver. Primavera 2014.

Source: © Cortesía de Andrés Lema-Hincapié.

CONTENIDO

LISTADO DE IMÁGENES

AGRADECIMIENTOS

Son innúmeros, ya cocineros o no —pero sí, todos ellos y ellas *gourmets* aficionados—, los amigos, colegas, exalumnas y exalumnos, y estudiantes que nos alentaron en la escritura de este libro. Desde que empezamos a "gatear" en las reflexiones y en las prácticas para la enseñanza de la cocina integrada en cursos de cultura hispánica, recibimos apoyo incondicional de esos sinceros gourmets.

No dudamos, por ello, en afirmar que esas muchas personas fueron el verdadero *salario* anticipado de nuestro trabajo. "Salario" recuerda ahora la palabra latina *sal, sālis* —sal. En verdad, ellas fueron *sal* para los autores de *Saberes con sabor: Culturas hispánicas a través de la cocina*, porque ellas y ellos no únicamente mejoraron la "preparación" de este libro —¡ah, eso sí, los errores culinarios y verbales son del todo nuestros! Todos ellos irían *salando* nuestros esfuerzos, cuando por allá en el otoño de 2012 la idea de un manual académico empezó a madurar en la Universidad de Wyoming y en la Universidad de Colorado Denver.

Al igual que la sal hubo de servir antes de la refrigeración y de la congelación con el fin de conservar alimentos —junto con otras técnicas como el ahumado, la desecación, el uso de especias y el azucarado, por ejemplo—, la "sal" de la amistad y de la colegialidad, con gestos de asistencia y de orientación, permitió también que nosotros pudiéramos conservar frescos y por más tiempo el interés y la energía en este exigente proyecto.

La *pimienta* nos la brindaría, de nuevo, la confianza de la editorial londinense Routledge, representada por dos de sus editoras: primeramente, por Rosie McEwan y, luego, por Sam Vale Noya. Es una fortuna inesperada y muy feliz volver a "cocinar" un libro más bajo la dirección de Sam. La posta de Sam y de Rosie fue gentilmente recibida por Marie Louise Roberts y por Ana González Leiva, ambas también admirables editoras con visión de águilas diurnas y de búhos en la noche.

Y ahora vayamos a un momento personal de *gracias* —efusivas, cálidas y emocionadas.

> *En Denver y en Laramie*: Michael Abeyta, Laura Argys, Claudine Bolívar, Kathleen Bollard, Randy Buzan, Taimi Cadena, Joe Cahn, Tania Carter, Oriol Casañas, Carolina Ceballos González, Carol Cloues, Susan A. Conder, Diane Dansereau, Diana de Armas Wilson, Renee Fritzen, Monica L. Fullmer, Brittany Frysinger,

Jackie González, Teresa Guardado, Celina Gutiérrez, Cecilia Harmes, Martha Adriana Hernández, Lourdes Huici-Clever, Jocelyne Hunsinger, Pamela Jansma, Devin Jenkins, Patricia Kirk, Jackson Lamb, Walter LaMendola, Joy Landeira, Michelle Larson-Krieg, Carlos Germán van der Linde, Felipe López, Nikki McCaslin, María Ignacia Miranda, Xavier Montoya, Carlos Muñoz, JoAnn Porter, Peter Quintero, Fabiana Ramírez, Jason Rice, Piedad Rodríguez, Agnes Romero-Moore, Jeff Schweinfest, Carsten Seecamp, Cory Patrick Simpson, María Stone-Carrasco, James Webb, Michael L. Wray, Inge Wuchenauer, John Wyckoff.

En Buenos Aires: Santiago Ehrt, María Esther Lara Gómez ("Muchy"), Ariel Alejandro Li Gotti, Daniel Li Gotti, Sara Elena De Rito, Julio Schvartzman, Mercedes Villarreal.

En Cornell University: María Antonia Garcés Arellano, indiscutible pionera de los recetarios culturales gracias a su libro *Con cagüinga y con callana: Rescatando la cocina perdida del Valle del Cauca* (1977), con bellas ilustraciones de Dolores (Lola) Granger Spiak y reeditado por el Ministerio de Cultura de Colombia (Bogotá, 2012 y 2013) como volumen 3 de su "Biblioteca básica de cocinas tradicionales de Colombia".

En Cali, Colombia: Francisco Javier Álvarez, Alfredo Azuero Holguín, Genner Ceballos Caracas, Gustavo Adolfo Gómez López, Juan Pablo Gómez López, Alma Lucy Lenis, Diego Lozano Arana, Jesús María Montoya Yepes, Alma Isabel Montoya Lenis, Martha Lucía Moreno, Luz Dary Quintero Cifuentes, Josué Emanuel Ramírez Molina, María del Pilar Zuluaga Bonilla.

En Amsterdam: Pablo Hernán Aguirre.

En Barcelona: Ivan de Santiago.

En Vanderbildt University: Christina Karageorgou-Bastea, quien una noche ya muy lejana y olvidada de Ithaca (NY), siguiendo la legendaria hospitalidad generosa de los griegos, asó para nosotros un biftec que el mismo Gargantúa no habría podido ni soñar.

À table et bon appétit.

Laramie y Denver, 15 de diciembre de 2019

INTRODUCCIÓN

¿Por qué sabores y saberes?

Sabemos saboreando

El sabor es uno de los caminos humanos para el conocimiento —subjetivo y relativo, es cierto, pero no del todo imposible de *compartir*. Este principio de vida fue tradicionalmente olvidado por los filósofos y, asimismo, las universidades han promovido muy poco investigaciones sobre lo que nosotros queremos denominar la "sabiduría del sabor" —solo hasta hace muy pocos años la situación cambió. En los departamentos de letras, de lenguas modernas, de filosofía, de literatura comparada o de estudios románicos, el objeto de estudio aprobado, por ser digno de la "alta cultura", por lo general había sido la literatura —con mucho de estudios en historia, algunas veces, y con recursos a teorías literarias de los más diversos pelajes: análisis arquetípico, *close reading*, estructuralismo, formalismo, hermenéutica, historicismo, marxismo, microcrítica, psicoanálisis, post-estructuralismo, teoría de la recepción . . . Y las teorías continúan.

No nos atrevemos a lanzar ninguna tesis que explique la preeminencia de la cocina en cursos y en investigaciones actuales —prácticas culinarias, lecturas sobre cocinas y alimentos del mundo, literatura donde la gastronomía es el tejido de la poesía en las palabras. Sí queremos lanzar tres hipótesis: la primera apunta al cine. Si después de la literatura los filmes son de valor académico en facultades de artes o de humanidades, en la historia de la cinematografía el mundo del paladar está presente en filmes de la mayor relevancia cultural: no basta con solo pensar en la fuerte repercusión mediática de *Roma* (2018), del cineasta mexicano Alfonso Cuarón (1961–). Ha sido enorme la audiencia y ya son legión los artículos especializados o las reseñas con respecto de largometrajes convertidos en clásicos para la comida y para las artes culinarias. Dejando de lado filmes tan consagrados como *La Femme du boulanger* (*El pan y el perdón*, 1938), *Willy Wonka & the Chocolate Factory* (1971), *La Grande Bouffe* (*La gran comilona*, 1973), *Who Is Killing the Great Chefs of Europe?* (1978), *My Dinner with André* (*Mi cena con André*, 1981), *Eating Raoul* (1982), *Tampopo* (1985), *Babettes gæstebud* (*El festín de Babette*, 1987), *Delicatessen* (1991), *Como agua para chocolate* (1992), *Mùi đu đủ xanh* (*El olor de la papaya verde*, 1993), *Soul Food* (1997) o *Eat Drink Man Woman* (1994) —y la lista es muchísimo más larga y sabrosa—, los 2000 han sido una época luminosa y exquisita para filmes de naturaleza culinaria y, con mayor amplitud, sobre temas de alimentación. Aunque hay filmes de ficción y documentales para todos los gustos, y si bien su calidad no es para nada homogénea, aquí no podemos no recordar *Chocolat* (2000), *Vatel* (2000), *Bella Martha* (2001), *Super Size Me* (2004), *Charlie and the Chocolate Factory* (2005), *Fast Food Nation* (2006), *Ratatouille* (2007), *King Corn* (2007), *Food, Inc.* (2008), *Julia & Julia* (2009), *Soul Kitchen* (2009), *Cloudy with a Chance of Meatballs* (2009), *The Trip* (2010), *A Matter of Taste: Serving Up Paul Liebrandt* (2011), *Jiro Dreams of Sushi* (2011), *Dabba* (*Amor a la carta*, 2013) *The Hundred-Foot Journey* (2014), *The Search for General Tso* (2014), *The Trip to Italy* (2014), あん [An] (*Una pastelería en Tokio* o *Sweet Bean*, 2015), *Burnt* (2015), *El ADN del ceviche* (2015), *Le Sens de la fête* (*C'est la vie!*, 2017), y podríamos continuar, porque la lista anterior seguirá siendo inagotable —como los buenos sabores de la mesa.

La segunda hipótesis tiene que ver con la fuerte presencia del mundo culinario en medios audiovisuales como la televisión. Programas como *MasterChef* o los de Anthony Bourdain —*The Mind of a Chef* (2012–15), *Anthony Bourdain: Parts Unknown* (2013–15), *The Taste* (2015), *Anthony Bourdain: No Reservations* (2011–12)—, donde los cocineros son actores-protagonistas de sus propias artes en la cocina, son ya una moda mundial que persiste. Esos programas de televisión posibilitan que los espectadores accedan a temas culturales de alta significación, pero sin el rigorismo de una clase magistral o de una conferencia.

Si existe un país en América Latina donde es posible ver, casi a cualquier hora, a cocineros explicando sus recetas y preparándolas ante las cámaras, ese país es Argentina. *El Gourmet*, que es todo un canal cuyos programas son replicados en varios países hispanoparlantes y en YouTube, acumula y acumula horas de teledifusión. Y también hay que mencionar los siguientes programas de televisión, actuales o ya concluidos. Algunos de estos programas retoman formatos de otros, muy exitosos en Estados Unidos: en Argentina es justo recordar *Cocineros argentinos*, *Donato cucina*, *Doña Petrona por Narda*, *Italianísimo*, *Las recetas de doña Petrona*, *Recetas de estación con Dolli*, *Todo dulce*, *3 minutos: Los 100 mejores tips de Narda*, *Tu vida más simple*, para solo citar unos pocos; en Colombia están *La sartén por el mango*, *Cuentos de cocina* y *La prueba* —este último copia el formato del estadounidense *The Taste*—; los televidentes mexicanos tienen *Cocina CDMX*, *Tu cocina*, *Sazón de mi tierra* y *México de mil sabores*; *Cocina con causa*, *Desde el jardín*, *Perú fusión* y *Sabores de Perú* son parte de la oferta gastronómica en la televisión peruana; los españoles disponen de *Cuines amb Marc Ribas*, *Hacer de comer* y *Sukaldaria*; y, en Puerto Rico, han tenido mucha acogida *Friendo y comiendo* y *Pastelería creativa*.

Venga ahora una tercera hipótesis —que es más una sospecha que una hipótesis. Tristemente, no hemos accedido todavía a fuentes estadísticas que ayudarían a fundamentar nuestra última hipótesis. La presentamos, sin embargo, apoyados en nuestra experiencia como lectores de obras sobre estudios culturales en el hispanismo, así como de varias décadas como profesores y conferencistas en universidades de los Estados Unidos, de Canadá, de Colombia, de Escocia, de España, de Panamá, de Inglaterra, de la República Checa y de Argentina. Esta hipótesis subraya la relevancia —y la necesidad— de corrientes teóricas y prácticas como el feminismo, como los estudios *queer* y de género y como, de manera más vasta, los estudios culturales. Estas disciplinas, relativamente recientes para el pensamiento crítico, habrían causado el rescate de eventos de cultura con enorme relevancia cotidiana y de absoluta necesidad existencial: hay cultura digna de ese nombre en las sutiles o más evidentes tensiones laborales y domésticas, en la moda, en los intercambios epistolares —hoy de Facebook, Instagram y WhatsApp—, en festivales y carnavales de los más variados temas y colores, en los clubes de libros, en las reuniones de amigos/as y de parientes, en los manierismos y los tonos al saludar o al maldecir, en los sitios web de encuentro social y sexual, en las plataformas *online* que ofrecen materiales audiovisuales, en los videojuegos, en el contenido de canciones que nacen, circulan y mueren, en los conciertos en vivo, en cualquier programa regular de televisión, y en un número indefinido de acciones en solitario o en sociedad. Y, entre esos eventos de cultura que nunca abrazaron la espectacularidad, por supuesto, hay que subrayar aquellos donde la heroicidad del día a día toma encarnación en el ama de casa que cocina, en el chef que trabaja en un restaurante famoso o no, en el vendedor o vendedora callejeros de frutas, bebidas y sándwiches. Los gestos, las palabras, los ingredientes de sus recetas, los métodos de preparación de los alimentos, los utensilios usados para cocinar y la manera como el plato finalizado llega a manos de los comensales involucran encrucijadas de poderoso valor humano que revelan historias, sensibilidades, posiciones de género, angustias y dolores. *Saberes con sabor: Culturas hispánicas a través de la cocina* quiere rescatar y celebrar esas encrucijadas.

Terminología y metáforas

La universidad contemporánea hace siglos que olvidó que el saber y la comida iban de la mano en los orígenes medievales de la universidad como institución. Mientras comían, en el refectorio, los monjes escuchaban a un *compañero* lector que "endulzaba" los momentos de la alimentación grupal en el monasterio. Sospechamos que esta práctica de escuchar un documento leído en voz alta y de alimentarse también tuvo lugar en las escuelas abaciales, como está bellamente descrito en *El nombre de la rosa* (1980), del polígrafo italiano Umberto Eco (1932–2016), así como en las escuelas catedralicias.

La Organización Mundial de la Salud (OMS) actualmente desanima a que nos dejemos distraer mientras comemos, si en las comidas consultamos el celular, oímos diálogos radiodifundidos o vemos televisión. Sin embargo, no fueron inocentes nuestras cursivas en la Introducción para la palabra *compartir* y, mucho menos, para la palabra "compañero" del párrafo anterior. Ambas palabras nos ponen sobre la pista de las *metáforas alimenticias*. Desde cuando por allá en la primavera de 2014 los autores de este libro empezaron a enseñar un curso anual sobre la cocina y la cultura del mundo hispánico, ese curso fue anexado al catálogo de nuestras universidades con este título en inglés: *Food Metaphors: Ibero-American Cuisine and Cultures*. La expresión "metáforas alimenticias" surgió en diálogo con uno de nuestros colegas antes de que nosotros nos atreviéramos a enseñar ese curso. Su título es muy significativo, porque este es uno de sus hallazgos más apreciados: los estudiantes se fascinan al descubrir el uso constante —y por lo general inconsciente— de esas metáforas vinculadas con los alimentos. Presentamos algunas aquí.

Si en "compartir" y en "compañero" la primera parte de cada palabra remite a la preposición latina *cum* —en el sentido de "con", "compañía", "juntos" o "con otra u otras personas"—, en "-pañero", por su parte, está escondida una palabra central de la vida: *pan, pānis*, en latín. Aquí "pan" es, sin duda, *el pan*, pero mucho más que eso: la palabra es una metáfora para mencionar todo alimento, pero, incluso más fundamentalmente, *pan es una metáfora de la existencia*. Mi compañero es aquel o aquella con quien mi existencia —es decir, mi vida— es vivida. Además, la preposición latina, que también reaparece en el prefijo "com-" de *com-er* (del latín *comĕdere*), pide nuestra atención. El verbo *comer* en latín clásico fue *ĕdere* y, en latín vulgar, *comĕdere*. En el uso vulgar o popular del verbo asignado para comer —también *manducāre*—, así como en el prefijo "com-" en compañero, los romanos o más precisamente los latinohablantes entendían que alimentarse consistía en una práctica social y no en una actividad solitaria. Bien sabemos que más que a menudo comemos sin compañía . . . En todo caso, queremos imaginar que la idea latina de comer con otras personas es más un consejo que una descripción absoluta. Es usual que, mientras la compañía sea agradable, los comensales tiendan a pensar que la comida que consumen les sabe mejor, y que puede ser un recuerdo deseable; en contraste con el hecho de si esa misma comida el comensal la realiza en soledad o en mala compañía. Importa, entonces, subrayar, que, frecuentemente en las prácticas de comer en grupo, nacen vivencias positivas. Estas vivencias positivas crean las condiciones para la distención, el compañerismo, el humor y la amistad. Se trata de todos esos elementos que imaginamos en el *banquete* —del francés *banquet*.[1] O, también, del simposio, es decir, un tiempo de pausa que tiene lugar después de almorzar o de cenar, alrededor de una bebida alcohólica como el vino —o, en tiempos actuales, como el café y el té. En los *simposia*, algunos antiguos griegos relajaban sus cuerpos sobre asientos cómodos, mientras discutían algún tema, bien de interés filosófico, bien sobre la actualidad política o cultural de la ciudad. La palabra *simposio* viene del griego συμπόσιον (simposion), una palabra construida a partir del prefijo συμ (sym = en reunión, en grupo, juntos) y πόσις (posis = el acto de beber o la bebida misma). Por supuesto: los lectores del *Simposio* (circa 385–370 a. C.) de Platón (circa 425–348/347 a. C.) disponen allí de una magnífica puesta en escena de lo que hemos expresado en este párrafo.

Vamos a atrevernos ahora a postular una metáfora espacial. Jorge Luis Borges (1899–1986), en su "Oda escrita en 1966", sentenció: "Nadie es la patria, pero todos lo somos" (939). Y si ni nadie, ni nada puede identificarse con la patria, tal vez —y lo avanzamos con mucho temor— la patria sí tenga un lugar, entre otros: la patria está en el paladar de cada uno y es allí donde se activan algunos de los recuerdos más íntimamente queridos —o, también, repudiados. El colombiano busca desesperadamente moneditas de plátano frito

IMAGEN 0.1 Platón (circa 425–348/347 a. C.), busto en mármol expuesto en la Trinity College Old Library, Dublín (Irlanda).

Source: © Cortesía de Viorel Dudau y de Dreamstime.com.

en Estrasburgo, o ingresa de contrabando sus famosos *manimotos*; el español se desvive por comerse una paella en Denver; una puertorriqueña en Laramie está triste porque no logra conseguir arroz con gandules; tres peruanas tratan de encontrar en Oslo caldo de pichón; en fin. . . Marcel Proust (1871–1922) se afanó, con desesperación en *À la Recherche du temps perdu* (1913–27), por recuperar en palabras escritas recuerdos de la infancia. Esos recuerdos fueron despertados al momento de saborear, ahora en una edad mayor, un primer bocado de su apreciada Madeleine de Combray:

> Ahora bien: cuando de un viejo pasado ya nada más subsiste, luego de la muerte de los seres, después de la destrucción de las cosas, incluso de esas solas cosas más frágiles pero más vivaces, más inmateriales, más persistentes, el olor y el sabor se quedan aún por largo tiempo, a modo de almas dedicadas a recordar, a aguardar, a esperar, sobre la ruina de todo lo demás, a cargar sobre sí sin ceder, en sus pequeñas gotas casi impalpables, el inmenso edificio del recuerdo.
>
> *(68)*

Hay el caso de aquellos/as a quienes les está permitido retornar a sus lugares de infancia. Proust testimonia ese retorno. Otros, que son muchos, han sido llevados a abandonar sus lugares de vida, en un exilio voluntario o forzado. Para esas personas, el recuerdo que enciende la comida es más que el de una infancia del pasado. Para muchos/as estudiantes y muchos/as profesores/as, sabemos que nuestro libro, traerá recuerdos de infancia, por supuesto, pero más profundamente reanimará vivencias dormidas de la patria. En los placeres culinarios del paladar —que involucran, además del gusto, la vista, el olfato, el tacto y, sí, además el oído— retorna mucho de "eso" que seguimos siendo, aun cuando, a la vez, sea tan impreciso y tan, tan real. Una autora francesa más reciente, actriz y escritora de libros de cocina, Stéph-anie Schwartzbrod, ha acuñado muy bien en pocas palabras nuestros enunciados anteriores. Los romanos aseguraban: *Ubi bene ibi patria*, es decir, "donde estás bien, allí está tu patria". Nosotros queremos complementar esa máxima latina, con esta que inventamos: *Ubi alimen-tum tuum ibi patria*, "allí donde están tus alimentos, allí está tu patria". Y aparece una nueva metáfora en *alimentum*: por medio de lo cual (*mentum*: medio, instrumento) yo me nutro (*alí*). En el programa radial de Clémence Denavit, las palabras de Schwartzbrod son estas:

> En mi libro, *La Cuisine de l'exile: Récits et recettes* (2019), observo cómo cada persona, con su propia historia, ha continuado perpetuando la cocina de su país de origen. Las recetas son parte de esos extraños recuerdos que las personas pueden llevar consigo, recuerdos que pueden revivir gracias a un olor o a un gusto venidos de la infancia. Ese tipo de recuerdos es lo que, de repente, se ha dejado que ocurra.
>
> *("Cuisine de l'exil")*

Con mucha probabilidad sería incontable el número de metáforas de temas alimenticios o culinarios que circulan en el lenguaje diario y en el lenguaje científico. En *carnaval*, como ilustración, expresamos que viene pronto la abstinencia de consumir carne: *carnis*, es carne; *vale*, adiós; esta mujer conversa "muy sabroso" o aquella señorita ha decidido "marinar" su pensamiento; hay ternura y erotismo cuando le decimos a alguien "bombón", "bom-boncito", "churro", "poroto" (para un bebé, en Argentina), *honey* y *sweetheart*; si bien en español no hablamos de una barba "salpimentada", sí es muy adecuada y bella la expresión para referirse en inglés a la barba de un hombre: *salt and pepper beard*; una situación es un incordio, pero también la podemos caracterizar como un "desaguisado"; para quien es un ratón de biblioteca sería un desaguisado todo lo que le impida "devorar" libros; y, por último, en culturas cuyas raíces son fuertemente cristianas, Satanás no puede faltar. Para la escatología cristiana popular, hay pailas en el infierno, como si Satanás fuera tal vez, si no el mejor de los cocineros, sí un cocinero admirable, pues él dispone sin interrupción de uno de los métodos que han hecho posible introducir cultura en los alimentos —una intervención humana consciente. Estamos hablando de cocer los alimentos *con fuego*. Para saber sobre las pailas del infierno, basta con leer las páginas 54 y 80 de *Las lanzas coloradas* (1931) del escritor venezolano Arturo Uslar Pietri (1906–2001). También es aún común escuchar, en Venezuela, esta maldición —que también es una amenaza: "¡Te vas a quemar en la quinta paila del infierno!".

El excurso anterior a temas teológicos nos dará pie en su momento para traer a cuento la última de nuestras dos metáforas finales. Es tal la permisividad de las metáforas alimenticias que, imaginándonos que desaparecieran en el próximo minuto y que su desaparición durara una hora, digamos, en el experimento mental estaríamos incapacitados para pensar y nombrar en español realidades y acontecimientos básicos de la vida. "Cultura" es una de esas realidades básicas y es una palabra omnipresente, en lenguas romances y en lenguas como el inglés y el alemán. El sentido de la palabra es, parcialmente, el que estableció el político y orador romano

IMAGEN 0.2 Estatua del orador y filósofo romano Marcus Tullius Cicero (106–43 a. C.) en el Palacio de Justicia, Bruselas (Bélgica).

Source: © Cortesía de Reinhardt y de Dreamstime.com.

Cicerón (106 a. C.–43 a. C.) en sus *Disputaciones Tusculanas*. En el *Liber* II, 5, 13, 8–11, de las *Disputaciones Tusculanas*, Cicerón es enfático:

> El cultivo del alma (*cultura animi*) es la filosofía: dicho cultivo consiste en arrancar de raíz los vicios y en preparar a las almas con el fin de que sean propicias para la recepción de la semilla y, comprometiéndose con el alma, la filosofía siembra en ella, como si dijéramos, aquello que, cuando crece, puede llegar a dar el más rico fruto (*fructus ubérrimos*).
>
> *(113)*

Debemos anotar un aspecto más de la cultura como metáfora: tomada por autores urbanos a partir de prácticas rurales, la metáfora adquiere carta de ciudadanía en la ciudad y, allí, no únicamente se instala, sino que, además, quienes la usamos llegamos a olvidar su origen campesino. El olvido es tal que, con los siglos, a los campesinos que brindaron la metáfora luego se les negará la posesión de una cultura. En contradicción con la etimología, la ciudad será entendida como lugar "natural" de la cultura, es decir, la cultura sería siempre *cultura urbana*. De esta manera, *Saberes con sabor* reivindica el origen humilde y sencillo de una de las palabras más importantes de nuestro vocabulario.

No es ingenua la conexión que hemos establecido en el juego de palabras supuesto por el título del libro. A diferencia de lenguas como el inglés (*to taste / to know*) o el alemán (*schmecken / wissen*) donde "sabor" y "saber" son vocablos que no están conectados etimológicamente, en español y en las lenguas romances el verbo latino *sapĕre* conecta, acaso desde la Edad Media, sabores y conocimientos. Ahora reaparece la teología anunciada atrás: a finales de la Antigüedad, el teólogo y filósofo cristiano Agustín de Hipona (354–430) consigna unas líneas donde el juego de palabras saber-sabor es realmente *vital* —en el sentido de que en ello va implicado el "sentido" o "sabor" de la existencia humana. En esos dos significados del verbo *sapĕre* se jugaría para Agustín el sentido de la existencia. Según su tratado *De Trinitate*, libro sobre la trinidad cristiana y aparecido circa 417 a. C., Agustín afirma en V, IV, 5: "*et quia semper anima est, semper vivit; sed quia magis vivit cum sapit, minusque cum desipit*" (913). Avanzamos nuestra versión libre al castellano de esas líneas, llamando la atención sobre el contraste acaso juguetón que establece Agustín entre el verbo *sapĕre* (*sapit*) —tener gusto o sabiduría— y el verbo *desĭpere* (*desipit*) —ser desabrido o carecer de sabiduría: "puesto que el alma", anota Agustín, "siempre existe, siempre vive; pero vive más el alma que es sabrosa y sabia, y menos vive la que es insípida e insensata". Queremos salpimentar las líneas de Agustín con la deliciosa interpretación que ofrece de esas líneas el filósofo canadiense Jean Grondin (1955–):

> Agustín emplea aquí, simplemente, el verbo *sapere*. Este es un verbo muy hermoso. En su primer sentido, intransitivo, que es el sentido que aparece en el pasaje, el verbo *sapere*, en efecto, quiere decir simplemente que una cosa "tiene gusto" (*cum sapit*). ¡Agustín únicamente quiere decir que el alma vive manifiestamente "más" si ella tiene sabor que si ella no lo tiene (*cum desipit*)! Sin jugar demasiado con las palabras, es evidente que ese sentido intransitivo de *sapio* habita todavía el sentido transitivo del verbo *sapere*, cuando este quiere decir "sentir" o incluso "saber" algo: yo "sé" algo cuando allí yo encuentro algún sabor. El contraste establecido por Agustín entre *sapio* ("tener sabor") y *desipio* es, en todo caso, particularmente luminoso para ilustrar este sentido de la vida: la vida puede tener picante o ser amarga, y, de esta manera, ser sensata (*sapere*) o insensata (*desipere*).
>
> *(14)*[2]

Y si ahora brincamos trece siglos, más o menos, podemos traer a la discusión al filósofo alemán Immanuel Kant (1784–1804). Sus palabras les darán incluso más sabor a nuestras ideas. Kant, en su artículo de 1784 "Respuesta a la pregunta '¿Qué es la Ilustración?'", sintetiza el sentido de ese movimiento europeo del pensamiento en dos palabras latinas a modo de consigna, divisa y grito para la acción: "*Sapere aude! Habe Muth dich deines eigenen Verstandes zu bedienen!*" (481), es decir: "¡Atrévete a saber! ¡Ten el valor de servirte de tu propio entendimiento!". Por nuestra parte, y siguiendo los consejos de la abuela Leonor que siempre nos anima a probar alimentos desconocidos y recetas nuevas, esto es, a saborearlos y a degustarlas, reinterpretamos así la divisa de Kant: "¡Atrévete a probar! ¡Ten el valor de servirte de tu propio paladar!".

Para concluir con esta sección, consideramos oportuno limitar el sentido de algunos vocablos que los/as lectores/as encontrarán muy a menudo en las páginas que siguen. Nos referimos a *culinario, alimenticio, gastronómico*, por un lado, y a *español* y *castellano*, por otro. "Español" y "castellano" son palabras intercambiables en nuestro libro. Sin embargo, al usarlas nos importa recordar que el castellano es llamado "español" en el sentido de lengua oficial de un país: España. Ahora bien: el castellano no es el único idioma hablado en el territorio actual de España. Hay otras lenguas autóctonas, las cuales expresan sensibilidades y tradiciones diferentes: el catalán, el euskera (vasco), el gallego.

Entendemos por el adjetivo "culinario" todas las prácticas, los tiempos, los utensilios y las relaciones que los seres humanos establecemos en el espacio de la cocina con otras personas, con nosotros mismos y con los alimentos —tengan lugar esas relaciones en espacios cerrados de viviendas o de restaurantes, o en lugares al aire libre con barbacoas o con fogatas. La culinaria es un arte, como pintar, bailar y escribir. Esto significa que, a pesar de proponer técnicas y principios, ese arte valora preferentemente la libertad individual con el fin de crear.

La gastronomía, por su parte, es un concepto, por su vastedad, más difícil de cernir. De las palabras griegas γαστήρ, γαστρός (estómago) y de νόμος (ley, regla), la gastronomía estaría referida más bien a un cambio de escenario donde interactúan las personas con alimentos preparados o no, y con objetos, con entornos y con tradiciones. Pensamos aquí en el espacio de la mesa, en los protocolos variables para los comensales cuando el postre no va antes del plato principal y donde sería chistoso —y nada fácil— tomarse una sopa con ayuda de una cucharita para el café, pero también en muchísimo más: hay asimismo un énfasis fuerte aquí, pensamos, sobre el carácter refinado, elegante y costoso de lo que supone la gastronomía. Una ilustración: un *chef* es un *gastrónomo*, es decir, es más que un cocinero —mientras que la abuela Leonor preferiría sentirse como una sencilla cocinera. En todo caso, el objeto de estudio y de práctica es diferente: hay quienes hablan de "artes culinarias" y de "ciencias culinarias". En estas últimas consistiría la gastronomía —una disciplina con métodos regulados y con experimentaciones.

"Alimenticio", finalmente, es un adjetivo vinculado con los efectos bondadosos o nocivos sobre el cuerpo humano de alimentos o de platillos preparados a partir de recetas. En resumen: el arroz y los camarones son dos alimentos de valor alimenticio diverso; ambos pueden ser integrados diferentemente en las artes culinarias de Colombia, de España y de Perú; y la gastronomía de los dos alimentos también mostraría variantes en cada uno de esos países.

En referencia a términos específicos, la lectora o el lector de *Saberes con sabor* verán no solo que hay diferentes palabras para denominar el plátano frito y macerado —tostón en el Caribe; patacón en Colombia. Las palabras igualmente cambian según cambian las regiones: poroto es un argentinismo; frijol, un españolismo; y blanquillo, un colombianismo. Los cambios pueden a veces limitarse a simples diferencias ortográficas, con cambios o sin cambios de significado: fríjol, frijol, frisol; y papa, patata y batata.

IMAGEN 0.3 San Agustín de Hipona (354–430). Vitral de la Iglesia anglicana de Todos los Santos, Tenerife (España).

Source: © Cortesía de Jozef Sedmak y de Dreamstime.com.

Recetas y tendencias y fuentes

No es fácil —ni sería justo—, asignarle a cada plato una nacionalidad específica. La dificultad para las "denominaciones de origen" no únicamente radica en el origen diverso de muchos ingredientes variados implicados en una receta. Cuenta asimismo el hecho de que una receta es replicada con modificaciones o sin ellas en diferentes países y en distintas regiones de un mismo país. En pocas palabras: un plato, por ser una forma de coexistencia armoniosa para el paladar, no posee una única nacionalidad y revela, más bien, tanto la falsa arbitrariedad de las fronteras como la hibridación de culturas y de lugares en el planeta. Un ejemplo: la arepa es venezolana, pero también es de Colombia, y, sin lugar a dudas, de El Salvador, donde se la llama "pupusa".

No nos asombraría que expertos de sociología de los alimentos y estudiosos de la economía gastronómica puedan cuestionar algunos enunciados culturales de nuestro libro. Esto es: lo que para nosotros aparece como una *tendencia mayor* de una práctica culinaria, digamos, para ellos —desde estudios estadísticos y económicos— constituiría una *tendencia menor*. Los moros y cristianos o simplemente moros son (tendencialmente) un platillo del Caribe, aunque también se prepare y se consuma con mucho placer en América Central. Lo que nos importa, en todo caso, es que para los expertos y para nosotros se trata, en último término, de una *tendencia*.

Nuestro libro no solo responde a necesidades de innovación en metodologías de la enseñanza. *Saberes con sabor* se inscribe, igualmente, en directrices investigativas para campos de estudio realmente recientes. Pensamos, por ejemplo, en estudios interdisciplinarios como la historia de la alimentación o *Food History*. La primera revista erudita *Petits Propos Culinaires* en este campo es publicada desde 1979; el primer congreso especializado tuvo lugar en 1981 bajo el título de "Oxford Food Symposium"; uno de los libros más recientes, de Lizzie Collingham, escritora e historiadora independiente del Reino Unido, apareció en 2017 bajo el título de *The Taste of Empire: How Britain's Quest for Food Shaped the Modern World*; y, en el campo de la historia alimenticia y en la historia de las bebidas dentro del contexto ibero-americano, es justo mencionar al académico estadunidense Jeffrey Pilcher, profesor en el Department of History de la University of Toronto. Pilcher es autor de libros tan atractivos como *Food and the Making of Mexican Identity* (1998), *¡Que vivan los tamales!: Food and the Making of Mexican Identity* (1998) *The Sausage Rebellion: Public Health, Private Enterprise, and Meat in Mexico City* (2006) y *Planet Taco: A Global History of Mexican Food* (2012) —todos ellos publicados por reconocidas editoriales universitarias en Estados Unidos y en el Reino Unido. Y, también con un enfoque sobre la cocina y la cultura de América Latina, la reconocida editorial W. W. Norton publicó en 2012 un masivo volumen —¡tiene 912 páginas!— de Maricel E. Presilla titulado *Gran Cocina Latina: The Food of Latin America*. Esta obra con más de quinientas recetas y pizcas inteligentes de cultura vinculadas a la cocina recibió el *2013 Cookbook of the Year* de la James Beard Foundation.

Más recientemente, en un artículo de *The Washington Post* del 19 de junio de 2019, Sarah Henry llamaba la atención sobre cómo hay un movimiento creciente de cierto género de libros de cocina en los Estados Unidos. Estos libros empiezan a ser escritos por inmigrantes. Para Henry, los *cook books* de inmigrantes deberían ser considerados como celebración de "America's delicious diversity" ("A New Wave of Immigrant Cookbooks"). El libro *Heirloom Kitchen: Heritage Recipes and Family Stories from the Tables of Immigrant Women* (2019), de Anna Francese Gass, recoge el testimonio de cuarenta mujeres que emigraron a los Estados Unidos y cuyas cien recetas enriquecen el paisaje culinario de una sola nación gracias a tradiciones de sabores venidos de treinta y un países del mundo —de las cuarenta chefs, ocho emigraron desde América Latina. De 2019 también es *We Are La Cocina: Recipes in Pursuit of the American Dream*, de Caleb Zigas y Leticia Landa, donde están incluidas más de cien recetas llegadas, entre otros lugares, de Estados Unidos, México, Japón, Brasil, Senegal, Nepal, Vietnam y El Salvador. "Las mujeres de este libro", asegura Henry,

> habrían empezado como cocineras en sus propias casas, pero ellas buscan poder vivir de su arte. Muchas son exalumnas de un programa culinario sin ánimo de lucro en San Francisco y empezaron vendiendo comida en las calles, dirigiendo mesitas casuales o regulares de comidas en mercados de granjeros. Este compacto grupo de mujeres ha continuado construyendo negocios propios con todas las de la ley.

Y, de la Cocina Comunitaria Hubb, apareció en 2018 *Together: Our Community Cookbook*. Con un prólogo de Meghan Markle, Duquesa de Sussex, el libro nace como una expresión de la amistad tejida entre mujeres que sufrieron de algún modo con la descomunal tragedia del incendio en la Torre Genfell (2017), de Londres, donde murieron setenta y dos personas. Ellas, cocinando en grupo y para renovar la esperanza de vecinos, de familiares y de ellas mismas, alumbraron otra vez *el hogar*: fuego de la cocina, lugar de vida y espacio de humanidad compartida —*focus* (latín), *foyer* (francés), *hearth* (inglés). Así como fueron diversas las nacionalidades de los muertos en la tragedia —Marruecos, Egipto, Sudán, Siria, Líbano, Irán, India, Afganistán, Italia, Etiopía, Bangladesh, Filipinas, Dominica, Irlanda, Gambia, Sierra Leona, Eritrea y Reino Unido—, son asimismo diversas las recetas venidas del Medio Oriente, del Norte de África, de Europa y del Mediterráneo oriental. Es ese profundo, íntimo y necesario sentido de *hogar* el que igualmente desea aplaudir *Saberes con sabor*.

Estructura de cada capítulo

Verás que nuestro libro presenta divisiones que hacen pensar en la carta de un restaurante. Estas divisiones no son del todo rigurosas y, de vez en cuando, hemos introducido cambios.

*   Hay un *Aperitivo*, que son los refranes;
*   está la *Entrada*, donde leerás sobre alguno de los platillos más tradicionales de un país o de una región— pero sin la receta para ese platillo, debido a su complejidad, por lo que sugerimos que no se prepare en clase;
*   en *A la carta*, descubrirás un plato tradicional de la región estudiada, también sin la receta, pero en esta ocasión la receta presentada guarda relación con el plato que los estudiantes podrán preparar en la sección siguiente;
*   esta siguiente sección lleva por título *Menú* y propone la preparación de una receta;
*   para animar a la reflexión en torno de la culinaria, de la gastronomía y de la alimentación, la abuela Leonor nos acompaña con sus *Consejos*; y, con el fin de que nos ejercitemos en pensamientos filosóficos y cinematográficos, existen las *Notas del filósofo* y las *Notas del director de cine*;
*   el *Plato principal* también consiste en una receta fácil para que la prepares en la clase con tu profesor/a y con tus compañeros/as;
*   las bebidas para preparar en clase (sin alcohol) y con alcohol (en tu casa) constituyen la *Carta de bebidas*;
*   no podía faltar el *Postre*, cuyas diversas recetas incluidas usualmente son de fácil preparación;
*   y, por último, llega la *Sobremesa*, donde encontrarás actividades de escritura y de análisis, así como la bibliografía de todo el capítulo.

En cada capítulo, hallarás variadísimas actividades. Entre esas actividades contamos con títeres, entrevistas, audición repetida de registros sonoros, consulta de documentos de referencia, visita a sitios web —informativos y de orientación culinaria—, visionado de filmes, ejercicios de audición con el fin de completar letras de canciones, identificación de errores en la escritura, preguntas de contenido y de estructura, y temas sugeridos para la *redacción* de composiciones cortas o para presentaciones orales.

Tendrás la oportunidad de llevar a cabo traducciones, de entrenarte en el análisis literario y fílmico, de contemplar obras de arte pictórico, de leer poesías y cuentos. . . Y, todo esto, en el contexto de tareas individuales o de grupo, pensadas para que las realices en clase o en tu casa.

Nos interesó siempre convocar el interés con respecto de los contrastes entre tradiciones pasadas y prácticas contemporáneas. Para ello, hemos recurrido a datos literarios, históricos, críticos o anecdóticos tomados de documentos auténticos: libros, revistas especializadas, blogs, entrevistas, periódicos, videos y filmes. Aun cuando su certeza sea más bien dudosa, no hemos querido dejar de lado leyendas y mitos, historias tan solo plausibles o etimologías pocos probables sobre el nombre de alimentos o acerca del origen de algunas recetas. Estos "saberes" también tienen mucho sabor y gran valor humano, aunque no cumplan con la esperable cientificidad de los libros académicos. Y, por supuesto, es impagable la deuda nuestra con los expertos —cocineras y cocineros, chefs de internet, escritores, historiadoras, sociólogas, estadísticos, organizaciones civiles o gubernamentales, y amigos de muchos países.

Para la escritura de *Saberes con sabor*, hemos consultado con gran provecho muchísimos sitios de internet. Su número es casi una infinidad, por lo que mencionarlos a todos sería imposible. Nos disculpamos en caso de que algún sitio web para la compra de ingredientes y de utensilios o canales especializados de videos con recetas no esté referido. Cada uno de esos sitios *online* ha sido para nosotros de inigualable ayuda. Como simple muestra de esta gran deuda, baste con recordar a la vanguardia.com, revistacactus.com, salud180.com, elmundo.es, hogarmania.com, muyhistoria.es, es.wikipedia.org, abc.es, directoalpaladar.com.mx, dle.rae.es/, etimologias.dechile.net, y significados.com, entre quizás otros cientos más. Quienes revisen nuestra bibliografía, se darán cuenta de que ha sido elaborada con muchas obras que se encuentran fácilmente *online*.

¡Tómate tu tiempo! De otra forma, te pierdes el hechizo

Para su "Manifiesto del futurismo", publicado en el diario parisino *Le Figaro*, el sábado 20 de febrero de 1909, el poeta italiano Filippo Tommaso Marinetti (1876–1944) escribió con furor:

> Declaramos que el esplendor del mundo se ha enriquecido con una belleza nueva: la belleza de la velocidad. Un automóvil de carreras que lleva su portamaletas decorado con grandes tubos a modo de serpientes de aliento explosivo . . . Un automóvil que ruge, que parece correr bajo el sonido de las explosiones de metralla, es mucho más hermoso que *La Victoria de Samotracia*.
>
> *(6)*

Las prácticas de cocinar y de disfrutar con otros los alimentos van en contra del imperativo contemporáneo de la velocidad que Marinetti defendía hace más de un siglo. Nosotros, en oposición, preferimos apostar por la necesidad de ralentizar la vida. Cocinar y comer en compañía ayudarán a esa ralentización tan indispensable hoy —más que nunca antes. Por esta razón, a Marinetti queremos responderle con la asistencia de dos autores y de un ensayista.

Primero el autor griego. Hay alegre lentitud en las prácticas griegas de la hospitalidad, según cuenta Homero en la *Odisea*. El rey Alcínoo recibe complaciente a un extranjero de quien ni siquiera sabe el nombre. Es Ulises —lo sabe el lector. Antes de preguntarle a ese extranjero por su origen, por sus aventuras y por su destino, con la mayor de las calmas el rey de los feacios establece lo siguiente:

> Alcínoo tomó de la mano al astuto Ulises levantándole del borde del hogar y, para hacerle sentar, mandó el rey que a Ulises el valeroso Laodamante le cediera su reluciente sillón —Laodamante era uno de los hijos del rey, y a quien Alcínoo amaba sobre todos y el que acostumbraba sentarse a su lado. Llegó una esclava portadora de un jarro de oro puro y de una jofaina de plata para que el huésped lavara sus manos y colocó ante él una pulida mesa. Luego llegó la venerable despensera trayendo el pan, que puso ante Ulises, y luego le presentó los más exquisitos manjares. El ingenioso y divino Ulises bebió y comió.
>
> *(771)*

El pasaje de la *Odisea* nos hace recordar esta muy significativa anécdota. Unos veinticuatro años atrás visitábamos en Múnich a un amigo alemán, exitoso abogado. Nos encontramos con él en el centro financiero de la ciudad, en una cafetería. Al llegar, algo llamó nuestra atención: mujeres y hombres elegantes conversaban mientras comían, alrededor de pequeñas mesas redondas. Todo puede, hasta ahora, ser normal en nuestra anécdota. Pues no lo es: los comensales, de saco y de corbata, o con elegantes vestidos, *comían de pie* . . ., porque no había asientos y todas las mesas llegaban a la altura del pecho. Aun cuando la vida moderna cada vez se conjura

IMAGEN 0.4 Estampilla griega de 1983. La *Odisea* de Homero: Ulises y su tripulación en lucha contra el canto seductor y peligroso de las sirenas.

Source: © Cortesía de Alexander Mitr y de Dreamstime.com.

más contra el deleite compartido de la alimentación, *Saberes con sabor* quiere establecer como luz de faro esta caracterización de la buena vida de acuerdo con unas líneas autobiográficas del escritor griego Emmanuel Royidis (1836–1904) en *La Papisa Juana* (1886):

> Para disfrutar adecuadamente de la naturaleza, el corazón y el estómago deben estar tranquilos. De otra forma, el sol nos parece —de todos modos tal es mi caso— una máquina para madurar melones, la luna una linterna para los rateros, los árboles una cantidad de leña, el mar salmuera y todo el conjunto de la vida tan desprovista de sustancia como un zapallo hervido en agua.
>
> *(116)*

¿Qué sería de Europa y de muchos países de América Hispánica sin la reducción de la velocidad vital, la cual siempre nos propone un café —no la bebida, sino el lugar donde la tomamos? Esto parece desconocerlo Marinetti. El futurismo, seguramente, y por supuesto otras muchas vanguardias artísticas, al igual que movimientos políticos y de pensamiento, le deben su creación a la lentitud de los cafés. Cafés en Bogotá, como "El Automático", en Buenos Aires como "El Tortoni", como "La Habana" en Ciudad de México, o "El Gijón" en Madrid, y el "Cafè de l'Òpera" en Barcelona, han sido espacios físicos donde *la cultura ha sido cultivada* —para volver a Cicerón. La relevancia del café, donde el tiempo es vivido de una manera diferente, pero en el corazón mismo de una ciudad en rapidez, es la primera clave que encuentra el ensayista George Steiner (1929–) para responder a la pregunta de qué es Europa. En su conferencia *La idea de Europa*, Steiner identifica en los cafés europeos una pista para responder a esa pregunta:

> Europa está compuesta de cafés. Estos se extienden desde el café favorito de Pessoa en Lisboa hasta los cafés de Odesa frecuentados por los *gangsters* de Isaak Bábel. Van desde los cafés de Copenhague ante los cuales pasaba Kierkegaard en sus concentrados paseos hasta los mostradores de Palermo. . . . El café es un lugar para la cita y para la conspiración, para el debate intelectual y para el cotilleo, para el *flâneur* y para el poeta o el metafísico con su cuaderno. Está abierto a todos; sin embargo, es también un club, una masonería de reconocimiento político o artístico-literario y de presencia programática. Una taza de café, una copa de vino, un té con ron proporcionan un local en el que trabajar, soñar, jugar al ajedrez o simplemente mantenerse caliente todo el día.
>
> *(38–39)*

También es un *asunto de tiempo* las actividades que encontrarás incluidas en nuestro libro. Aun cuando cada capítulo presenta en detalle más de una receta de cocina, nuestra experiencia en clase, por ejemplo, nos sugiere que basta con que, por semana, los/as estudiantes y su instructor/a preparen únicamente una sola receta. Recomendamos que haya al menos dos horas y media de clase e, idealmente, tres horas, para la sesión dedicada a la cocina. Si esto no es posible, los estudiantes podrán cocinar en sus propias casas. Según procedemos en nuestras propias universidades, y porque el curso se reúne semanalmente dos veces, con el fin de cocinar con todos los estudiantes los autores de este libro han consagrado solo una de las dos clases asignadas por semana. Sabemos que es más adecuado, por el contrario, que cada encuentro semanal sea de tres horas y una sola vez en la semana.

Por suerte, nuestras universidades disponen de salones de clase con cocinas muy bien equipadas. En estos salones, profesores y colegas que son chefs, así como *sommeliers* o enólogos, regularmente instruyen a estudiantes interesados en diplomas de artes culinarias, de hotelería y de cata de licores, entre otros. Hemos tenido la fortuna de recibir con frecuencia la visita de colegas que dedican sus vidas a las artes de la cocina y de la bebida. Ellas y ellos han bajado el ritmo veloz de sus propias ocupaciones para compartir con nosotros sus sabrosos saberes.

Nuestra experiencia de cocineros aficionados en el salón de clase nos lleva a recomendarle al/a la profesor/a que enseñaría este curso la asignación monetaria de una suerte de "derecho de comensal", es decir, la cancelación antes o al inicio del curso de una cantidad de dinero exacta. Con este dinero, el/la profesor/a o algunos/as estudiantes voluntarios/as comprarán los ingredientes para la receta programada semanalmente. Sugerimos que, para un grupo total de veinte estudiantes, el pago por estudiante no sobrepase una centena de dólares.

Animar a que los estudiantes visiten, en pequeños grupos, mercados de granjeros o supermercados, y a que en esos lugares compren los ingredientes para la clase, es una magnífica oportunidad con el objetivo de que entre ellos surjan relaciones de compañerismo y de amistad más allá del salón de clase y del campus universitario. En esta práctica aparentemente banal, los estudiantes *vivirán una palabra* ligada a la necesidad humana de comer. Como lo anotábamos atrás, *compañero* es con quien me reúno (*cum*, en latín) para comer (*comĕdere*, en latín) el pan (*pānis*, en latín). En otras palabras: llevar este libro a la práctica, compartiendo con los/as estudiantes de tu curso y con tu profesor/a, te permitirá reactivar la metáfora alimenticia que está en el origen mismo de la palabra *compañero*.

Hechizar a otros con recetas de cocina

Las magias de los sabores, naturales y creados por los buenos/as cocineros/as, seduce a quienes caen bajo sus hechizos del paladar. Por eso, así como circulan en nuestras cabezas las imágenes de brujos y de brujas con sus pócimas y de alquimistas, quien cocina puede llegar a ser visto como un artista de los sabores en esta verdadera alquimia contemporánea.

No hay recetas definitivas o estándar. Nuestras recetas tienen en cuenta lo que podríamos llamar una receta "ideal" o la receta que nacería de las tendencias culinarias actuales más significativas. Las recetas presentan aquí originalidades necesarias, debido a las condiciones específicas donde han nacido y donde han sido preparadas. Estas recetas, o no necesitan de fuego, o requieren una cocina simple —porque hemos puesto el cuidado de incluir recetas sencillas. El sancocho de pollo o de carne sería difícil, por eso en *Saberes con sabor* no se espera del estudiante que él o que ella lo preparen.

No siempre somos nosotros los que cocinamos con los/as estudiantes. Las clases aumentan en variedad y en alegría cuando recibimos cocineros invitados. Ellas y ellos son exalumnos, estudiantes, amigos, colegas, parientes o consumados chefs. Un estudiante angloparlante de Andrés, que no parecía muy interesado en este curso cuando lo tomó, para nuestro orgullo ha llegado a convertirse en un hábil pastelero —amén de que sus competencias en español le son muy favorables a la hora de comunicarse con sus propios compañeros en la cocina, ya que muchos de ellos o de ellas son hispanohablantes.

La escogencia de las recetas para nuestro libro estuvo determinada por la menor dificultad que su preparación supondría para un principiante —¡como nosotros mismos!—, por el tiempo moderado en el proceso de cocción y por la facilidad en la consecución de los ingredientes. Así pues, los/as lectores/as y críticos/as de esta obra no hallarán las usuales complejidades de la *haute cuisine*. De todas formas, ninguna receta, por fácil que esta sea, remplazará la práctica continuada de cocinar. *Aprendemos a cocinar cocinando*. Este principio es central. La práctica, con ensayos y con errores, irá dándoles experiencia a quienes se animan a cocinar por primera vez. Nada, ningún libro, o ningún video de internet, puede reemplazar esa práctica personal: los libros y los videos siempre están obligados ya a simplificar, ya a tener en cuenta condiciones para la cocina que nosotros mismos no podemos replicar con exactitud. Expre-sémoslo en compañía del escritor británico John Wyndham (1903–69), con palabras tomadas de su novela *El día de los trífidos* (1951): "Los libros no eran indudablemente campo adecuado para artes tales como el manejo de los caballos, las labores diarias o las técnicas del matadero. Consultar un capítulo relativo a esos asuntos no me ayudaba a solucionar mis problemas. Además, la realidad presentaba persistentemente notables diferencias con la simplicidad del texto escrito" (238).

Esperamos que *Saberes con sabor: Culturas hispánicas a través de la cocina* cause profundos bene-ficios no únicamente en la manera como es enseñada la cultura hispánica. Queremos también que los/as estudiantes y los/las profesores/as tengan la compleja experiencia estética de cocinar y que reconozcan que compartir lo que cocinamos puede incluso mejorar la propia vida y la atmósfera de un campus universitario. Esto último lo hemos confirmado, pues al final de cada curso sobre cocina y culturas ibero-americanas abrimos a la universidad y a todo el público de la ciudad las puertas de nuestros Departamentos de Lenguas Modernas: en nuestro *Modern Languages Grand Tasting Feast*, le agradecemos a cada cocinero/a visitante y, previamente, cada estudiante prepara en su casa una receta aprendida durante la clase o gracias a otra fuente. Acompañados de pequeños volantes en español y en inglés con los nombres y con los ingre-dientes de las recetas, los visitantes degustan pequeños pedazos o tapas de cada platillo, mien-tras el/la estudiante cocinero/a que lo hizo explica la preparación del plato, situándolo en su contexto cultural. Así, este festín final para el paladar confirma que, siempre, los *sabores* llevan consigo fascinantes e insospechados *saberes*.

Notas

1   Aquí, nuevamente, la etimología revela su constante interés por las metáforas alimenticias. Sería pro-bable, a su vez, que la palabra francesa *banquet* hubiese nacido de la italiana *banchetto* —diminutivo italiano de "banco". Y el italiano *banco* sería un préstamo de esta palabra alemana: *die Bank*. *Bank* en alemán, en una de sus acepciones, significa "banca", en el sentido de larga silla que sirve para que varios comensales se sienten junto a la mesa. Es todavía costumbre muy extendida en Alemania los restaurantes populares o no muy costosos. En esos restaurantes, no hay o son pocas las mesas individua-les o las mesas solo para dos y para cuatro personas. Abundan, más bien, las mesas largas acompañadas también de largas bancas, donde los comensales se sientan a comer, y este diseño del espacio causa la cercanía entre los hombros, y en todo el cuerpo de esos comensales —sean o no sean conocidos.

2   El pasaje original del Grondin reza así: "Augustin emploie ici simplement le verbe *sapere*. C'est un très beau verbe. Dans son premier sens, intransitif, celui auquel on a affaire ici, le verbe *sapere* veut, en effet, simplement dire qu'une chose 'a du goût' (*cum sapit*). Augustin veut seulement dire que l'âme vit manifestement 'plus' si elle a de la saveur que si elle n'en a pas *(cum desipit)*! Sans trop jouer sur les mots, il va de soi que ce sens intransitif de *sapio* habite encore le sens transitif du verbe *sapere*, quand il veut dire 'sentir' et même 'savoir' quelque chose: je 'sais' quelque chose quand j'y trouve quelque saveur. Le contraste établi par Augustin entre *sapio* ('avoir de la saveur') et *desipio* est en tout cas par-ticulièrement lumineux pour illustrer ce sens de la vie: la vie peut avoir du piquant ou être amère, et dès lors être sensée (*sapere*) ou insensée (*desipere*)".

Bibliografía

Borges, Jorge Luis. "Oda escrita en 1966". *Obras completas (1923–1973)*. Emecé, 1974, pp. 938–39.
Cicero, Marcus Tullius. *Tusculanarum Disputionum ad M. Brutum Libri Quinque*. Editado por Gustav Tischer, Weidmannsche Buchhandlung, 1884.

Denavit, Clémence. "Cuisine de l'exil avec Stéphanie Schwartzbrod". *Le Goût du monde*, 4 may. 2019, www.rfi.fr/emission/20190504-cuisine-exil-stephanie-schwarzbrod-histoire-recettes.

Grondin, Jean. "Le Sens de la vie: Une question assez récente, mais pleine de saveur". *Théologiques*, vol. 9, no. 2, 2001, pp. 7–15.

Henry, Sarah. "A New Wave of Immigrant Cookbooks Celebrates America's Delicious Diversity". *The Washington Post*, 27 junio 2019, www.washingtonpost.com/news/voraciously/wp/2019/06/27/a-new-wave-of-immigrant-cookbooks-celebrate-americas-delicious-diversity/?noredirect=on.

Hipona, Agustín de. *De Trinitate Libri Quindecim*. Tomus Octavus. *Opera Omnia*. Editado por Jacques Paul Migne, Monachorum Ordinis Sancti Benedecti, e Congregatione Sancti Mauri, 1841, pp. 819–1098.

Homero. *La odisea*. Traducido por Felipe Jiménez de Sandoval, EDAF, 1957.

Kant, Immanuel. "Beantwortung auf die Frage: Was ist Aufklärung?". *Berlinische Monatsschrift*, 1784, pp. 481–94.

Marinetti, Filippo Tommaso. "Manifeste du Futurisme". *I Manifesti del Futurismo Italiano: Catalogo dei manifesti, proclami e lanci pubblicitari stampati su volantini, opuscoli e riviste (1909–1945)*. Editado por Paolo Tonini, Arengario, 2011, p. 6.

Proust, Marcel. *À la Recherche du temps perdu*. Vol 1: *Du côté de chez Swann*. Gallimard, 1919.

Royidis, Emmanuel. *La Papisa Juana*. Traducido por Estela Canto, Sudamericana, 1974.

Schwartzbrod, Stéphanie. *La Cuisine de l'exile: Récits et recettes*. Actes Sud Éditions, 2019.

Steiner, George. *La idea de Europa*. Traducido por María Condor, Siruela, 2012.

Uslar Pietri, Arturo. *Las lanzas coloradas*. Bruguera, 1980.

Wyndham, John. *El día de los trífidos*. Traducido por José Valdivieso, Minotauro, 2008.

IMAGEN 0.5 Café en el pueblo colombiano de Salento, de la región andina cafetera de Quindío (Colombia).

Source: © Cortesía de Rechitan Sorin y de Dreamstime.com.

1

LA HUERTA DE ESPAÑA

Una dieta mediterránea

IMAGEN 1.1 Paella. "Con frío o con calor, la paella es lo mejor" (dicho popular).

Source: © Cortesía de Pixabay.

Aperitivo | El refranero

> *El aceite de oliva todo mal quita.*
> *Juan Palomo, yo me lo guiso, yo me lo como.*

Con un compañero/a y con la ayuda de un diccionario busca el significado de los refranes anteriores.

¿Habría equivalentes de esos refranes en inglés? Si los hay, tradúcelos al castellano para tus compañeros/as y muestra en qué contexto los usarías.

Encuentra en internet, transcribe, traduce al inglés y, por último, aprende de memoria al menos otros dos refranes en castellano que se refieran a alimentos o a cocinar. Finalmente, comparte esos dos refranes con tus compañeros/as de clase, explicándoles siempre el contexto donde los refranes son utilizados.

Refrán 1) _____

Refrán 2) _____

Entrada | La reina de los arroces: La paella

La paella tiene su historia

Como sucede con muchos platos ahora considerados refinados, elegantes y de la *haute cuisine*, es decir, comida preparada en restaurantes y en hoteles costosos, la paella habría nacido, primero, en sencillas huertas cercanas a la ciudad de Valencia e inicialmente pudo haber sido, muchos años atrás, un almuerzo de campesinos. Encendiendo un fuego, los campesinos valencianos cocinaban el arroz en la paella, y usualmente agregaban esos dos ingredientes principales: caracoles y verduras. Ahora bien: en sus casas y en época de días festivos, ellos añadirían conejo, mientras que, en tiempos más recientes, el pollo tomaría protagonismo en la receta. En la comunidad valenciana las grandes sartenes negras en las que se cocina el arroz se llaman *paellas*, lo mismo que el plato, y no paelleras. El nombre paella proviene del latín *patella*, el diminutivo también latino de *patina*. Si bien la *patella* era una bandeja achatada en la que se ofrecían sacrificios a dioses no cristianos, la *patina* era un plato ancho y hondo. Ya en el siglo XVI, en español se denominaba *paila* a un recipiente similar a una paellera, la cual en Valencia, por ese entonces, se denominaba *paela*.[1]

Además de la tradicional versión primitiva (con caracoles y con verduras), las más populares entre los valencianos son la paella marinera (con pescado y con mariscos), una especialidad de Castellón de la Plana, y la paella mixta (con pescado, mariscos y carnes). Entre otros ingredientes, es posible encontrar paellas en Valencia con hígado, morcillas, alcauciles y alubias.

La paella no es un plato fácil de preparar y su éxito depende del tipo de arroz que se use (el mejor es el de grano redondo), de que el fuego (preferentemente de leña) sea parejo sobre toda la sartén, de que no se abuse con la cantidad de aceite (que debería ser de oliva), de que la dosis de agua o de caldo sea la exacta y del tipo de paellera utilizada (preferentemente de hierro). Hace falta, porque es indispensable, colorear el arroz de la paella. El azafrán —carísimo, por cierto—, la cúrcuma (*turmeric*) con pimentón rojo en polvo, o el colorante alimenticio, servirán para ese fin.[2] La amplia superficie de la paellera es, de igual manera, fundamental, ya que esto permite la evaporación del líquido que surge en el proceso de la cocción. Gracias a la superficie generosa de la sartén —en regiones de América Hispánica se habla de "paila"—, es posible gozar de eso que valencianos y catalanes llaman el *socarrat*, es decir, el arroz pegado a la sartén. Este arroz, queda adherido al fondo y a los lados de la sartén, mientras adquiere una tonalidad marrón clara. El *socarrat* es crujiente y toma un riquísimo sabor. Y un dato más: al contrario de los *risotti* tan conocidos en la cocina de tradición italiana, donde el arroz debe ser revuelto casi constantemente, en las paellas el arroz no se debe revolver en absoluto. Con todo, tanto el plato español como el italiano ofrecen delicias a aquellos paladares que gozan con un buen arroz.

Valencia es la capital de la Comunidad Valenciana. La Comunidad Valenciana es una comunidad autónoma de España. ¿Cuántas comunidades autónomas hay en España? Sin olvidar sus respectivas capitales, nombra tres comunidades autónomas que están a orillas del Mediterráneo.

Uno de los festivales más populares de la Comunidad Valenciana es la Tomatina. ¿Cuándo y dónde se celebra? ¿Te gustaría participar en este festival? ¿Por qué sí o por qué no? Busca en www.latomatina.info las reglas y los consejos del festival de La Tomatina. De acuerdo con esas reglas y con esos consejos, ¿qué debe hacerse antes de lanzar los tomates?

Hay muchos tipos de paella. Busca las características propias de cada una de ellas, sin que olvides incluir sus ingredientes:

Paella valenciana
Paella de carne
Paella marinera
Paella mixta
Paella negra
Paella vegetal
Paella de bogavante

Comida en la pintura: Joaquín Sorolla

"El pintor de la luz". Así es conocido Joaquín Sorolla (1863–1923), una de las figuras centrales en la historia del arte español y quien alcanzó un gran reconocimiento internacional en su época. Sorolla fue un habilísimo pintor especializado en capturar, en sus obras pictóricas, los matices de la luz, al tiempo que esas mismas obras ofrecen variadas sensaciones de movimiento. Entre sus creaciones, encontrarás paisajes rurales, las costumbres de un marinero típico de la zona del Mediterráneo, escenas sociales y retratos. Hay en sus obras un denominador común: calidez y sensibilidad que impactan sobre los sentidos visuales del espectador. La mejor manera de entender a Sorolla es conocer Valencia, donde nació, en 1863. Vivió en el seno de una familia humilde y se formó artísticamente en la Escuela de Bellas Artes de Valencia.

¿Qué crees que están comiendo las personas de *Comida en la barca* (1898) de Joaquín Sorolla? Encontrarás fácilmente en internet esa pintura de Sorolla.

Busca otros cuadros de Sorolla donde aparezcan comida o elementos de Valencia. Según las orientaciones de tu instructor/a, descríbeles uno de esos cuadros a tus compañeros/as. Puedes hacerlo oralmente o traducir el cuadro en palabras escritas.

Comida en la literatura: El gastro-detective Pepe Carvalho

Solo sé hacer dos cosas: escribir y cocinar.

Manuel Vázquez Montalbán

El detective más conocido de la literatura española de la Transición es, sin duda, el mítico personaje creado por Manuel Vázquez Montalbán (1939–2003): Pepe Carvalho. Pepe Carvalho es un detective atípico. De carácter complejo, amante de la comida y de las mujeres y desengañado de la política, Carvalho ejerce como detective privado tras un pasado que incluye la militancia comunista y tareas como agente de la CIA. Si bien su origen es gallego, desarrolla su actividad de sabueso en una Barcelona que Vázquez Montalbán utiliza como telón de fondo, con el fin de retratar la situación política y social de España durante la segunda mitad del siglo XX. El personaje de Carvalho apareció por primera vez en *Yo maté a Kennedy*, novela de 1972. Esta novela inició una saga que se prolongaría hasta 2004, con *Milenio Carvalho II: En las antípodas*, donde tiene lugar la última aparición del personaje.

A continuación, encontrarás dos de los muchos platos que prepara el gastro-detective Pepe Carvalho. El primero pertenece al libro titulado *La Rosa de Alejandría* (1984); el segundo, a *La soledad del manager* (1977).

"Las espinacas con gambas y con almejas del gastro-detective Pepe Carvalho"

> Eres libre de comértelo o no [replica Pepe Carvalho]. Pero no rechaces sobre todo el primer plato, un encuentro entre culturas, espinacas levemente cocidas, escurridas, trinchadas y luego un artificio gratuito y absurdo, como todo el artificio culinario. Se fríen las cabezas de unas gambas en mantequilla. Se apartan las cabezas y con ellas se hace un caldo corto. En la mantequilla así aromatizada se sofríen ajos tiernos trinchados, pedacitos de gamba y de almejas descascarilladas y salpimentadas. A continuación una cucharadita de harina, nuez moscada, media botellita de salsa de ostra, un par o tres de vueltas y el caldo corto hecho con las cabezas de las gambas. Ese aliño se vuelve sobre las espinacas y se deja que todo junto cueza, no mucho tiempo, el suficiente para la aromatización y la adquisición de una untuosa humedad que entra por los ojos.
>
> *(217–18)*

"Los fideos a la cazuela del gastro-detective Pepe Carvalho"

> La costilla de cerdo ligeramente salada fue sometida al rigor del escaso aceite hirviente en la cazuela de barro. A continuación una patata troceada, cebolla rallada, pimiento, tomate. Apelotonando el sofrito, Carvalho lo saló y pimentó en rojo ligeramente antes de echar los fideos y rehogarlos hasta convertirlos en cristalitos con voluntad de transparencia. Era el momento de echar el caldo hasta una altura que superara en un dedo la de la masa compacta. Cuando el caldo empezó a hervir, Carvalho añadió cuatro rodajas de gruesa *botifarra de bisbe* y poco antes de apartar el guiso del fuego lo ultimó con una picada de ajo y ñora fritos aparte.
>
> *(121–22)*

Los dos párrafos anteriores tienen un vocabulario específico y variado. Asegúrate de que entiendes todas las palabras de los dos párrafos y, con un compañero/a, tradúcelos al inglés. Busquen en el diccionario todas las palabras que no entiendan.

Haz dos listas para cada una de las recetas del gastro-detective Pepe Carvalho. En la primera lista, apunta todos los ingredientes que aparecen en el párrafo de "Las espinacas con gambas y con almejas". En la segunda lista, apunta todos los utensilios y máquinas que necesitas para hacer esta receta. Haz lo mismo con "Los fideos a la cazuela".

La televisión española (RTVE) se aprovechó del éxito que tuvieron los libros de Vázquez Montalbán y, por eso, llevó a la pantalla pequeña al mítico detective. En www.rtve.es encontrarás los capítulos de esta serie realizada en 1986 y titulada *Pepe Carvalho*. Te animamos a que veas uno o más de los episodios de la serie para que, de este modo, te familiarices con la Barcelona de los años ochenta.

Leer a Manuel Vázquez Montalbán es seguir a Pepe Carvalho por la ciudad de Barcelona. En esa ya mítica ciudad, uno de los barrios favoritos del detective lleva por nombre El Raval. Allí vive su novia Charo. Y, también en El Raval, en un lugar muy preciso, Carvalho compra los ingredientes para cocinar sus deliciosos platillos. Se trata del Mercat de Sant Josep de la Boqueria.

Inaugurado el 19 de marzo de 1840, cuando el calendario católico celebra el día de San José, el mercado de la Boquería es el primero de los mercados municipales de Barcelona. Antes de ser un mercado, en el terreno actual estaba situado el convento de Sant Josep. Sin embargo, ya

IMAGEN 1.2 Mercat de Sant Josep de la Boqueria, sus insignias heráldicas, en Barcelona (España).

Source: © Cortesía de Juan Moyano y de Dreamstime.com.

en el siglo XIII, la historia del Mercat Sant Josep de la Boqueria confirma que en este espacio de la Rambla había vendedores ambulantes de carne que se reunían allí.

En 1836, el Marqués de Campo Sagrado, capitán general de Cataluña, decidió reglamentar el mercado ambulante que se había instalado en la gran plaza que quedó en el lugar donde existió el convento. Con el tiempo, el Mercado de la Boqueria de Barcelona fue transformándose en un mercado moderno: incorporó la iluminación a gas y, en 1914, fue instalada una cubierta metálica que, además de proteger alimentos, vendedores y compradores, le otorga singularidad y carácter a este gran espacio de interacciones sociales para gente local y para turistas. Actualmente la tercera y cuarta generación de vendedores muestra con orgullo el mercado de alimentación más antiguo y completo de Barcelona. Ellos ofrecen a los visitantes verduras, carnes, pescados y miles de productos con una imaginativa presentación en paradas llenas de encanto. El mercado de la Boqueria es todo un lugar lleno de vida e historia y con un valor arquitectónico fuera de dudas.

Nota: Boqueria en catalán no tiene tilde en la "i".

Si vas a la página web de la Boqueria, www.boqueria.barcelona/, puedes encontrar un mapa de todas las paradas o tiendas del mercado. Los nombres están en catalán, pero fácilmente puedes entender lo que se vende en cada una de esas paradas. Si no lo entiendes, puedes cliquear en el mapa y ver una fotografía de lo que venden.

¿Qué podrías comprar en las siguientes paradas?
Mas Gourmets de l'embotit
Fruites i Verdures Hernando
Avinova Aviram, ous i caça
Fruits secs i torrons
Joan La llar del Pernil
Boutique del pollastre Flora
Bolets Petràs
Marisc Luci i Noemí
Carns selectes Alonso
Olives i Conserves El Pinyol
Espècies i tes Morilla
Peix Núria
Sucs Simó
Rostisseria Ramon
Llegums La Boqueria
La Carte des Vins
Formatgeria Elisa

A la carta | Las tapas

Una tapa es un aperitivo. Puedes encontrar tapas en bares donde se venden bebidas alcohólicas o no alcohólicas. Es usual que, en un bar, una caña vaya acompañada de una tapa. La caña, que es un vaso pequeño de cerveza de grifo, y las tapas son ya uno de los elementos identitarios de la cultura de España. Hay incluso un verbo para comer tapas y beber cañas: *tapear*. Tapear consiste en comer tapas, acompañándolas con una bebida —cerveza, pero también más que cerveza.

Circula este origen para la palabra "tapa": con el fin de que las moscas no molestaran a los bebedores de cerveza o de vino y de que esas moscas —¡abominación!— no terminaran

IMAGEN 1.3 Tradicionales tapas españolas: chorizo, salchichón, jamón serrano, lomo, tajadas de queso de cabra y aceitunas.

Source: © Cortesía de Kuvona y de Dreamstime.com.

nadando en el licor de los clientes, el vaso de vino o de cerveza se cubrían con una loncha de jamón o una rebanada de pan. En la actualidad, las tapas son muchísimo más que pan y jamón: pueden ser raciones pequeñas de ensalada o también un pequeño sándwich. La variedad de las tapas ha causado que haya tabernas o bares con especialidades propias de tapas o, igualmente, que el comensal pueda disponer de un menú de tapas complejo y muy sabroso.

El tamaño de las tapas depende de la zona y del bar, pero es posible comer completamente solo a base de ellas. En algunas áreas de España, la tradición de las tapas está disminuyendo, y se sirven frutos secos o patatas en lugar de la tapa. En muchas ciudades, hay un buen número de bares famosos por sus tapas, y en las oficinas de información turística a menudo los interesados pueden encontrar mapas con rutas de tapeo. Esta es una manera estupenda de conocer mejor una ciudad española: mientras el visitante recorre la ciudad, él o ella disfrutan de la fantástica comida española.

En el País Vasco es muy común tapear, pero las tapas tienen otro nombre ahí. Busca en internet el nombre que utilizan en el País Vasco para las tapas. Busca en internet fotografías de tapas del País Vasco y de otros lugares de España. ¿Ves alguna diferencia entre las tapas en el País Vasco y las tapas de otros lugares de España?

Menú | Las tapas más internacionales

Hoy en día también se puede tapear en muchas ciudades grandes del mundo. Las tapas ya son tan famosas, como lo son el sushi japonés, la pizza italiana o el pho de Vietnam.

¿Hay algún restaurante de tapas en tu ciudad? Si vives en un pueblo pequeño o no hay un restaurante de tapas en tu ciudad, busca en internet alguno en Nueva York o en Londres.

IMAGEN 1.4 Formato en blanco para menú de comidas o de bebidas.

Source: © Cortesía de Madartists y de Dreamstime.com.

¿Cómo se llaman estos restaurantes? ¿Qué tipos de tapas venden? ¿Cuánto cuestan las tapas? ¿Cuáles serían tus tapas favoritas? ¿Hay alguna tapa que no te gusta? ¿Has comido en alguno de estos restaurantes?

¿Se tapea igual en España y en otros países? ¿Cuáles serían las diferencias?

Mi restaurante de tapas

Con dos de tus compañeros/as, funda un restaurante de tapas en tu pueblo o en tu ciudad. Deberán empezar creando un menú para ese restaurante. Pónganle nombre a su restaurante, donde solo venderán tapas. Creen un menú de, al menos, cinco tapas. Incluyan los ingredientes que componen cada tapa y su precio. Escríbanlo todo en la anterior "carta" o menú, la cual pueden embellecer con dibujos y con colores, a modo de menú.

Consejos de la abuela Leonor | Los aceites

Conviene preguntar sobre cuál es el mejor aceite para cocinar. La abuela Leonor les dará la respuesta y describirá ciertos aspectos que se deben tomar en consideración.

Son de origen vegetales los mejores aceites para nuestra salud: oliva, girasol, maíz, nuez, germen de trigo y soya. Estos aceites insaturados ayudan a mejorar la salud, en especial son buenos para el corazón y para las arterias, en razón de que reducen el "colesterol malo" (LDL) en la sangre y aumentan el "colesterol bueno" (HDL).

Siempre y cuando los aceites sean consumidos de forma cruda, obtenemos de ellos beneficios. Es necesario evitar que el aceite llegue a calentarse demasiado generando humo. Cuando ocurre esta situación, el aceite alcanza el llamado "punto de humo". En este punto, se causa la descomposición del aceite en sustancias nocivas para el cuerpo y pierde sus propiedades benéficas. Por esta razón, en la escogencia de los aceites para cocinar es importante tener en cuenta cuáles de ellos resisten mejor al calor, y entre estos se encuentran los aceites de maíz, de girasol, de canola o de soya.

El aceite de oliva, por ejemplo, es muy beneficioso para la salud humana, pues protege el sistema cardiovascular y es rico en vitamina E. Sin embargo, solo si es consumido crudo o si es calentado a temperaturas bajas, el aceite de oliva es saludable. En salsas, en ensaladas, para saltear, en cocciones de horno o de olla a presión son algunos de los métodos adecuados, cuando vayas a consumir aceite de oliva.

Vayan estas recomendaciones, sintetizadas:

- Evita calentar el aceite hasta el "punto de humo".
- Prefiere el aceite de oliva para tus ensaladas o para cocciones que únicamente requieran bajas temperaturas.
- Usa, en cocciones de altas temperaturas, aceites como estos: colza, soya, maíz o girasol. Estos aceites presentan un buen nivel de tolerancia en altas temperaturas.
- Puedes cuidar tu peso —porque consumirás menos calorías— y afectar menos el sabor de los alimentos, si usas aceite en aerosol o aplicas el aceite con ayuda de un vaporizador casero.
- No consumas más de 4 o 5 cucharaditas de aceites insaturados diariamente. El consumo moderado de aceite asegurará que, de este producto, no estés ingiriendo un número excesivo de calorías por día.

¿Conoces otros aceites que no haya nombrado la abuela Leonor? Además de cocinar, ¿utilizas los aceites para otras cosas?

Las notas del filósofo | Diglosia y préstamo lingüístico

En esta sección, aprenderás dos conceptos o términos especializados que son muy útiles para pensar en las realidades de la cultura humana, sea la literatura, la lingüística, la historia, la economía, la sociedad, la religión y, por supuesto, la cocina y sus prácticas. Los conceptos que el filósofo te enseñará aquí pertenecen a varios dominios intelectuales y académicos: los estudios culturales, la teoría crítica o la filosofía de la cultura.

Diglosia

Este es un concepto de la lingüística. Hace referencia a la coexistencia de dos lenguas en un solo territorio, más o menos delimitado. Dentro de ese territorio, cada lengua posee un estatuto o rango de valor diferente. Una de esas lenguas —o idiomas—, por ejemplo, arrastra en su uso un mayor prestigio o reconocimiento que la otra, al tiempo que su empleo tiene lugar en contexto de formalidad discursiva. La lengua menos valorada no será la lengua oficial para documentos legales, servirá en contextos de informalidad discursiva y estará limitada a espacios domésticos o a clases de nivel socioeconómico inferior. Cuando haya más de dos lenguas que compartan una zona o región, la lingüística tiene dos palabras con el fin de nombrar ese fenómeno: *multiglosia* o *poliglosia*.

Hay ejemplos de poliglosia en Tanzania y de diglosia en países donde se habla árabe. En el caso de Tanzania, el inglés es empleado para el comercio, la política y la universidad; para que distintos grupos éticos del país se comuniquen el idioma empleado es el suajili o *swahili*; y las diversas lenguas vernáculas permiten el intercambio comunicacional dentro de espacios más locales o familiares. A su turno, hay disglosia en Irán o en Marruecos, donde el árabe clásico (*al-fusha*) está reservado para contextos religiosos u oficiales, mientras que existe un árabe coloquial al que se recurre para la comunicación diaria o entre miembros de la familia.

Aunque hoy en día es normal escuchar catalán, gallego y vasco en sus respectivas comunidades autónomas, no siempre ha sido así. ¿En qué período de la historia de España crees que estas lenguas se hablaban en espacios caseros, como en la cocina, y se reservaba el español para los contextos sociales de naturaleza legal, política y mass-mediática? ¿Por qué?

Préstamo lingüístico

Frente a realidades para las que la propia lengua no parece ofrecer una palabra o una expresión (formas léxicas) —porque esas realidades son nuevas o no habían sido contempladas con anterioridad—, las comunidades idiomáticas echan mano de los recursos léxicos que otra u otras comunidades idiomáticas utilizan. Así, términos forjados o usados previamente por una comunidad léxica pasan a ser usados por otra, integrándoselos a la vida regular de la lengua.

De esta forma, a partir de la expresión "préstamo lingüístico", es posible caracterizar estos tres fenómenos: los españoles empiezan a utilizar palabras venidas de América, luego de la Conquista de América. Préstamo lingüístico son estas palabras de uso en el español y cuyo origen es la lengua taína: *ají*, *barbacoa*, *hamaca* y *maíz*. La expresión en francés *pot-pourri*, para la receta es un préstamo lingüístico: esa expresión viene de "olla podrida". A su turno, *pot-pourri* en francés regresa al español según un nuevo préstamo lingüístico: *popurrí*, en español, pasará a significar la reunión o combinación de elementos diversos en un conjunto altamente heterogéneo.

El vocabulario gastronómico permite y ha permitido muchos préstamos lingüísticos. Haz una lista de al menos diez palabras relacionadas con la cocina que provienen de otras lenguas y que usamos normalmente en el español.

Plato principal | ¡A preparar gazpacho andaluz!

Antes de que empecemos a preparar el gazpacho, escucha la canción de La Ogra que todo lo logra. Su canción lleva por título "Gazpacho". Puedes encontrar la canción en Spotify o en YouTube: www.youtube.com/watch?v=4ZfYAQ5zgPk. La Ogra te enseñará a preparar cómicamente el gazpacho. Verás que hemos copiado la letra de la canción dejando en blanco los ingredientes del gazpacho. Agrega las palabras que faltan:

¡¡Calor, calor, calor, qué calor!!
¡¡Calor, calor, calor, qué calor!!
¡¡Calor, calor, calor, qué calor!!

¡¡Calor, calor, qué calor!!
¡Sí!
Gazpaaaacho, gazpacho, gazpaaaacho, gazpacho.
Si quieres un plato elegante y muy refrescante,
prepara gazpacho.
Yo te explico cómo se hace.
¡Vamos, nena, que me lo quitan de las manos!
¡Al rico gazpacho, al rico gazpacho!
¡_____ a 1 euro, _____ español!
_____ maduros, bien hermosos y muy jugosos.
El _____, rojo y verde, un _____ y de _____ un diente.
Ponle _____, solo el corazón y algo de _____ duro del día anterior.
_____ ___ _____ y un poco de _____, y en veinte minutos te lo puedes jalar.
Typical Spanish, typical Spanish, typical Spanish,
y cuesta muy poco *money.*
Typical Spanish, typical Spanish, typical Spanish,
Gazpaaaacho, gazpacho, gazpaaaacho, gazpacho.
Pon en remojo las rebanadas de _____ del día anterior.
Con el _____ y con el _____ lo podrás cortar mejor.
Y un poco de _____, no debe faltar, para que el gazpacho esté sensacional.
Tienes que pelar, luego trocear, _____, _____, _____ y lo demás.
Y ahora metemos todo esto en la batidora.
Con _____, se bate, y añadimos también _____.
Typical Spanish, typical Spanish, typical Spanish,
Y cuesta muy poco *money.*
Typical Spanish, typical Spanish, typical Spanish,
Y cuesta muy poco *money.*
Gazpaaaacho, gazpacho, gazpacho, gazpaaaacho, gazpacho.
Para quitar la piel del _____ usamos el pasapuré,
porque si intentas pelarlo fresco es muy difícil de hacer.
Ponle guarnición, _____ cortao y unos cuadraditos de _____ tostao.
_____ también, _____ quizás, eso lo decide el comensal.
¡Cómo cocina La Ogra, sí señor!
Sí, sí,
sí, sí.
¡¡¡¡Calorrrrrrr!!!!
Typical Spanish, typical Spanish, typical Spanish,
Y cuesta muy poco *money.*
Typical Spanish, typical Spanish, typical Spanish,
Y cuesta muy poco *money.*
Gazpaaaacho, gazpacho, gazpacho, gazpaaaacho, gazpacho.
Gazpaaaacho, gazpacho, gazpacho, gazpaaaacho, gazpacho.

Finalmente, con un compañero/a traduce la canción al inglés.

El gazpacho es el nombre para denominar una sopa que se sirve fría. Usualmente, es un primer plato y su elaboración es simple. En el gazpacho hay una mezcla cremosa hecha con hortalizas (tomates, cebollas, ajos, pimientos, pepinos), además de pan, y va aliñada con aceite de oliva extra virgen, con vinagre y con sal.

El gazpacho es una sopa típica de Andalucía. ¿Por qué crees que es tan popular en esta comunidad autónoma?

¿Cuáles son las diferencias, si las hay, entre hortalizas, verduras y legumbres?

La siguiente receta la hemos pensado para que sea preparada en clase, en grupos de cuatro estudiantes y en compañía de tu profesor/a. En caso de que no existan las condiciones en el salón de clase para cocinar, grupos de tres estudiantes prepararán la receta en la casa de alguno de ellos.

Antes de preparar el gazpacho andaluz, cada estudiante deberá leer la lista de los ingredientes que constituyen la receta, prestando especial atención a las cantidades de esos mismos ingredientes. Las medidas de estos ingredientes están expresadas, respectivamente, en cucharadas y en mililitros.

Si en el vocabulario de esta lista te topas con palabras desconocidas, búscalas en un buen diccionario de papel o en línea.

Tiempo de preparación: 20 minutos
Número de personas: 6 personas

Cantidades e ingredientes del gazpacho andaluz

6	Tomates grandes, maduros, cortados en 4 (sin pelar)
1	Pimiento verde, partido en trozos, sin pepitas
1	Pepino verde, pelado y cortado en 4
3–4 dientes	Ajo
2/3 a ¾ taza	Aceite de oliva virgen
2 cucharaditas o al gusto	Sal
1 taza	Agua (puedes substituir 1/2 taza de agua con 6 oz. de jugo de tomate o de V-8)
Una pizca	Comino
3–4 cucharadas	vinagre de frutas o de vino (¡OJO! Se añaden solo antes de servir)

Ahora que tienes los ingredientes para la receta del gazpacho andaluz, lee con todo detalle las instrucciones para la preparación. Finalmente, tanto con la lista de ingredientes como con esas instrucciones a mano, podrás pasar a *crear* —que no únicamente "cocinar"— el gazpacho. Así, entonces, experimentarás *el arte de la cocina*, lugar de una belleza nacida en olores, en imágenes visuales, en sabores, en gustos, en sonidos y en sensaciones táctiles (¡pero no te cortes!).

Preparación del gazpacho andaluz

1   Pon todos los ingredientes en la licuadora. Mezcla hasta que esté todo cremoso. Ahora ve vertiendo el aceite de oliva en un hilo mientras se bate en la licuadora, hasta que la sopa se espese. Cuela bien, empujando la pulpa por el colador con una cuchara de palo. (Si tienes el molino de colar francés [*moulin*] es mejor, para colar).

2   Prueba y sazona al gusto con sal y con pimienta. (Como la sopa es fría, quizá tengas que añadirle un poco más de sal adicional).

3   Refrigera en un bol tapado durante 3–4 horas, o hasta que este frío. Sirve en tazas frías (métnlas al congelador antes).

4   Sirve aparte una guarnición, en recipientes separados: pepino pelado y picado fino, cebolla larga picadita, cebolla roja picadita, pimentón picado fino.

En el momento de servir, añade las cucharadas de vinagre de fruta o de vino.

Hay otros tipos de gazpacho. ¿Qué ingredientes crees que llevan las siguientes variantes (muchas veces se añade más de uno)? Si no puedes adivinarlo, búscalos en internet.

Gazpacho verde
Gazpachuelo
Gazpacho con piñones
Gazpacho de fresas
Gazpacho de sandía

Otra canción relacionada con la comida es "Sabor, sabor" de Rosario Flores. Al igual que hiciste con la canción anterior, escribe las palabras que faltan en la canción. Puedes encontrar la canción en Spotify o en YouTube: www.youtube.com/watch?v=p8seJ1w2QC0.

Oh, sabor, sabor, a _____ y a _____,

a _____ de _____ de abejas sabes hoy.
Sabor, sabor, de rojo _____
sabe tu piel cuando te beso, sin saber
que hablo de mis dulces sueños,
que reparto en cada parte de tu cuerpo.

Eh, eh, sin saber que es una trampa con cepo
cada rincón, cada línea es un verso.

Oh, sabor, sabor, a la _____ en flor,
a fresca _____ sabes hoy.
No me digas que no,
que soy como la fuerte hiedra
y crezco, y trepo por las piedras, sin saber
que más me enredo en tus locos besos
que me llevan a flotar al universo.

Eh, eh, eh, eh, elixir de gotas de un almendro
que florece a cada paso del invierno.

Sin saber que es una trampa con cepo
cada rincón, cada línea es un verso.

Oh, sabor, sabor, a la _____ en flor,
a fresca _____ sabes hoy.
No me digas que no,
que soy como la fuerte hiedra

y crezco, y trepo por las piedras, sin saber
que más me enredo en tus locos besos
que me llevan a flotar al universo.

Eh, eh, eh, eh, elixir de gotas de un almendro
que florece a cada paso del invierno.

Uh, uh, sabor, sabor.

Finalmente, con un compañero/a traduce la canción al inglés.

Carta de bebidas | ¡A preparar horchata!

Para el nombre de esta bebida hay una leyenda. Esta leyenda informa que una bella joven invitó a Jaime I, Rey de Aragón, a probar una bebida que combinaba blancura y dulzura. El Rey preguntó: "Què és això?" (¿Qué es esto?). Esta fue la respuesta de la joven: "Es leche de chufa". El sabor de la bebida satisfizo mucho al Rey y, por eso, replicó con esta afirmación enfática: "Això no és llet, això és or, xata!" (¡Esto no es leche, esto es oro, guapa!). Así, *horchata* vendría de las últimas palabras del rey: *or xata*.

En todo caso, la horchata es hecha, fundamentalmente, de la chufa, un tubérculo común en la huerta de Valencia. Además de ser refrescante, la horchata pertenece a la dieta del Mediterráneo y se le reconocen beneficios para la salud humana.

No hay solo restos de este alimento en tumbas de Egipto, sino que, asimismo, hay autores de la antigua Arabia que elogiaban la chufa, por sus efectos desinfectantes y benéficos para el sistema digestivo. El cultivo de la chufa habría llegado a tierras del Mediterráneo traído por los árabes en el siglo VIII, y su cultivo en la región de Valencia adquirirá, con los siglos, una importancia cultural y económica cruciales.

Atención: la horchata que puedes tomar en los Estados Unidos y en México no está hecha de chufa, sino de arroz. La receta siguiente es también para la horchata de arroz, porque no te será fácil encontrar chufas —salvo si tienes la suerte de pasar por Valencia. La receta, combinación entre la versión de Yucatán (México) y la versión española, en gran medida está tomada del libro *Gran cocina latina: The Food of Latin America*, de Maricel E. Presilla.

Tiempo de preparación: 15 minutos
Tiempo extra: 8 horas de remojo
Número de personas: 12 personas (1 vaso por persona)

Cantidades e ingredientes de la horchata de arroz

½ taza (4 onzas)	Arroz de grano largo (lavado)
4 onzas	Almendras peladas (sin cáscara)
¾ galón (2,8 litros)	Agua purificada
1 lata (12 onzas)	Leche condensada
1 lata (12 onzas)	Leche evaporada

Al gusto	Azúcar
1 cucharadita	Extracto de vainilla
1 cucharadita	Extracto de almendra
1 pellizco o pizca	Sal
2	Palitos de canela quebrados en pedazos de una pulgada
Al gusto	Cubos de hielo
Al gusto	Canela en polvo

Preparación de la horchata de arroz

1   Lava el arroz, con la ayuda de un colador y usando agua fría. Cuando veas que el agua está transparente, escurre bien el arroz, es decir, retira el agua sobrante.

2   Pon el arroz lavado y limpio, junto con las almendras, en un recipiente grande. Añade al recipiente 3 litros de agua.

3   Remoja el arroz de un día para otro, esto es, unas 8 horas.

4   Escurre el arroz y las almendras, reservando la mitad del agua donde remojaste ese arroz y esas almendras. Vierte en una licuadora grande la mitad de esa agua, la leche condensada y la leche evaporada, junto con los trocitos de canela. ¡Cuidado! No botes la otra mitad del agua.

5   Mientras licúas los ingredientes anteriores, irás echando poco a poco — en tres momentos — el arroz y las almendras en una licuadora. Deberás obtener una pasta licuada y suave.

6   Vierte esa pasta en el resto del agua donde el arroz y las almendras estuvieron remojándose.

7   Revuelve todo de nuevo, con una cuchara grande y mezclando bien, mientras agregas el azúcar, la sal y los extractos de vainilla y de almendra.

8   Cuela esta nueva mezcla con un colador de tela fina mientras el contenido se vierte en una jarra de vidrio.

9   Sirve en vasos con hielo y, sin olvidar que, cada vaso, debes espolvorearlo con canela molida. No puedes refrigerar la horchata por más de una semana.

Tanto el gazpacho como la horchata son típicos del verano o del tiempo caluroso. ¿Qué tomas o bebes tú durante el verano?

¿Hay algún equivalente al gazpacho o a la horchata en tu país?

Postre | La crema catalana

La crema catalana lleva a pensar en una festividad religiosa y familiar en el contexto de los países católicos. La crema catalana —conocida asimismo con los nombres de crema de Sant Josep, crema quemada (*crème brûlée, burnt cream*)— también es consumida en otras partes de España y del mundo. El día de la festividad de San José, que en el calendario católico cae el 19 de marzo, existe la costumbre de comer crema catalana. Ese día, en el resto de España se habla del "Día del Padre". Así como muchos españoles les preparan a sus padres, en homenaje, crema catalana, tú podrás replicar esta costumbre para con tu padre —el 19 de marzo u otro día. De seguro, él te agradecería que le prepararas esta deliciosa crema catalana.

IMAGEN 1.5 Postres y pastelería: crema catalana, churros, ensaimadas y *croissants*.

Source: © Cortesía de Hans Geel y de Dreamstime.com.

Cataluña, Francia e Inglaterra se disputan el certificado de nacimiento de la crema catalana. Hay registros escritos del siglo XVIII donde se hace referencia a este platillo; de 1630 es la información sobre *burnt cream* servida en el Trinity College de la ciudad inglesa de Cambridge; y existen referencias a la *crème brûlée*, en 1691, en las páginas de libro *Le Cuisinier Royal et Bourgeois*, cuyo autor, François Massialot, fue cocinero en el Palacio de Versalles. Con todo, según el lugar, la crema catalana toma rasgos propios y hay quienes se niegan a igualar la crema catalana con la *crème brûlée* o la *burnt cream*.

Si bien la receta es simple, el truco de quemar el azúcar sobre la leche no fue siempre tan fácil como ahora. Antes que fuera asequible el soplete doméstico de cocina, y para crear la textura de una capa derretida y luego crocante, era necesario quemar el azúcar que cubría todos los ingredientes por medio de una barra de metal muy caliente. El famoso chef catalán Ferran Adrià (1962–), autor de *La comida de la familia*, echa mano del soplete de gas cuando cocina crema catalana.

Busca en internet a Ferran Adrià. ¿Quién es? ¿Por qué es famoso?

¿Te recuerda la crema catalana otros postres? ¿Cuáles? ¿Has probado alguno de estos postres? ¿Cuál te gusta más y por qué?

Te pasamos una lista de otros postres típicos catalanes. Busca en internet fotografias e información de estos postres:

Carquinyolis
Panellets
Mel i mató

Catanies
Coca
Pa de pessic
Braç de gitano

Para cada uno de ellos busca postres parecidos en la cocina mundial. ¿Cómo se llaman esos postres?

Algunos de estos postres catalanes se comen en una fecha determinada. Busca en internet si estos postres catalanes están relacionados con alguna festividad. ¿Se celebra esa festividad donde vives? ¿Se celebra esa festividad con alguna comida o con algún postre?

¿Tienes un postre o varios postres favoritos? ¿Cuál es el origen de ese o de esos postres?

IMAGEN 1.6 23 de junio en Cataluña: la riquísima *coca de Sant Joan*. Se trata de un pan dulce con cerezas y naranjas caramelizadas, espolvoreado con piñones y con azúcar blanca.

Source: © Cortesía de Ivan de Santiago.

Sobremesa | Analizar y escribir

Análisis de una representación gráfica

En el gazpacho, habrás visto que el protagonismo culinario lo asumen las hortalizas. El gazpacho, así como muchos otros platos preferidos por los españoles, consisten fundamentalmente en partes comestibles de las plantas. De acuerdo con las coordenadas gastronómicas y culinarias establecidas por el consumo masivo de hortalizas, es relevante considerar una serie de televisión, *Mar de plástico*, en dos temporadas (2015 y 2016).

El título de la serie apunta a un lugar geográfico de España: el Poniente de Almería, en Andalucía. Allí, abundan los invernaderos, cuyos techos son de plástico y llegan a cubrir un área enorme de la región. Este "mar de plástico", en fotografías tomadas por la NASA, es visible desde el espacio y cubre una planicie llamada el Campo de Dalías. En esa planicie, hay sitios que llevan por nombre El Ejido, La Mojonera y Roquetas de Mar. Ahora bien, y para que no te asustes demasiado con las implicaciones negativas del mar de plástico contra el planeta, esta zona de Andalucía también ha sido bautizada con la expresión "La huerta de Europa".

Además, y si te interesa, puedes ver el tráiler de esta serie televisiva: *Mar de plástico*. La encontrarás en YouTube, www.youtube.com/watch?v=3MNM23W0fUA, o la podrás ver toda en Netflix.

Busca las imágenes impresionantes de los invernaderos realizadas por la NASA en internet.

Escritura de una redacción

En una redacción de una página (350 palabras aproximadamente), escribe sobre alguno de los temas siguientes referidos a la cocina mediterránea:

1   La cocina actual mediterránea como heredera de la tradición árabe. Los productos que fueron introducidos en España por los árabes. Platos típicos españoles que recuerdan comidas del norte de África.

2   ¿Por qué tiene tanto éxito la dieta mediterránea? ¿Es realmente saludable? ¿Es una moda? ¿Se come mejor y más sano en el Mediterráneo que en otras áreas del mundo?

3   Cuando pensamos en recolectores de frutas, nos viene a la memoria el líder estadounidense César Chávez (1927–93) y su campaña política "Uvas No". Chávez, de ascendencia mexicana, luchó en favor de los derechos laborales de los campesinos en Estados Unidos. Aunque no hay un líder así, representante conocido de los recolectores de frutas y de verduras en España, hay situaciones que recuerdan las luchas de Chávez: miles de personas provenientes de África van a trabajar a los campos españoles. ¿Cuáles son sus condiciones? ¿Tienen los mismos derechos que los trabajadores nacidos en España? ¿Cómo y dónde han sido discriminados?

Escritura de una reseña o análisis de un poema

Haz una reseña crítica en una página (350 palabras aproximadamente) del filme español *Fuera de carta* (*Chef's Special*).

•   *Fuera de carta* (2008), dirigido por Nacho García Velilla. Puedes alquilar o comprar el filme en Amazon.

Lee tu reseña o tu análisis a varios compañeros/as de clase. Tus compañeros podrán comentar los aspectos débiles de la reseña/del análisis y ofrecer sugerencias para mejorar. Revisa la reseña/el análisis una vez terminada la actividad anterior.

Traducción | Tiempo de buscar palabras, saboreándolas

Con la ayuda de uno/a de tus compañeros/as de clase, traduce al castellano al menos uno de los siguientes párrafos. Cuando hayan terminado de traducir, revisa la traducción en compañía de tu profesor/a.

"Andalusian gazpacho has a creamy orange-pink color rather than a clear lipstick red. This is because of the large quantity of olive oil that is mandatory in making delicious gazpacho, rather than take-it-or-leave it gazpacho. The emulsion of red tomato juice, palest green cucumber juice and golden olive oil produces the right color".

Moskin, Julia. "Gazpacho, Seville-Style, to Sip in Summer".

"The chufa is often spoken about as a super-food. The *Oxford English Dictionary* calls it a 'nutrient-rich food' that is considered especially beneficial to health and wellbeing. The nutrient-rich tiger nut helps with digestion, it protects the heart, it is an anti-oxidant, it stimulates the immune system, it works as an antacid, and it contains no lactose or gluten, making it a good option for people with intolerance to the latter. It also plays a leading role in cholesterol control, as its high level of oleic acid (77%) is similar to olive oil".

Garí, Joan. "Chufa, the Super Food from Valencia: The Tuber Known in English as Tiger Nut is Widely Used Here to Make a Popular Drink Called Horchata".

Notas

1 Transferir el nombre de la sartén al tipo de comida muestra un ejemplo de *metonimia*. Entre otras posibilidades, la metonimia es una figura literaria gracias a la cual el continente (sartén: paella) remplaza verbalmente el contenido (todos los ingredientes y la preparación de la receta). Otro ejemplo: a menudo, decimos "vamos a tomarnos una copa de vino". Así, aunque de manera figurada, que no literal, "bebemos" una copa.

2 Es posible encontrar azafrán de La Mancha, o de Irán o de la India, pero su costo es desorbitante. Un kilo de azafrán de La Mancha puede costar aproximadamente tres mil dólares americanos. Por su parte, el colorante alimentario, en cuanto incluye Tartrazina (E-102), conviene evitarlo. En países de la Comunidad Económica Europa existen discusiones sobre este colorante: se le atribuyen efectos negativos, pues causaría hiperactividad en los niños y afectaría sus capacidades de atención.

Bibliografía

"La Boqueria", www.boqueria.barcelona/, acceso 24 jul. 2018.

Díaz Arenas, Ángel. *La nueva fisiología del gusto (según Vázquez Montalbán): Paseo gastronómico de la mano de Pepe Carvalho, Sánchez Bolín y Biscuter*. Verdum, 2017.

Flores, Rosario. "Sabor, Sabor", www.youtube.com/watch?v=p8seJ1w2QC0, acceso 26 jul. 2018.

García Velilla, Nacho, director. *Fuera de carta*, 2008, DVD.

Garí, Joan. "Chufa, the Super Food from Valencia: The Tuber Known in English as Tiger Nut Is Widely Used Here to Make a Popular Drink Called Horchata". *El País*, 17 ene. 2018, elpais.com/elpais/2018/01/16/inenglish/1516121806_495116.html.

Mar de plástico, www.youtube.com/watch?v=3MNM23W0fUA, acceso 26 jul. 2018.

Moskin, Julia. "Gazpacho, Seville-Style, to Sip in Summer". *The New York Times*, 28 jul. 2015, www.nytimes.com/2015/07/29/dining/gazpacho-recipe-video.html.

La Ogra que todo lo logra. "Gazpacho", www.youtube.com/watch?v=4ZfYAQ5zgPk, acceso 26 jul. 2018.

Pepe Carvalho. RTVE, www.rtve.es/alacarta/videos/pepe-carvalho/, acceso 24 jul. 2018.

Presilla, Maricel E. *The Food of Latin American: Gran cocina latina*. W. W. Norton, 2012.

Sorolla, Joaquín. *Comida en la barca*. Óleo sobre tela, 1898, Museo de la Real Academia de Bellas Artes de San Fernando, ceres.mcu.es/pages/ResultSearch?txtSimpleSearch=Comida%20en%20la%20barca&simpleSearch=0&hipertextSearch=1&search=simpleSelection&MuseumsSearch=MRABASF%7C&MuseumsRolSearch=1&listaMuseos=[Museo%20de%20la%20Real%20Academia%20de%20Bellas%20Arte%20de%20San%20Fernando].

"La Tomatina", latomatina.info, acceso 24 jul. 2018.

Vázquez Montalbán, Manuel. *La Rosa de Alejandría*. Planeta, 1993.

———. *La soledad del manager*. Planeta, 1987.

IMAGEN 1.7 La castañada en Cataluña, el 31 de octubre. Por supuesto, hay castañas, pero además es costumbre disfrutar de un buen vino moscatel, de boniatos y de *panellets*.

Source: © Cortesía de Ivan de Santiago.

2

EL MENÚ IBÉRICO

Deleites de Sancho Panza

IMAGEN 2.1   Tienda de jamones y de otros productos de charcutería.

Source: © Cortesía de Pixabay.

Aperitivo | El refranero

Al pan, pan y al vino, vino.
Lo que no mata, engorda.

Traduce literalmente al inglés los dos refranes anteriores. ¿Tienen algún equivalente en inglés?

¿Conoces otros refranes en español sobre la comida o la cocina? ¿Por qué crees que hay tantos refranes relacionados con la comida? ¿Utilizas refranes cuando hablas? ¿Por qué los utilizas o por qué no los utilizas?

Entrada | El jamón: *Más cristiano es el jamón que la Santa Inquisición*

Tres cosas me tienen preso
de amores el corazón,
la bella Inés, el jamón
y berenjenas con queso.

Baltasar del Alcázar

La leyenda y la historia del jamón

Así como las hay para muchas de las realidades frecuentes y necesarias en la vida, existe también una leyenda para el jamón. Esta leyenda ofrece una explicación algo plausible e imaginable, pero no comprobable —sin ofrecer coordenadas de lugar y de tiempo específicos. En *Jamón para dummies*, Enrique Tomás afirma recuperar una leyenda, pero sin asignarle autoría. Escribe Tomás que, por casualidad, "un cerdo cayó a un arroyo cuyas aguas poseían un elevado contenido en sal y se ahogó. El cerdo en cuestión fue recogido por unos pastores, que lo asaron para comérselo". Los pastores habrían quedado positivamente sorprendidos por el rico sabor de la carne, en razón de que había sido salada. La experiencia empezó a circular y, para reproducirla, se habrían empezado a salar las extremidades del cerdo antes de cocinarlas. El tiempo y las prácticas llevarían a la perfección y a la posibilidad de reproducir los sabores de la carne salada del cerdo (16). Ahora bien: si esta leyenda es demasiado fantástica, bastaría con pensar que el recurso a la sal, como uno de los métodos para la conservación de carnes, pudo muy bien haber causado el buen sabor de una carne de cerdo.

Dejemos las leyendas y vayamos a algunos datos sobre la historia del jamón. Con los recuerdos en piedra —bien con dibujos o símbolos, bien con tallas—, es posible suponer que las comunidades indígenas prerromanas de la península ibérica incluían jabalíes o cerdos salvajes en su alimentación. El actual y famoso cerdo ibérico tendría como antecedente zoológico tres subespecies de jabalí: el europeo, el mediterráneo y el asiático.

En la dieta introducida por los romanos a lo largo del Mediterráneo, la carne de cerdo era muy apreciada. Tres testimonios de lo anterior, por ejemplo, son los grabados de patas de jabalí en monedas acuñadas durante el Imperio Romano; hay, en segundo lugar, una referencia popularmente atribuida a Plinio, El Viejo (c. 23–79 d. C.), polígrafo de Roma y autor de la *Historia Natural* (77, d. C.), para quien la carne de cerdo podía brindar al comensal hasta cincuenta sabores diferentes; y, el tercer testimonio nos viene de Macrobio (siglos IV y V d. C.), autor de las *Saturnalia* (c. 430 d. C.). Este autor latino habla del *porcus troyanus*, un cerdo relleno, como el caballo de Troya, pero no de hombres armados, sino de otras carnes, verduras y salsa.

La "porcofilia" o gran placer por la carne de cerdo no desapareció en la península ibérica en tiempos de la Edad Media, aunque fuese grande la "porcofobia" de origen religioso extendida por siglos gracias al dominio musulmán y al protagonismo de comunidades judías. Bajo las prácticas de fe y de cocina impuestas por el catolicismo en la España reconquistada (1492), comer cerdo demostraría públicamente que eras o católico, o un verdadero converso. Los conversos fueron individuos que abrazaron la fe cristiana. Esta conversión no solo evitaría que fueran expulsados de la península ibérica —en 1492 los judíos, en 1609 los musulmanes—, sino que los obligaría además a imponerse nuevos hábitos alimenticios con el fin de sobrevivir.

Los jamones de Trévelez, de Jabugo y de Guijuelo eran ya famosos en el siglo XVI, y en el siglo XVIII el jabón ibérico recibiría un reconocimiento internacional. El hecho de que los jamones de España fueran reconocidos con premios en las Exposiciones Universales de París (1867), de Viena (1873) y de Filadelfia (1876) demuestra que el jamón adquiere una popularidad sin fronteras desde el siglo XIX. Esta popularidad sigue en ascenso y la industria de la cría de cerdos, de la producción de jamones y de su distribución están aseguradas por el gran consumo: los aromas, los sabores, los colores y las diversas texturas en el paladar consagran el jamón como un manjar altamente apreciado.

¿Por qué no comen jamón los judíos y los musulmanes? Comenta con la clase las restricciones alimenticias (y también de bebidas) de la religión judía y de la religión musulmana. ¿Tienen los cristianos restricciones alimenticias? ¿Cuáles? ¿Conoces otras religiones que no coman o que no beban ciertas comidas o ciertas bebidas? ¿Por qué no las comen o no las beben? ¿Hay alguna comida o bebida que no comas o bebas por algún motivo especial? ¿Cuál es ese motivo?

En los siguientes platillos encontramos el jamón:

Ensalada de patata con jamón
Tortilla con queso, brócoli y jamón
Judías verdes con jamón y salsa de queso
Pasaboca de calabacín y jamón
Pizza con parmesano y jamón
Sándwich de jamón y queso con boloñesa
Huevos rellenos de jamón y gambas
Bombones de jamón

Traduce al inglés los platillos.

¿Puedes pensar en otros platillos con jamón? Haz una lista de tres o más platillos inventados por ti y en los que incluyas algún tipo de jamón.

El jamón poético

En la lectura anterior se subraya la importancia del jamón en cuestiones religiosas e, igualmente, se percibe en la poesía del siglo XVII. Francisco de Quevedo (1580–1645) ataca a su gran enemigo Luis de Góngora (1561–1627) insertando el tocino en su poema. Por su parte, Góngora se defiende con otro ataque, dirigido a Quevedo y a otro de sus enemigos, Lope de Vega (1562–1635). Sin embargo, Góngora no ataca con tocino, sino que lo hace con vino.

Ahí van los versos de Quevedo:

Yo te untaré mis obras con tocino
porque no me las muerdas, Gongorilla,
perro de los ingenios de Castilla,
docto en pullas cual mozo de camino.

Y los de Góngora:

Hoy hacen amistad nueva,
más por Baco que por Febo,
don Francisco de Que-bebo,
con el gran Lope de Beba.

¿Qué sugiere Quevedo sobre Góngora en estos versos? ¿Y qué sugiere Góngora de Quevedo y de Lope de Vega con sus versos?

En la página web de la Casa Museo Lope de Vega encontrarás un artículo titulado "¿Cómo eran las 'guerras literarias' en la época de Lope?". En ese artículo podrás leer un poema que le escribe Góngora a Lope y a Quevedo, así como muchos otros insultos en forma de poema.

Un famoso poema compuesto por Quevedo, y también dirigido a Góngora, se titula "A una nariz". Como observarás, Quevedo no se vale del jamón para criticar a Góngora. ¿Por qué crees que utiliza la nariz para criticarlo? Léele las dos primeras estrofas del poema en voz alta a un compañero/a. Después busca el resto del poema en internet.

> Érase un hombre a una nariz pegado,
> érase una nariz superlativa,
> érase una nariz sayón y escriba,
> érase un pez espada muy barbado.
> Era un reloj de sol mal encarado,
> érase una alquitara pensativa,
> érase un elefante boca arriba,
> era Ovidio Nasón más narizado.

¿Qué tipo de composición poética es este poema? ¿Es de arte mayor o menor? ¿Cuántos versos y cuántas estrofas tiene? Después de que investigues qué es la rima asonante y qué es la rima consonante, ¿puedes conectar esa investigación sobre la rima que hay entre los versos anteriores?

Santo Jamón: Una peregrinación muy sabrosa

¿Qué tienen en común el apóstol Santiago, don Quijote y el jamón? Relacionar un apóstol con el protagonista ficticio de un libro y con un tipo de carne parecería absurdo. No obstante, los tres son venerados en España y, quizás lo que es más importante, los tres poseen una ruta o un camino en su honor: el Camino de Santiago, la Ruta del *Quijote* y la Ruta del Jamón.

El Camino de Santiago

Son múltiples las razones que habrían llevado a la configuración del Camino de Santiago. Por ejemplo, este espacio cristiano recuperaría zonas de tradición romana; durante los varios siglos de los procesos en la Reconquista de España (711–1492), el Camino de Santiago respondería a un deseo por recuperar tierras previamente habitadas por musulmanes; y, ese mismo camino, permitiría que España se inclinara más al Occidente conocido. El Camino de Santiago se convertiría en una de las rutas de peregrinación cristiana más significativa para los creyentes, en siglos medievales. Los peregrinos eran atraídos a la peregrinación, porque quien llegara a la supuesta tumba del apóstol Santiago se haría acreedor a una indulgencia plena, esto es, a cancelar el tiempo de condena en el purgatorio de las almas debido a sus pecados. Esta misma indulgencia plena era concedida al peregrino que llegara a Jerusalén o a Roma —tres lugares de profunda religiosidad, al modo de la Meca para los musulmanes. Los restos del apóstol Santiago habrían sido hallados en el año 812, bajo el reinado de Alfonso II el Casto (circa 760–842), monarca de gran significación para la primera Reconquista. La construcción del Camino de Santiago, al igual que debido a la tradición de su uso por parte de peregrinos, sin duda la conciencia de lucha contra los musulmanes era animada y promovida —pues ellos eran considerados como invasores.

Hoy en día, miles de peregrinos transitan por el Camino de Santiago por razones religiosas, espirituales e, incluso, culturales. Aunque el destino final es Santiago, hay varios caminos en España y en Europa que llegan a esa ciudad. Busca en internet al menos cuatro Caminos de Santiago. ¿Cómo se llaman estos caminos? ¿Por cuáles ciudades importantes pasan? De todas las rutas, ¿cuál es tu preferida? ¿Por qué?

La Ruta del Quijote

Obra maestra de las letras españolas y del mundo, el *Quijote* (1605/15) llevó a lectores incontables a soñar con los pueblos, con las casas, con las ventas y con los campos de Castilla-La Mancha. El peregrino literario que camine o maneje su auto por las tierras de don Quijote y de Sancho Panza disfrutará de pintorescos pueblos castellanos y manchegos —los que aún se disputan la cuna "física" del gran caballero de ficción—, los escenarios que Miguel de Cervantes (1547–1616) describe en su novela. El recorrido literario y real, que tiene una longitud de dos mil quinientos kilómetros e incluye 148 municipios, se ha ido convirtiendo en una práctica memorable para quienes quieran visitar la zona.

Con la ayuda de internet, haz una lista de los pueblos y de las ciudades de la Ruta del *Quijote*. Después, busca por qué son importantes estos lugares en el *Quijote*.

Si no has leído el *Quijote* y tienes poca información sobre esta primera novela de Miguel de Cervantes, más adelante en el capítulo tendrás la oportunidad de leer las primeras líneas de la obra, que están muy relacionadas con la comida. Por ahora te dejamos con una película que cuenta las rivalidades entre dos autores de la época: Cervantes y Lope de Vega. El título del filme es *Cervantes contra Lope* (2016) de Manuel Huerga.

La Ruta del Jamón

La ruta más relevante para este capítulo de la cocina española es, sin duda, la ruta del jamón. Ahora bien: no hay una sola, sino varias rutas del jamón en España. Promovidas gubernamentalmente por el Ministerio de Agricultura, Alimentación y Medio Ambiente (MAGRAMA), las Rutas del Jamón Ibérico llevan al viajero a gozar de paisajes y de sabores en los lugares donde es elaborado este exquisito producto de España. Esos lugares se encuentran en tierras de Castilla y León, Extremadura y Andalucía. Como un buen vino, el jamón ibérico más apreciado es calificado por medio de una Denominación de Origen Protegida (DOP): así que habrá, por ejemplo, jamón ibérico DOP Huelva o jamón ibérico DOP Guijuelo. En todo caso, este proyecto del gobierno español promueve el turismo y ayuda en el mantenimiento y en la creación de empleos en zonas rurales de España.

Las Rutas del Jamón Ibérico consisten en cuatro diferentes recorridos. A su vez, cada uno de esos recorridos conecta diferentes municipios y zonas de importancia crucial para la elaboración del jamón ibérico. Los recorridos son cuatro:

*   Ruta por las comarcas de Sierra de Aracena y Picos de Aroche, y de Cuencas Mineras
*   Ruta de Montánchez
*   Ruta de los Pedroches
*   Ruta por las Sierras de Badajoz

En el mapa en blanco de España, señala dónde se encuentran las rutas anteriores. Después, traza las líneas de los Caminos de Santiago y de la Ruta del *Quijote*. ¿Coinciden la Ruta del

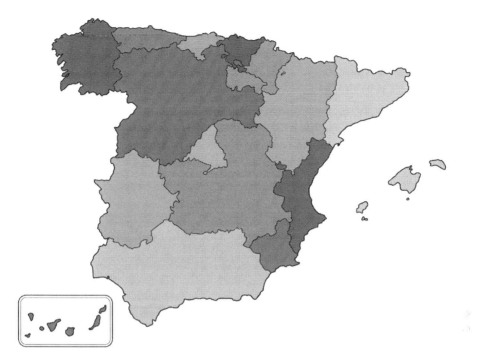

IMAGEN 2.2   Mapa mudo o en blanco de España, con sus comunidades autónomas delineadas.

Source: © Cortesía de Alexander Zam y de Dreamstime.com.

Jamón, el Camino de Santiago y la Ruta del *Quijote*? ¿Hay alguna comunidad autónoma de España por la que no pase ninguno de estos caminos?

Después de leer la información sobre el jamón y el Camino de Santiago, ¿tienen ambos un vínculo religioso? Explica.

Con los compañeros de clase, hagan un pequeño debate sobre la importancia del jamón en España.

El jamón en la gran pantalla: Jamón, jamón

Josep Joan Bigas Luna (1946–2013) es el director de esta película, estrenada en 1992. En *Jamón, jamón* se dramatiza la historia sentimental y difícil de José Luis con Silvia. José Luis goza de una posición laboral y económica privilegiada, pues trabaja con su madre, Conchita, quien es la flamante dueña de una fábrica de ropa interior para hombres. Allí trabaja Silvia, como empleada en una de las líneas de ensamblaje. Conchita, por sus pensamientos clasistas, no aprueba que su hijo tenga amoríos con Silvia. Además de una situación tan molesta para una madre conservadora, acontece algo más grave: Silvia queda embarazada de José Luis.

Para deshacerse de Silvia, Conchita contrata a Raúl, un bello seductor que trabaja en una fábrica de jamones, pidiéndole que engañe a la chica y la seduzca. Esto, piensa Conchita, alejaría a Silvia de José Luis. Algo inesperado tiene lugar: Raúl se enamora realmente de Silvia y Conchita experimenta una loca infatuación por Raúl. Así, tensiones de parentesco, de clase socioeconómica y de amor serán tejidas entre los varios personajes.

Fácilmente, encontrarás el tráiler del filme en internet. Por ejemplo, en www.youtube.com/watch?v=LEzXp8IjzZA (Atención: el filme tiene alto contenido erótico). También la biblioteca de tu universidad puede comprar *online* el DVD original del filme. ¿Reconoces a alguno de los actores?

Aunque no hayas visto la película entera, ¿por qué crees que Bigas Luna la tituló *Jamón, jamón*?

En el apartado anterior, relacionábamos el jamón con la religión. ¿Podría haber un vínculo entre el jamón y la sexualidad? ¿Cómo harías esa relación? ¿Se puede hacer esa misma conexión con todo tipo de comidas?

A la carta | *Vive la croquette espagnole!*

La fama y la locura por las croquetas en España es posible que supere al interés gastronómico que también se vive en Francia por esas delicias. Sin embargo, parece que las croquetas fueron, originalmente, nacidas en Francia y no en España. La palabra "croqueta" está vinculada, etimológicamente, con el verbo francés "*croquer*" (crujir) y con el sustantivo femenino en diminutivo "*croquette*" (lo que sería algo así como decir "crujientita"). En el recetario francés *Le Cuisinier Royal et bourgeois* (1691), de François Massialot (1660–1733), habría aparecido publicada la primera receta de las croquetas, pero bajo el nombre de *croquet*. La receta incluye un picadillo de carne, huevo, trufas y hierbas, el cual se amasa con las manos para darle una forma redonda —u otra forma también. Las masas de picadillo se las remoja primero en un batido de huevo crudo y, después, se las pasa por pan rallado. Cuando el pan rallado ha cubierto las bolitas, se las fríe en aceite muy caliente. Ya doradas, se las saca del aceite, se usa papel secante para retirarles el aceite sobrante, y entonces, *à table pour les croquettes!*

Entre 1808 y 1814, España sufre la Guerra de la Independencia contra la invasión francesa de Napoleón I Bonaparte (1769–1821) sobre la dinastía española de los Borbones. Para ese entonces, y muy seguramente por el afrancesamiento de las costumbres en España, las croquetas ya se consumían. El español Leandro Fernández de Moratín (1760–1828), famoso escritor de *El sí de las niñas* (1806), le aconseja a un amigo suyo un truco para luchar contra las inquietudes emocionales: ¡métele el diente a las "ricas croquetas"! (313).

En la segunda mitad del siglo XIX, las croquetas fueron adquiriendo una gran aceptación en los paladares de los españoles: había croquetas de pollo, de pescado, de res, de cangrejo, de langosta, de cerdo y de patata.

Las siguientes líneas de la Emilia Pardo Bazán (1851–1921) muestran la alegría y el orgullo de la escritora española de *Los pazos de Ulloa* (1886) al referirse a las croquetas hechas en España. Pardo Bazán, en su recetario cultural *La cocina española moderna* (1917), escribe: "Hay que añadir que la croqueta, al aclimatarse a España, ha ganado mucho. La croqueta francesa es enorme, de forma de tapón de corcho, dura y sin gracia. Aquí, al contrario, cuando las hacen bien, las croquetitas se deshacen en la boca, de tan blandas y suaves" (65).

Hay croquetas de muchos tipos. Haz una lista con diferentes tipos de croquetas. Empezamos la lista nosotros, con tres tipos de croquetas muy populares:

Croquetas de jamón
Croquetas de pollo
Croquetas de atún

IMAGEN 2.3   Croquetas con un pincho de jamón y pan en un bar de Bilbao, País Vasco.

Source: © Cortesía de Erlantz Perez y de Dreamstime.com.

Las croquetas nunca parecen pasar de moda. Por el contrario, en Madrid, y en otras ciudades de España, hay no solo croqueterías sino también un croquemapa, es decir, un mapa con los restaurantes de Madrid donde puedes comer croquetas.

Visita la Guía de Croquetas de Madrid y el croquemapa: www.croquetasenmadrid.es/croquemapa/.

Pensando en las mejores croquetas, ¿cuáles serían cuatro de los mejores restaurantes y bares de Madrid que las ofrecen? ¿Cómo es la publicidad que usan esos restaurantes y esos bares para seducir a sus comensales?

Un cómic muy sabroso: Croqueta y Empanadilla

Croqueta y Empanadilla es un cómic —o novela gráfica— español muy popular. Esos dos personajes, Croqueta y Empanadilla, fueron creados por la artista gráfica Ana Oncina (1989–). Son ya muchas las colecciones de cómics que ha publicado Oncina y, entre ellos, está *Una Navidad con Croqueta y Empanadilla* (2014). Los dos personajes protagonistas viven una historia de amor, comparten su existencia como pareja y los acompañan dos mascotas: el perro Rodolfo y el gato Sopla. El lector de estos cómics acompaña a Croqueta y a Empanadilla en sus actividades de la vida diaria y en muy queribles aventuras.

Puedes ver ejemplos de la obra gráfica de Ana Ocina aquí: www.anaoncina.com

Ahora te toca a ti: crea un cómic con un alimento. Por ejemplo, Croqueta y Empanadilla que podrían ser Romeo y Julieta. O, también, puedes convertir a un personaje de la literatura o del cine en una fruta, en una verdura o en una comida. Para tu cómic, puedes utilizar www. makebeliefscomix.com/Comix/. Es facilísimo de usar y divertidísimo.

Concurso croquetero: El rey o la reina de la croqueta

Cada estudiante cocinará croquetas en casa. También se pueden cocinar en pequeños grupos, en caso de que algunos no tengan fácil acceso a una cocina, o si algunos estudiantes no saben cocinar. Pueden hacer croquetas tradicionales o creativas —incluidas croquetas de diferentes formas. Los estudiantes cocinarán un solo tipo de croquetas pensando en el número total de personas que hay en la clase. Lo bueno de las croquetas es que son sabrosísimas, tanto frías como calientes.

El estudiante o los estudiantes le pondrán nombres sugerentes a su tipo de croquetas y, asimismo, anunciarán en una tarjeta el ingrediente principal de la croqueta. Por ejemplo: Pepa Croqueta —Croquetas de Jamón. Y, luego de ese anuncio, se pasará a la degustación.

Una vez todo el mundo haya probado cada uno de los tipos de croquetas, toda la clase hará una votación secreta. El ganador o la ganadora se proclamará el rey o la reina de la croqueta. ¡Disfruten la croquetada!

Menú | Un restaurante español

Aunque la gastronomía española es muy variada, con frecuencia, los únicos platillos conocidos son la paella, el jamón, la tortilla española y las tapas. Sin embargo, cada comunidad autónoma tiene uno o varios platos típicos. ¡Y muchos de ellos seguro que no los conoces!

Búscalos y escribe el plato típico al lado del nombre de cada comunidad autónoma. Por ejemplo: Comunidad Valenciana — Paella y fideuá

Aragón
Asturias
Baleares
Canarias
Cantabria
Castilla-La Mancha
Castilla León
Extremadura
Galicia
Madrid
Murcia
Navarra
País Vasco
La Rioja

Ojo: en la lista de arriba, no están listadas todas las comunidades autónomas.

Ahora que ya has visto muchos platos típicos de España, puedes escoger los que te gustan más para tu propio restaurante español. Crea un menú para ese restaurante. Ponle nombre a tu restaurante e incluye los ingredientes que componen cada platillo y el precio. Usa dólares y la moneda de España. Escríbelo todo en la siguiente tabla y, sobre todo, sé creativo.

IMAGEN 2.4   Formato en blanco para menú de comidas o de bebidas.

Source: © Cortesía de Pixabay.

Consejos de la abuela Leonor | Alimentos que no deben guardarse en la nevera

No es necesario ni conveniente que guardes en el refrigerador todos los productos frescos que has comprado en el mercado o en el supermercado. Hay algunos alimentos que pierden o conservan sus propiedades si los pones, o no los pones en el refrigerador. Determinar esto, te ayudará a que los alimentos se conserven más tiempo, no pierdan ciertas propiedades y no sean, eventualmente, perjudiciales.

No deberás guardar en el frío del refrigerador, y tampoco en el frío del congelador:

1   **Aguacates**. Si aún están verdes, no puedes refrigerarlos, porque reducirás su proceso de maduración. Debes envolver el aguacate verde en papel periódico, por ejemplo. Lo pondrás en un sitio caliente de tu cocina —junto a la ventana, si hay algo de sol. Cada día verás cómo va la maduración y esto lo sabrás cuando la parte baja de la fruta esté suave al tacto.

2   **Cebollas**. La falta de aire circulante en el refrigerador y la posible cercanía con las patatas pueden podrir tus cebollas. Mejor guárdalas en un lugar seco de tu alacena o de tus repisas de cocina, quitándoles previamente la primera capa de cebolla con la que vienen del mercado.

3   **Miel.** El frío hará que se cristalice.

4   **Patatas**. La humedad es conveniente para este tubérculo, pero no el frío. El frío del congelador causa cambios en la textura, en la composición y en el sabor de las patatas. Usa mejor una bolsa de papel para guardar tus patatas y pon esa bolsa en tu alacena.

5   **El plátano, la papaya, la piña y otras frutas tropicales.** No madurarán adecuadamente.

6 **Sandía y melón.** La refrigeración reduce sus niveles de antioxidantes.
7 **Tomates.** Pierden consistencia y sabor por el frío del congelador. Es mejor que los guardes en un cajón de tu alacena o en una repisa de tu cocina y que, en su momento, los consumas cuando estén maduros.

¿Refrigeras o has refrigerado alguno de los alimentos que menciona la abuela Leonor? ¿Hay algún alimento más que no debe ponerse en la nevera y que ha olvidado la abuela Leonor? ¿Cuáles son los alimentos que deben ponerse rápidamente en la nevera después de que los hayas comprado? ¿Podrías vivir sin nevera? ¿Cuál es el electrodoméstico más importante en tu casa?

Las notas del filósofo | Anacronismo y memoria

Anacronismo

Anacronismo consiste en el error de situar algo temporalmente en coordenadas de tiempo que propiamente no le corresponden. Este concepto tiene un origen griego: es la descontextualización de algo por estar fuera de su época. Deriva del vocablo griego *anachronismós* (ἀναχρονισμός), donde el prefijo ἀνα significa "en contra de" y χρόνος significa "tiempo". Anacronismo tiene como sinónimos, algunas veces, a palabras como incongruente, extemporáneo o anticuado; y, como antónimos, actual, cronológico o actual. En el cine y en la crítica cultural hay anacronismos. Asegurar que Sor Juana Inés de la Cruz (1651–95) es la primera feminista de México es un anacronismo, porque el feminismo no es un movimiento de ideas que tenga por coordenadas de tiempo el siglo XVII. También, si alguien rodara una película seria sobre El Cid Campeador (c. 1048–99) —personaje histórico y legendario héroe de Castilla que luchó contra la presencia musulmana en España—, no podría construir una secuencia donde El Cid come patatas y tomates. Los tomates y las papas solo serían conocidos en Europa después de 1492, cuando los españoles llegan a América. Por último, y para que te diviertas, busca en internet esta obra de arte gráfico: *Anachronism* (quizás 2009), del artista austríaco Gerhard Gepp (1940–). Verás que el anacronismo también puede ser muy cómico.

Los anacronismos en el cine son abundantes. ¿Recuerdas alguno? También puedes ir a internet y buscar anacronismos de películas famosas. Encontrarás varias listas. Comenta esos anacronismos con la clase.

Memoria

En el siglo XX, y acaso debido a las dos guerras mundiales, la de 1914 a 1918 y la de 1939 a 1945, a las tensiones políticas y militares, y a genocidios, epidemias y desastres naturales que iban reportando los medios de comunicación masiva (radio, cine, televisión, internet), la humanidad vivía inusitados y constantes estados de incertidumbre sobre el presente de la vida en el planeta y sobre el futuro inmediato de esa misma vida. ¿Cuáles podrían ser las causas de ese presente y de ese futuro tan inestables y tan llenos de posibles peligros? Las respuestas probables a la anterior pregunta podrían ser encontradas en la recuperación del pasado a través de la memoria.

Ahora bien: para pensadores de la memoria como el sociólogo francés Maurice Halbwachs (1877–1945), la memoria no se limita a ser una facultad psicológica de un individuo. Este historiador acuñó, primero, el concepto de "memoria colectiva" y, más tarde, el de "memoria social". Para Halbwachs, los contenidos de la memoria individual o "memoria autobiográfica" no están cerrados y no se agotan en datos reservados para una conciencia aislada. Incluso en lo que parecería como lo más íntimo en la subjetividad de una persona, la memoria individual no es más que una parte y un aspecto de la memoria de grupo (34).

Las comunidades, las regiones, los países, por ejemplo, construyen una memoria, la cual antecede y subsiste a los individuos concretos de esas agrupaciones, y esos individuos *la viven*. Se trataría de representaciones imaginadas y compartidas del pasado. En contraste, la memoria histórica *no ha sido vivida* por un individuo, sino que se le transmite por medio de prácticas claras de aprendizaje, como la escuela o la familia, o se asienta en las más diversas maneras del archivo escrito, como los libros o los documentos gubernamentales. Las creencias populares, las leyendas y los mitos, que no necesariamente están consignados en registros escritos, pertenecen más bien a la memoria colectiva de las agrupaciones.

Para *El País* de Madrid, y sintetizando el contenido de su propio libro, el periodista español Fernando Ruiz-Goseascoechea asegura: "Hay que reivindicar la memoria histórica

IMAGEN 2.5 Tortilla española con vino Atrevit, un merlot *rosat* de la bodega catalana DO Penedès.

Source: © Cortesía de Ivan de Santiago.

de nuestra gastronomía porque la cocina es uno de los mejores reflejos de una sociedad" (Villena).

¿Estás de acuerdo con la afirmación anterior? Según las tesis de Halbwachs, ¿la gastronomía puede ser parte de la memoria histórica o de la memoria colectiva? ¿Por qué?

Los sabores de la memoria: Marcas que dejan huella (2018) es el título del libro de Ruiz-Goseascoechea referido antes. Allí el autor conecta la historia española con marcas famosas de alimentos y de bebidas. Por ejemplo: Cola-Cao, Cacaolat, Sidra El Gaitero o Galletas María.

¿Qué marcas de alimentos y de bebidas fueron muy significativas en tu infancia? ¿Siguen existiendo esas marcas? ¿Cuáles existen y cuáles no? ¿Qué recuerdas de esas marcas?

Existen anuncios de comida, en radio o en televisión, que quedan grabados en la memoria colectiva. Hay una frase de los años ochenta que todo español/a de esa década recordará: "Cuate, aquí hay tomate". También hay una publicidad televisiva muy famosa de fecha anterior: "Chocolate con leche, / Nestlé extrafino. / Un gran vaso de leche, / en cada tableta". Puedes encontrar el video del anuncio de los años sesenta en www.youtube.com/watch?v=cZYJyrSXUiQ. Fue tal el éxito de este anuncio para la empresa Nestlé que todavía sigue usándolo.

¿Recuerdas alguna canción o frase de un anuncio de televisión famoso de alimentos o de bebidas en inglés o en español? Compártela con tu clase.

Plato principal | Tortilla española. ¡Y no la confundas con las tortillas mexicanas!

Antes de pasar a la receta de la tortilla española o la tortilla de patatas, escucha la canción de Los Carabelas titulada "Tortilla española", que puedes encontrar en internet. Puedes escucharla en www.youtube.com/watch?v=AI7ePTfXAq4. Los Carabelas cantan la historia de la tortilla española.

Escucha la canción y copia la letra. Aunque es una canción fácil de seguir, probablemente tendrás que escucharla varias veces para copiar todas las palabras.

La tortilla de patatas es uno de los platos más populares en España, es muy común su consumo en los hogares españoles y, además, es posiblemente la tapa más vendida en restaurantes y en bares de ese país. A tal punto es la importancia de este plato que la tortilla española de patatas con cebollas establece, simbólica y gastronómicamente, "dos Españas": los que la degustan con todo el placer del mundo y los que la detestan.

Toda ocasión, todo tiempo del día y todo tipo de reunión son propicios para comer la tortilla: fiestas, reuniones con amigos, encuentros con familiares, tiempo en la playa o en la montaña, un picnic, almuerzo, cena, desayuno, como un bocado para las "onces" —es decir, un pasaboca a las 11 a.m. o a media mañana—, o como merienda de la tarde. La receta básica de la tortilla, hecha con huevos, patatas, aceite, sal y cebolla gusta casi siempre y el costo de los ingredientes no es excesivo para la economía de una persona de clase media o de clase trabajadora.

Nacida acaso más de la necesidad del momento que de una compleja elaboración innovativa, la leyenda le asigna la invención de la tortilla a una mujer de los bosques de Navarra. El general Tomás de Zumalacárregui (1788–1835), defensor del infante don Carlos (1788–1855) y durante el sitio a la ciudad vasca de Bilbao (1835), habría pedido algo de alimento a una campesina navarra. Reuniendo lo que tenía a mano, la campesina combinó huevos revueltos, con pedazos de patatas y de cebollas en trozos, friendo todo en aceite y sazonándolo con sal. Zumalacárregui disfrutó tanto del plato que lo habría hecho muy popular entre sus tropas.

IMAGEN 2.6   Tortilla española del profesor Oriol Casañas, con cerveza y literatura.

Source: © Cortesía de Andrés Lema-Hincapié.

Por su parte, en su libro *La patata en España: Historia y agroecología del tubérculo andino*, el científico del CSIC Javier López Linaje considera que fue en la localidad de Extremadura Villanueva de la Serena (Badajoz) donde tuvo su origen la tortilla española. La fecha: 1798; sus inventores: Joseph de Tena Godoy y Malfeito (1765–?) y don Lorenzo de Mena y Dávalos, IV Marqués de Robledo de Chavela (?–1797); la razón: un plato de poco costo para épocas de hambruna.

En todo caso, sobre el verdadero origen de muchas comidas pasa lo que pasa con el autor o los autores de los chistes: hay anonimato, hay dificultades tal vez irresolubles para datar el hecho y hay poco material de registro gráfico o documental. Por estas razones, nosotros preferimos mantenerlos en los puntos suspensivos —o, incluso mejor: "pensativos"— de Emilia Landuce, del diario *El Mundo* de España. Ella escribió: "Si compramos lo del CSIC, la tortilla nace en Extremadura, crece en País Vasco y tiene una última versión en la deconstrucción de Ferran Adrià (de origen andaluz) en Cataluña . . ."

¡A preparar tortilla española!

Tiempo de preparación: 30 minutos
Tiempo de cocción: 24 minutos a fuego bajo (12 minutos de cada lado)
Número de personas: 4 personas

Cantidades e ingredientes de la tortilla española

6	Huevos
3	Patatas medianas
1	Cebolla blanca mediana
2½ tazas (590 ml)	Aceite de oliva extra virgen
Al gusto	Sal
Al gusto	Pimienta

Preparación

1   Lava bien la cebolla. Pela y pica la cebolla en trozos pequeños.

2   Pela bien las patatas y también lávalas cuidadosamente. Luego procede a cortarlas por la mitad. Con la parte plana de la media patata apoyada sobre la tabla de cortar, corta ahora longitudinalmente de nuevo esa mitad. Por último, y en láminas finas, corta los dos cuartos de la patata en sentido latitudinal.

3   Mete las patatas en una sartén, donde ya tienes caliente el aceite de oliva extra virgen. Puedes salpimentar al gusto y freír a fuego medio-bajo durante 25–30 minutos.

4   En otro recipiente, haz un sofrito de la cebolla a fuego medio-bajo por separado con una o dos cucharadas de aceite. Los trozos de cebolla estarán a punto cuando los veas cristalizados, sin que los dejes quemar. Deberás revolver frecuentemente los trozos de cebolla durante el proceso.

5   Retira las patatas y escurre bien el aceite sobrante con la ayuda de un colador metálico. Pasa casi todo el aceite a un recipiente y resérvalo aparte. Dejarás dos cucharadas de ese aceite en la sartén. El aceite te servirá para cocinar la tortilla.

6   Quiebra todos los huevos, mientras vas poniendo las yemas y las claras en un recipiente hondo. Bátelos bien hasta que quede una mezcla de color amarillo homogéneo.

7   A la mezcla de los huevos, añade ahora la fritura de las patatas y el sofrito de cebolla. Revuélvelo todo bien.

8   Pon la sartén nuevamente en fuego bajo agregando dos cucharadas del aceite reservado. Cuando el aceite empiece a calentarse, echa la mezcla.

9   Con una cuchara plana de madera, remueve un poco la mezcla para que los ingredientes se distribuyan uniformemente y, luego, a fuego bajo deja reposar la mezcla mientras se va cuajando. Tapa la sartén durante 10 minutos.

10   Habrás de revisar la tortilla separando sus bordes de la sartén, para que esos bordes no se adhieran. Si con la cuchara de madera logras separar fácilmente el fondo de la tortilla ya cuajada, cubre la sartén con un plato de mayor diámetro que la sartén.

11   ¡Ahora viene la emoción! Con tu mano dominante coge el mango de la sartén y, la otra mano completamente abierta, la pondrás sobre el plato. Dale la vuelta a la sartén. Lleva a cabo la operación anterior sobre el fregadero, al tiempo que alejas de tu cuerpo la sartén. Esto evitará posibles quemaduras con el aceite que pueda gotear.

12   Mientras dejas la tortilla en el plato, añade otra vez dos cucharadas del aceite reservado.

13   En este momento y con cuidado, dejarás deslizar la tortilla desde el plato hacia la sartén. Durante unos 10 minutos, siempre a fuego bajo, esperarás que ese segundo lado de la tortilla cuaje también. El fuego a temperatura baja asegurará que tu tortilla no se queme.

Tipos de huevos

Aquí hemos usado los huevos tipo L: *large*, o de 63–73 gramos, es decir 2,2–2,5 onzas.

Y a ti, ¿cómo te gusta la tortilla de patatas? ¿Muy hecha o poco hecha? ¿Con cebolla o sin cebolla? ¿Con otros ingredientes? ¿Con qué bebidas puedes acompañar la tortilla de patatas?

¿Qué otras tortillas se te ocurren? Haz un listado de al menos diez diferentes tipos de tortillas. Empezamos nosotros:

Tortilla de espinacas
Tortilla de atún

¿Cuál te gusta más? ¿Por qué?

Carta de bebidas | ¡La sangría sí que es *typical Spanish*!

De nuevo, no hay certezas sobre el origen mismo de la sangría, ni de su nombre. En todo caso, la sangría es un ponche donde están combinados el vino tinto y las frutas, especialmente cítricos como la naranja, y también las manzanas y los melocotones. Si bien Esteban de Terreros y Pando (1707–82) aseguraba póstumamente en 1788 que la sangría era una "bebida inventada por los ingleses que se toma mucho en las colonias inglesas y francesas de América" (435), hay quienes defienden su popularidad originaria en Grecia y, por supuesto, en España. A su vez, el lexicógrafo británico John Ayto, en su *The Glutton's Glossary: A Dictionary of Food and Drink Terms* encuentra en la Sangaree, probablemente de las islas inglesas del Caribe, un antecedente de la sangría (259).

La palabra *sangría* también lleva a pensar en "sangre", por el color rojo de la bebida. Otros investigadores postulan que la sangría habría tenido un origen etimológico en el sánscrito, del que había llegado a través de la palabra *sakkari*, del urdu. *Sakkari* significa "vino azucarado". En colonias españolas de América, la sangría llevó el nombre de "limonada de vino". Habría recuperado el nombre de sangría cuando, desde 1850, su consumo se incrementó en España.

Es posible añadir a la mezcla otras frutas, como moras, frambuesas, fresas, peras, o pedazos de limón, endulzándola con azúcar y con jugo de naranja. Hay quienes gustan preparar la sangría con algo de Cointreau, de coñac o de brandy. El vino tinto tradicional para la sangría en España es el Rioja o el Tempranillo. Es reciente, pero no muy extendido todavía, el consumo de la "sangría blanca", donde en lugar de vino tinto son usados vinos blancos como el Sauvignon Blanc, el Viura y el Macabeo.

¡A preparar sangría!

¡Atención! La sangría se elabora con vino. Si eres demasiado joven para consumir alcohol, puedes cambiar el vino por jugo de uva. Tampoco utilicen el vino si lo preparan en el salón de clase.

Tiempo de preparación: 15 minutos
Número de personas: 4 personas

Cantidades e ingredientes

1 botella (720 ml)	Vino tinto (mejor joven)
1 taza (250 ml)	Jugo de naranja
2	Melocotones en trozos y sin pelar
2	Naranjas bien lavadas y sin pelar
2	Manzanas bien lavadas en trozos y sin pelar
3 cucharadas	Azúcar
Al gusto	Canela dulce en trozos
Al gusto	Cointreau o tu licor favorito (ron, brandy, coñac)
Al gusto	Hielo

Preparación

1 En una jarra o en un bol para ponche, vierte el jugo de naranja y luego agrega las frutas en trozos. También añade el Cointreau, que es un licor con sabor a naranja.
2 Cuando añadas el azúcar, puedes echar algunos trozos de canela. Prueba la mezcla, revolviéndola. Podrás ir ajustando el nivel de dulzor de acuerdo con tu propio gusto.
3 Puedes refrigerarla unas dos horas en la nevera, antes de servirla.
4 Finalmente, al llegar el momento de servirles la sangría a tus invitados, agrega cubos de hielo en la jarra o en el bol. Vuelve a revolver toda la mezcla y empieza a servirla.
5 Los vasos individuales, así como la jarra de la sangría, puedes adornarlos con rodajas de limón o de naranja.

Consejos para la sangría perfecta

1 Trata de usar un vino que no sea muy barato y, mucho menos, los vinos en caja Tetra Brik.
2 Evita frutas que vengan en almíbar o en conserva, como la piña y el melocotón.
3 Necesitas dejar que los sabores de las frutas, el azúcar, el licor y la canela se combinen bien con el vino. Por esta razón, ten paciencia y espera las dos horas de la sangría en la nevera y antes de que le añadas los cubos de hielo.
4 Puedes experimentar con jugo de limón o con una gaseosa como Fanta de limón. Tal vez el gas y las burbujas de la gaseosa te atraigan mas que una sangría sin gaseosa.
5 Con excepción del vino, el segundo alcohol no es un ingrediente necesario de la receta. Todo depende de tus gustos personales.
6 Los cubos de hielo únicamente deberás añadirlos al momento de servir la sangría. De otro modo, el hielo se derretirá, y tú y tus invitados degustarán una "triste" sangría aguada. Entre más fría la sangría, mucho más sabrosa.

¿Has probado la sangría? ¿Te gusta? Si es posible, reconstruye en tu memoria los detalles de tu primera degustación de sangría. ¿Cuál prefieres, con alcohol o sin alcohol? ¿Le pones otros ingredientes que no están en nuestra receta?

IMAGEN 2.7   Sangría con duraznos y naranjas.

Source: © Cortesía de Akross y de Dreamstime.com.

Postre | No hay Navidad sin turrón

En la primera mitad del siglo XII, el italiano Gherardo Cremonese (1114–87) traduce la obra del médico árabe Abdul Mutarrif, de la península ibérica. La traducción lleva el título de *De medicinis et cibis semplicibus*. Allí aparece la palabra "turun" para nombrar la combinación de medicinas endulzadas y miel. También los árabes tostaban semillas de sésamo, a las que agregaban miel. *Torrere* en latín significa "tostar", de ahí *turrar* en castellano, que también significa tostar. El turrón tendría este horizonte de etimología: miel en combinación de semillas o de nueces, como las almendras, las avellanas u otros frutos secos, por una parte y, por otra, haría pensar que fueron los árabes quienes acaso llevaron el turrón a tierras de la actual España.

La leyenda, por su parte, vincula el nombre de turrón a un pastelero catalán, Pablo Turrons quien, durante la Guerra de Sucesión en la España del siglo XVIII, habría inventado en su ciudad el turrón, a modo de medicina para sobrevivir —mientras esa ciudad estaba sitiada.

Aun cuando sea un alimento consumido preferentemente en Navidad y se lo piense como postre en el protocolo gastronómico (del latín *posterus*, es decir, "lo último"), los turrones son golosinas apreciadas durante todo el año y a cualquier momento del día. Hay variantes en la preparación y nuevos ingredientes añadidos, pero la miel, el azúcar y las almendras siguen siendo tres de los ingredientes básicos del turrón. Hay turrones de diversas regiones en España. Ahora bien: para los defensores de la tradición, los blandos de Jijona, con las almendras sin moler, y los duros de Alicante, con almendras molidas, serían tanto mejores como inigualables. En esas áreas y en otros lugares del mundo, los turrones pueden integrar chocolate, pistachos, avellanas, naranja deshidratada, pasas, sal de mar y piñones, entre otros ingredientes.

El turrón reviste tal importancia en España que, en 2015, le fue consagrado todo un diccionario: el *Diccionario LID Turrón*, cuyos autores son José Joaquín Martínez, Carmen Marimón y María Isabel Santamaría. El diccionario establece que el turrón consiste en una masa, la cual surge al cocinar la miel y el azúcar a una temperatura constante. La masa puede o no tener clara de huevo o albúmina, y a esta luego se le añaden las almendras tostadas —con piel o sin piel. En el prólogo de Rafael Ansón, se informa que el diccionario es "el más completo en el campo de la industria turronera, [y] cuenta con más de 500 términos definidos en español acompañados de sus correspondientes traducciones al catalán, inglés, ruso, árabe y chino".

Que para Navidad el salario a los empleados del municipio de Alicante venía acompañado por un pago más, pero en especie —turrones—, habría sido una práctica que estaría consignada en 1582 y por escrito en un documento oficial de ese municipio. Y que las clases bajas no tuvieran acceso regular a la posibilidad de consumir turrón, aparece referido en la obra *La generosa paliza* (1570), del dramaturgo español Lope de Rueda (1510–65). Esta obra dramatiza una divertida discusión entre Dalagón, el amo, y sus criados: Gastón, Pancorvo, Periquillo y Guillemillo. El amo activa la acción teatral cuando le inquiere, molesto, a Guillemillo: "¿Qué cosa? Dime, desvergonzado: ¿y los turrones que estaban encima del escriptorio? ¿Qué's d'ellos?". Además, la fama de los turrones de Jijona está expresada en *Conduchos de Navidad*, dizque del año 1585, y falsamente atribuido a Francisco Martínez Montiño (*floruit* 1590–1627), el cocinero del rey Felipe II (1527–98). La obra, cuyo verdadero autor sería el abogado y gastrónomo alicantino don José Guardiola y Ortiz (1872–1946), y que apareció en Alicante en 1959, habla de la ciudad de Jijona en los siguientes y bellos términos:

> Xixona, visto desde la questa última, semexa una colmena con sus múltiples celdillas, recostada en la sierra que tiene en la cima un castillo; y esta cosa de colmena vese también en sus empinadas callecitas, oliendo todas sus casas a vaho caliente de miel, porque en todas se hace turrón y otros géneros de dulcería.

Y ahora tú: si te atreves a hacer turrón, puedes encontrar una receta de turrón blando o de Jijona en www.comedera.com/como-hacer-turron-blando-casero/.

Busca diferentes tipos de turrones. ¿Cuál crees que te gustará más?

¿Celebras la Navidad, Janucá, Kwanzaa, el Día de Acción de Gracias u otra festividad? ¿Qué comidas o bebidas comes y bebes durante esas festividades?

¿Sabes qué es el roscón de reyes? Busca información sobre este dulce típico español y sobre la celebración que va unida a él.

Haz una lista de todas las celebraciones que conozcas con sus respectivas comidas y bebidas. Por ejemplo:

> El Día de Todos los Santos (1 de noviembre). El equivalente en México es el Día de los Muertos y en Estados Unidos es *Halloween*. Ese día también llamado Amagüestu (en Asturias), Magosta (en Cantabria), Gaztainerre (en el País Vasco) o Castañada (en Cataluña, Aragón, Baleares y Valencia), porque se comen castañas.

Sobremesa | La literatura más exquisita: El *Quijote*

Antes de empezar con la comida en el *Quijote*, escucha la canción de Joan Manuel Serrat titulada "Vencidos" y que encontrarás fácilmente en YouTube: www.youtube.com/watch?v= viP6TXY9O2Y.

Don Quijote pasa por dos lugares en esta canción, ¿cuáles son esos dos lugares?

La comida en la España del Quijote

El pan era la base de la alimentación de las clases populares y solía untarse en aceite o en vino.

Las clases populares comían poca carne a diario. Sin embargo, en las grandes celebraciones era un manjar muy apreciado. Las carnes más consumidas por el pueblo eran las aves, el pollo y todo tipo de caza. También cocinaban la casquería del cerdo: mollejas, menudos, tripas, chanfaina. A veces se comían en un estado putrefacto y debían acompañarse de una fuerte salsa de vinagre o especias.

Los más pobres consumían legumbres, hortalizas, queso y aceitunas.

Los huevos eran caros y cotizados.

Las especias se han utilizado para conservar la comida, en especial cuando no existía el refrigerador. ¿Pones muchas especias en tus comidas? ¿Cuáles son las especias que más utilizas en tus comidas?

El aderezo más frecuente en las ensaladas españolas es el aceite de oliva y el vinagre. ¿Qué aderezo o aderezos les pones tú, usualmente, a las ensaladas?

La comida para Sancho y para don Quijote

Sancho teme morir de hambre en su gobierno. Su lema es "Muera Marta y muera harta". Ni los palos ni el manteamiento le duelen tanto como beber mal y comer peor.

IMAGEN 2.8 Especias y hierbas, ¡que no falten en tu mesa! Aquí aparecen, en su orden de izquierda a derecha: cilantro deshidratado, pimienta negra, curri y copos de chile rojo seco.

Source: © Cortesía de Andrés Lema-Hincapié.

Don Quijote resiste el apetito, aunque cuando la llamada del estómago es ya muy fuerte no duda en desear comer una hogaza y dos cabezas de arenques.

¿Con quién de los dos personajes, don Quijote o Sancho, te identificas más? ¿Te consideras una persona que come mucho, con moderación o poco? ¿Cuál es tu comida favorita? ¿Qué alimento no te gusta?

El comienzo del Quijote

"En un lugar de la Mancha, de cuyo nombre no quiero acordarme, no ha mucho tiempo que vivía un hidalgo de los de lanza en astillero, adarga antigua, rocín flaco y galgo corredor. Una olla de algo más vaca que carnero, salpicón las más noches, duelos y quebrantos los sábados, lentejas los viernes, algún palomino de añadidura los domingos, consumían las tres partes de su hacienda". (Cervantes, 2003, I, 1, 69)

Lee el párrafo en voz alta. Una vez leído, busca en el diccionario todas las palabras que no entiendas.

Con un compañero/a haz una lista de todas las palabras relacionadas con la comida.

Como te habrás dado cuenta, los alimentos que come don Quijote son bastante limitados. Los productos que llegaban de América, como la patata o el pimiento, aún no se comían en Europa. Aunque la Conquista de América tuvo una gran repercusión en las cocinas españolas y europeas, se tardó bastante tiempo en habituarse al sabor de esas nuevas cocinas. Leerás con provecho el siguiente artículo de síntesis sobre la complejidad de la cocina en España: "La evolución de la alimentación y la gastronomía en España" (2010), de Ismael Díaz Yubero. Lo encontrarás fácilmente en internet.

Haz una lista de al menos diez productos procedentes de América. En esta lista no puede faltar la patata (nombre que recibe en España) o la papa (nombre que recibe en Latinoamérica).

¡A escuchar la radio!: "Pan y cebolla". Acércate al Quijote con Nieves Concostrina

Antes de escuchar el programa de radio de Nieves Concostrina sobre la comida y el *Quijote*, debes buscar el significado de las siguientes palabras y expresiones:

Ponerse como el Kiko
Cecina
Cero patatero
Matasanos

Escucha el programa de radio, que encontrarás en www.rtve.es/alacarta/audios/acercate-al-quijote/acercate-quijote-pan-cebolla-28-0210/738427/#aHR0cDovL3d3dy5ydHZlLmVzL2FsYWNhcnRhL2ludGVybm8vY29udGVudHRhYmxlLnNodG-1sP3BicT0yJm9yZGVyQ3JpdGVyaWE9REVTQyZtb2RsPVRPQyZsb2NhbGU9ZX-MmcGFnZVNpemU9MTUmY3R4PTM3MTkxJmFkdlNlYXJjaE9wZW49ZmFsc2U=.

Después de escuchar el programa de radio, indica si las siguientes oraciones son ciertas o falsas. Corrige las falsas. Puede que tengas que escuchar el programa de cinco minutos más de una vez.

1 Don Quijote llama a Cide Hamete Benengeli, Cide Hamete Berenjena.
2 El Caballero del Verde Gabán nombra a Sancho Panza gobernador de la isla Barataria.
3 Antes del siglo XVIII los tomates se consideraban venenosos.
4 En la época de don Quijote, el pimiento tenía mucha utilidad.
5 En esa época, tomar gazpacho era muy común.
6 El sabor de la patata le encantó al papa Pío V.
7 Comer tortilla de patatas también era muy común en esa época.
8 El queso era muy recomendado, como medicina, por los médicos del siglo XVI.
9 De hambre y de epidemias murieron siete millones de españoles en Castilla y en Andalucía entre finales del siglo XVI y principios del XVII.
10 Juan de Rivera era un escritor famoso.

Escritura de una redacción

En una redacción de una página (350 palabras aproximadamente), escribe sobre alguno de los temas siguientes referidos al *Quijote* y a la cocina:

1 Sancho Panza está obsesionado con la comida y siempre pasa hambre. El motivo recurrente de la novela picaresca (anterior al *Quijote*) es pasar hambre. ¿Se consideraría Sancho Panza un pícaro?
2 ¿Por qué el *Quijote* comienza con comida?
3 En el siglo XVII la comida era símbolo de clase social, cultural, económica y religiosa. ¿Qué indica la dieta de don Quijote? ¿Y la de Sancho?
4 Las celebraciones, y concretamente las bodas, en el siglo XVII. Para ello habrás de leer el episodio de las bodas de Camacho, que se encuentra en el capítulo 20 de la Segunda Parte. Puedes leerlo en el Centro Virtual Cervantes: cvc.cervantes.es/literatura/clasicos/quijote/edicion/parte2/cap20/default.htm.
5 Puedes, también, leer y reseñar el siguiente artículo especializado: "El yantar de Alonso Quijano el Bueno" (1916), de Francisco Rodríguez Marín: archive.org/stream/elyantardealonso00rodr/elyantardealonso00rodr_djvu.txt.

Escritura de una opinión

Estamos en la era de la evaluación y de las opiniones. Con frecuencia, antes de ir a un restaurante o de contratar un servicio buscamos referencias u opiniones. Para este apartado escribirás una opinión detallada de media página (unas 175 palabras) sobre un tema candente y actual:

• Reacciona frente al espinoso tema de los alimentos genéticamente modificados. Ten en cuenta estos dos conceptos: uno de la Autoridad Europea de Seguridad Alimentaria (EFSA) y el otro de la *Food and Drug Administration* (FDA).
• La EFSA ha autorizado cinco transgénicos de maíz y de remolacha para alimentación y para pienso: autorización del maíz 1507x5912xMON810xNK603 y del 87427xMON89034xNK603 y renovación del permiso del maíz DAS-59122–7, del GA21 y de la remolacha H7–1 ("Bruselas").

- *AquAdvantage Salmon has been genetically engineered to reach a growth marker important to the aquaculture industry more rapidly than its non-GE Atlantic salmon counterpart . . . . This allows the salmon to grow to market size faster (US Food & Drug Administration).*
- Imagina que vas de vacaciones a España o que pasas una temporada en una ciudad española. ¿Comerías o tomarías algo en restaurantes o en cafés como McDonald's o Starbucks? ¿Por qué sí? ¿Por qué no?

Traducción | Tiempo de buscar palabras, saboreándolas

Con la ayuda de uno/a de tus compañeros/as de clase, traduce al inglés, el primero, y al castellano, el segundo párrafo. Cuando hayan terminado de traducir, revisa la traducción en compañía de tu profesor/a.

"Por mi parte siempre anduve en guisar, y hasta le tengo afición a estos quehaceres y siento no disponer de tiempo para practicarlos. No soy doctora en el arte de Muro, Dumas, Rossini, Brillat-Savarin y Picadillo, pero jamás vi incompatibilidad entre él y las letras. Es cuanto puedo alegar para que el público disculpe mi conducta. Y espero que mis fórmulas salgan un poco más castizas que las definiciones de cocina del *Diccionario* de nuestra amiga la Academia, no de los Cinocéfalos, sino de la lengua, para lo cual no necesito ciertamente ser Cervantes, ni Fray Luis".

Pardo Bazán, Emilia. "Carta al director de *La Voz de Galicia*".

"In the forty-seventh chapter [of *Don Quixote*'s second part (1615)] Sancho is only finally able to reap the benefits of this new office [as the governor of Barataria] . . . He begins to eat, but every time he takes something from a plate, the plate is automatically removed from the table. This happens over and over again, and the bounty is itself parsimony. He complains to the individual overseeing the banqueting hall, who reveals himself to be Doctor Pedro Recio Agüero de Tirteafuera, place in charge of the good health of the governor" (76).

Gilman, Sander L. *Fat Boys: A Slim Book* (2004).

Bibliografía

Alcázar, Baltasar de. *Obra poética*. Cátedra, 2001.
Ayto, John. *The Glutton's Glossary: A Dictionary of Food and Drink Terms*. Routledge, 1990.
"Bruselas autoriza cinco transgénicos de maíz y remolacha para alimentación y pienso". *Europa Press*, 3 ago. 2018, www.europapress.es/sociedad/medio-ambiente-00647/noticia bruselas-autoriza-cinco-transgenicos-maiz-remolacha-alimentacion-pienso-20180803132224.html.
Los Carabelas. "Tortilla española", www.youtube.com/watch?v=AI7ePTfXAq4, acceso 14 ago. 2018.
Casa Museo Lope de Vega. "¿Cómo eran las 'guerras literarias' en la época de Lope?", casamuseolopede vega.org/es/lope-y-su-obra-2/que-sabes-de-lope-2/como-eran-las-guerras-literarias-en-la-epoca-de-lope, acceso 10 ago. 2018.
Cervantes, Miguel de. Centro Virtual Cervantes, editado por Francisco Rico, cvc.cervantes.es/literatura/clasicos/quijote/default.htm, acceso 12 ago. 2018.
———. *El ingenioso hidalgo don Quijote de La Mancha*. Vol. 1, editado por Luis Andrés Murillo, Castalia, 2003.
Cervantes contra Lope. Dirigido por Manuel Huerga, www.youtube.com/watch?v=geCAjI6slDg, acceso 14 ago. 2018.
"Chocolate con leche, Nestlé extrafino", www.youtube.com/watch?v=cZYJyrSXUiQ, acceso 12 ago. 2018.

Concostrina, Nieves. "Pan y cebolla". *Acércate al Quijote*, 28 feb. 2010, www.rtve.es/alacarta/audios/acercate-al-quijote/acercate-quijote-pan-cebolla-280210/738427/#aHR0cDovL3d3dy5yd-HZlLmVzL2FsYWNhcnRhL2ludGVybm8vY29udGVudHRhYmxlLnNodG1sP3BicT0yJ-m9yZGVyQ3JpdGVyaWE9REVTQy&tb2RsPVR PQyZsb2NhbGU9ZXMmcGFnZVNpze-mU9MTUmY3R4PTM3MTkxJmFkdlNlYXJjaaE9wZW49ZmFsc2U=.

"Croquemapa", www.croquetasenmadrid.es/croquemapa/, acceso 14 ago. 2018.

Díaz Yubero, Ismael. "La evolución de la alimentación y la gastronomía en España". *La cocina en su tinta*. Editado por Ferran Adrià et al., Biblioteca Nacional, 2010, pp. 121–54, www.bne.es/es/Micrositios/Exposiciones/Cocina/documentos/cocina_estudios_4.pdf.

Fernández de Moratín, Leandro. *Obras póstumas*. Vol. 2, Rivadeneyra, 1867.

Gilman, Sander L. *Fat Boys: A Slim Book*. U of Nebraska P, 1976.

Goya, Francisco de. *Duelo a garrotazos*. Mural trasladado a lienzo, 1820–23, Museo del Prado, www.museodelprado.es/coleccion/obra-de-arte/duelo-a-garrotazos/2f2f2e12-ed09-45dd-805d-f38162c5beaf.

Guardiola y Ortiz, José. *Conduchos de Navidad*. Ayuntamiento de Alicante, 1959.

Halbwachs, Maurice. *La memoria colectiva*. Traducido por Inés Sancho Arroyo, U de Zaragoza, 2004.

Jamón, jamón. Dirigido por Josep Joan Bigas Luna, Lolafilms, 1994.

Jamón, jamón. Tráiler, www.youtube.com/watch?v=LEzXp8IjzZA, acceso 14 ago. 2018.

Landuce, Emilia. "Tortilla extremeña". *El Mundo*, www.elmundo.es/opinion/2017/04/12/58ed0e4ee5fdea92658b45ca.html, acceso 12 abr. 2017.

López Linage, Javier, editor. *La patata en España: Historia y agroecología del tubérculo andino*. Ministerio de Medio Ambiente y Medio Rural y Marino, 2008.

Martínez, José Joaquín, et al. *Diccionario LID Turrón*. LID, 2015.

Massialot, François. *Le Cuisinier royal et bourgeois*. Charles de Sercy, 1691.

Oncina, Ana. *Croqueta y Empanadilla*. Vols. 1–3, La Cúpula, 2014, 2017 y 2018.

———. *Una Navidad con Croqueta y Empanadilla*. La Cúpula, 2017.

Pardo Bazán, Emilia. "Carta al director de *La Voz de Galicia*". U d'Alacant, 2003, ieg.ua.es/es/documentos/publicaciones/cuadernos-de-trabajos-de-investigacion/5-nuevoteatrocritico.pdf.

———. *La cocina española moderna*. Maxtor, 2010.

Quevedo, Francisco de. *Antología poética comentada*. Editado por Fernando Gómez Redondo Edaf, 2004.

Rodríguez Marín, Francisco. "El yantar de Alonso Quijano el Bueno", archive.org/stream/elyantardealonso00rodr/elyantardealonso00rodr_djvu.txt, acceso 4 ene. 2019.

Rueda, Lope de. *La generosa paliza*, www.dramavirtual.com/2014/12/lope-de-rueda-la-geneosa-paliza-y-otros.html, acceso 5 ene. 2019.

Ruiz-Goseascoechea, Fernando. *Los sabores de la memoria: Marcas que dejan huella*. Diábolo, 2018.

Scorsese, Martin, director. *The Aviator*. Warner Bros., 2007, DVD.

Serrat, Joan Manuel. "Don Quijote", www.youtube.com/watch?v=viP6TXY9O2Y, acceso 14 ago. 2018.

Terreros y Pando, Esteban de. *Diccionario castellano con las voces de ciencias y artes y correspondientes en las tres lenguas francesa, latina e italiana*. Vol. 3, Viuda de Ibarra, 1788.

Tomás, Enrique. *Jamón para dummies*. Planeta, 2017.

"Turrón blando o de Jijona", www.comedera.com/como-hacer-turron-blando-casero/, acceso 14 ago. 2018.

US Food & Drug Administration. "Questions and Answers on FDA's Approval of Aqua Advantage Salmon". 16 ene. 2018, www.fda.gov/AnimalVeterinary/DevelopmentApprovalProcess/BiotechnologyProductsatCVMAnimalsandAnimalFood/AnimalswithIntentionalGenomicAlterations/ucm473237.htm.

Villena, Miguel Ángel. "Hay que reivindicar la memoria histórica de nuestra gastronomía". *Eldiario.es*, 20 jul. 2018, www.eldiario.es/cultura/libros/reivindicar-memoria-historica-gastronomia_0_793370883.html.

Zimmerman, Bill. "Make Beliefs Comix", www.makebeliefscomix.com/Comix/, acceso 14 ago. 2018.

IMAGEN 2.9 Don Quijote, títere de artesanos checos.

Source: © Cortesía de Andrés Lema-Hincapié.

3

ANTOJITOS DE MÉXICO

Tacos aquí y allá

Aperitivo | El refranero

Al nopal solo se le arriman cuando tiene tunas.
A falta de amor, unos tacos al pastor.

Traduce literalmente al inglés los dos refranes anteriores. ¿Tienen algún equivalente en inglés?

Los dos refranes anteriores son, sin duda, mexicanos, porque los nopales serían nativos de México —aunque también del suroeste de los Estados Unidos— y el taco es quizás el platillo más universal de ese país. Busca otros refranes relacionados con la cocina mexicana.

Uno de los filmes mexicanos más conocidos lleva por título una expresión común en México: *Como agua para chocolate* (1992) del director Alfonso Arau.

¿Qué significa "como agua para chocolate"?

Este filme está basado en un libro con el mismo título, *Como agua para chocolate* (1989), escrito por la escritora mexicana Laura Esquivel (1950–). El libro se divide en doce capítulos dedicados a los meses del año y a una receta de un platillo que elabora Tita, la protagonista. Ahí van los títulos de los capítulos:

Enero — "Torta de Navidad"
Febrero — "Pastel chabela"
Marzo — "Codornices en pétalos de rosas"
Abril — "Mole de guajolote con almendra y ajonjolí"
Mayo — "Chorizo norteño"
Junio — "Masa para hacer fósforos"
Julio — "Caldo de colita de res"
Agosto — "Champandongo"
Septiembre — "Chocolate y rosca de reyes"
Octubre — "Torrejas de nata"
Noviembre — "Frijoles Gordos con chile a la tezcucana"
Diciembre — "Chiles de nogada"

IMAGEN 3.1   Un solo taco nunca es suficiente. ¡Texturas, sabores, olores, colores y sonidos tan diferentes en cada mordisco!

Source: © Cortesía de Pixabay.

Busca en el diccionario todas las palabras que no entiendas de los títulos anteriores.

Pese a que el filme no está dividido en partes, todas estas recetas son cocinadas en el transcurso de la película. Puedes ver el filme en: Amazon Prime, Vudu o YouTube. Y si te atreves, puedes leer algún capítulo o todo el libro en: www.secst.cl/upfiles/documentos/04042016_8 51pm_5703283da4e3b.pdf.

Conversemos sobre la película

¿Creen que el estado emocional de cocinero que prepara la comida puede transmitirse a quien come esa comida?

¿Puede la comida curar enfermedades físicas o mentales? ¿Cómo y por qué?

¿Crees que las personas de lados diferentes de la frontera entre México y Estados Unidos son muy diferentes o viven de forma diferente? Si es así, cuáles son las similitudes y cuáles las diferencias entre ellas.

Los temas de Como agua para chocolate

Busca información sobre los temas que siguen:

Las soldaderas en la Revolución Mexicana
Pancho Villa y Emiliano Zapata
El realismo mágico tanto en el cine como en la literatura

Una canción mexicana: "Como agua para chocolate" de Ana Gabriel

La famosa cantante mexicana Ana Gabriel (1955–) también tiene una canción titulada "Como agua para chocolate". Escucha la canción y completa la letra. Encontrarás la canción en: www.youtube.com/watch?v=RLhFPaiUddE.

Van diez días que no te apareces,
que solita me duermo sin ti,
y hace mucho que solo _____,
este cuerpo que no te mereces,
y que no _____ más por ti.

Me canse de _____ en mi lecho,
solitita vestida de amor,
yo que soy _____ en el viento,
me cansé de gritar que te quiero,
recibiendo gotitas de _____.

Por eso estoy como agua para chocolate,
tanto de deseos como de _____,
por eso si regresas,
tienes que _____,
a que yo te quiera o que te rechace.

Van diez días que sufre mi cuerpo,
las _____ de tu mal amor,
y aunque soy de las hembras de _____,
van diez días que no hallo un compadre,
en la _____ de mi habitación.

Por eso estoy como agua para chocolate,
tanto de deseos como de _____,
por eso si regresas,
tienes que arriesgarte,
a que yo te quiera o que te _____.

Por eso estoy como agua para chocolate,
tanto de _____ como de coraje,
por eso si regresas,
tienes que _____,
a que yo te quiera o que te rechace.

Entrada | El chocolate, una exquisitez nacional e internacional

Ahora hablemos un poco de un alimento que, literalmente, enloquece los paladares del mundo: el chocolate presenta una historia necesariamente ligada a México y es, acaso, el producto mexicano de difusión más planetaria. ¿A quién no le gusta el chocolate? ¡Y no!: el chocolate no nació ni en Bélgica, ni en Francia, ni en Suiza. El chocolate tiene su certificado de nacimiento en tierras del actual México, o más exactamente en Mesoamérica: tierras de olmecas, de aztecas y de mayas. Más allá de la región de Mesoamérica, en la ya larga historia del chocolate —más de cinco siglos para otras regiones de la tierra—, hay asuntos que involucran a un dios precolombino, a conquistadores, a personas de la realeza, a colonizadores, el mercado interoceánico y monetario, economías en disputa, la esclavitud y, por supuesto, muchísimo sabor en diferentes formas.

Preparado a partir de semillas de cacao que son tostadas y luego molidas, el chocolate trae una leyenda cuyo origen no hemos podido confirmar. Sin embargo, es bella esa leyenda: así como el dios griego Prometeo regaló el fuego a los hombres según la mitología griega, el dios Quetzalcóatl, la serpiente emplumada de los aztecas, entregó a la humanidad el árbol del cacao. Ambas leyendas afirman que, por favorecer a los hombres con regalo tan excelso, Quetzalcóatl y Prometeo fueron castigados por la corte de los dioses.

Al igual que es nebulosa la anterior leyenda azteca, también lo es la etimología de la palabra. "Chocolate" recupera un inestable horizonte semántico donde estarían recuperadas la palabra olmeca *kakawa*, que significa "cacao"; las palabras náhuatl *cacahu*, que significa "cacao" y *atl*, que significa "agua"; y la palabra maya-yucateca *chocol*, que significa "caliente". Quizás por evitar la escatológica resonancia fonética entre la palabra castellana *caca* (heces) y *cacahuátl*, los españoles habrían preferido fusionar la palabra maya-yucateca *chocol* con la palabra náhuatl *atl*. Con todo, todavía estas son simples hipótesis. Sí hay consenso, por el contrario, sobre el nombre científico del chocolate: *teobroma cacao*, es decir, "alimento de dios" —de θεός y de βρῶμα, palabras griegas que significan, respectivamente, "dios" y "alimento".

En su *Historia verdadera de la conquista de Nueva España*, escrita en 1576 y publicada en 1632, el soldado y político español Bernal Díaz del Castillo (circa 1496–1584) reporta la importancia real del chocolate como bebida y sugiere que incluso era un afrodisíaco para el emperador azteca Montezuma (circa 1466–1520). Díaz del Castillo escribe:

> Mientras que comía, ni por pensamiento habían de hacer alboroto ni hablar alto los de su guarda, que estaban en las salas, cerca de la de Montezuma. Traíanle frutas de todas cuantas había en la tierra, mas no comía sino muy poca de cuando en cuando. Traían en unas como a manera de copas de oro fino con cierta bebida hecha del mismo cacao; decían que era para tener acceso con mujeres, y entonces no mirábamos en ello; mas lo que yo veía que traían sobre cincuenta jarros grandes, hechos de buen cacao, con su espuma, y de aquello bebía y las mujeres le servían de beber con gran acato.
>
> *(322)*

Si en América, durante épocas prehispánicas las semillas del cacao sirvieron como moneda, la llegada a Europa del cacao y de la bebida del chocolate implicó también decisiones financieras —al igual que territoriales y dolorosamente humanas. A Austria llegó desde España y empezó a popularizarse entre personalidades de la corte. El hecho de que en 1662 el Papa Alejandro VII (1599–1667) aceptara que la bebida del chocolate fuera consumida en periodos de ayuno, muestra cuán extendido estaba ya ese producto de América entre la cristiandad europea. Si bien en Europa la miel, la leche y el azúcar fueron agregados para reducir la amargura del cacao, en los siglos XVII y XVIII otras "amarguras" tuvieron lugar: debido a que las poblaciones indígenas que cultivaban cacao en tierras colonizadas por España, Francia, Inglaterra y los Países Bajos se redujeron en número por agotamiento, por enfermedades o por muertes, esclavos de África reemplazaron a esas poblaciones. Esta situación continúa: en la actualidad, por ejemplo, habría más de veinte mil niños en Costa de Marfil que son esclavizados o reciben salarios de miseria en la recolección del cacao. Países del África occidental suministran casi el 70 % del cacao del mundo y, allí, hay cálculos según los cuales unos dos millones de niños son explotados por la compleja industria detrás del chocolate.

En el caso de México y de acuerdo con fuentes gubernamentales como la Secretaria de Agricultura, Ganadería, Desarrollo Rural, Pesca y Alimentación, en 2017 cada mexicano consumió medio kilo de cacao —para la Procuraduría General de la Nación, en 2019, serían 700 gramos por año— y, en el territorio actual de México, donde se habría originado el cacao, estados como los de Tabasco, de Chiapas, de Guerrero, de Veracruz y de Oaxaca solo logran satisfacer en un poco más del 41 % de la demanda nacional. Por esta razón, México está obligado a importar cacao de Ecuador, Costa de Marfil, República Dominicana, Colombia y Ghana. Es seguro, pues, que al igual que nosotros, Montezuma estaría más que asombrado al tener que beber chocolate colombiano o ghanés.

La versatilidad del chocolate es alucinante: la bebida caliente y batida con simples molinillos o bellos molinillos artesanales —"bolinillo" es la palabra usada en Colombia— recibe la combinación del queso fresco; un *croissant* o una *baguette* de Francia se disfruta con una barra de chocolate en el interior y acontece el popular *pain au chocolat*; la *Schwarzwälder Kirschtorte* de Austria y de Alemania toma los nombres de *Black Forest gâteau* en países francófonos, de *Black Forest* en tierras de lengua inglesa y de *Selva Negra* en el mundo hispanohablante; hay champús

IMAGEN 3.2 Atole de chocolate, una bebida tradicional de México, y tamales de acompañamiento.

Source: © Cortesía de Marcos Castillo y de Dreamstime.com.

para el pelo, sombras faciales, jabones y cremas para el cuerpo a base de cacao que prometen juventud para la piel; el licor irlandés Bailey's, que es una afamada crema de café, dispone de una variante con chocolate y cerezas; y en 2018, en supermercados franceses, los descuentos de un 70 % en la Nutella —una crema fabricada a base de chocolate y avellanas— ocasionó disturbios, golpes, insultos y heridas; para solo mencionar poquísimos casos en la interminable historia de la locura humana por el chocolate y por el cacao.

Cata de chocolate a ciegas | El chocolate ganador

La actividad del chocolate en la clase será una cata a ciegas, con el fin de potenciar los gustos y los aromas de eso que los estudiantes comen. Para esta cata, los estudiantes y el/la profesor/a deberán traer diferentes tipos de chocolates y cintas de tela para que se venden los ojos. Un par de estudiantes, podrán ir apuntando y haciendo públicos los puntajes individuales de cada catador: 1 será un sabor no satisfactorio; 5, el más sabroso. ¡A chocodivertirse!

Normas de la cata: nada de ver; solo tocar, oler, saborear y asignar puntos.

IMAGEN 3.3 San Pascual Bailón, pintura en madera. Santo patrono de los cocineros y de los congresos eucarísticos.

Source: © Cortesía de Andrés Lema-Hincapié.

A la carta | ¡Viva el mole! ¡Viva el mole poblano!

Negarse al mole casi puede considerarse una traición a la patria.

Alfonso Reyes

¿Qué es el mole?

Antes de leer sobre el origen del mole y del mole poblano, enciende tu curiosidad e investiga sobre este alimento. ¿Es el mole una carne, un pescado, un postre, una ensalada u otro tipo de comida? ¿Y qué es el mole poblano? ¿De dónde proviene el mole poblano? ¿Has probado mole o mole poblano alguna vez? Relata tus investigaciones y tus experiencias personales a tus compañeros/as de clase y a tu profesor/a.

El origen del mole

El epígrafe del polígrafo mexicano Alfonso Reyes (1889–1959) está tomado de su libro *Memorias de cocina y bodega* de 1953. Allí, Reyes expresa con crudeza el vínculo de identidad entre el mole de guajolote (palabra de origen azteca huehxōlōtl para significar "pavo"), uno de los platillos más populares y conocidos de la cocina de México, por una parte, y, por otra, esa realidad pasional e intangible —por lo compleja e imprecisa— de la "patria mexicana". Las palabras de Reyes adquieren una entonación marcial, con el interés de causar resonancias clásicas e indígenas, primero, con una diosa híbrida Ceres —romana e indígena—, y, segundo, resonancias nacionales, con la referencia a la Revolución Mexicana de 1910. En relación con la receta donde el pavo se enriquece por la famosa salsa del mole, vitorea Reyes:

> El mole de guajolote es la pieza de resistencia en nuestra cocina, la piedra de toque del guisar y el comer, y negarse al mole casi puede considerarse como una traición a la patria. ¡Solemne túmulo del pavo, envuelto en su salsa roja oscura, y ostentado en la bandeja blanca y azul de fábrica poblana por aquellos brazos redondos, color de cacao, de una inmensa Ceres indígena, sobre un festín silvestre de guerrilleros que lucen sombrero faldón y cinturones de balas! De menos se han hecho los mitos.

(367)

Del mole acaso haya más de trescientos tipos, lo que demuestra su ubicuidad en la geografía gastronómica de un país. Sin embargo, el mole más conocido sería el mole poblano, esto es, el mole del estado de Puebla —si bien, el estado de Oaxaca insiste también en poseer el certificado de nacimiento de la riquísima salsa.

La palabra "mole" proviene de la palabra náhuatl *mōlli*, la cual puede ser traducida al castellano como "salsa", "mezcla" o "guiso". Sin lugar a dudas, hay entre las asombrosas recetas de México platillos que gozan de una gran fama. Piénsese, por ejemplo, en los tamales; los chiles en nogada —una de las recetas espléndidas que el personaje de Tita prepara en *Como agua para chocolate*— y que combina el verde, el blanco y el rojo, que son los tres colores protagónicos de la bandera de México; o la cochinita pibil, un plato a base de cerdo, el cual, además de ser marinado en jugos de cítricos y condimentado con amato, conlleva una lenta cocción dentro de una envoltura de hojas de plátano. No obstante, el mole es considerado por muchos como el gran platillo nacional.

Aun cuando puede incluir muchos otros ingredientes, la salsa del mole contiene usualmente los siguientes: chocolate, algún tipo de fruta, ajíes picantes, y nueces, al igual que especias como el comino, la canela y la pimienta negra.

Porque no hay datos empíricos o documentales sobre el origen preciso del mole, este vacío de conocimiento cierto ha permitido la aparición de relatos más o menos imaginativos sobre ese origen. Hay una historia que vincula a un santo y un virrey-arzobispo. El Virrey y Obispo de Puebla era, por aquel entonces, Juan de Palafox y Mendoza (1600–59). Palafox y Mendoza habría anunciado la visita oficial a un convento de Puebla. Allí, el encargado de la cocina era Fray Pascual, reconvino a sus ayudantes, quienes mantenían todo en completo desorden. Desesperado frente a la posibilidad de no atender dignamente al ilustre visitante, Fray Pascual corría de aquí para allá. Iba poniendo, en un solo recipiente y con celeridad desatenta, los ingredientes de un plato que con atención había empezado a preparar. La preocupación causó que, accidentalmente, Fray Pascual tumbara el recipiente, lo que causó, por azar, que los ingredientes escogidos cayeran dentro de una olla donde se cocinaban guajolotes. Este encuentro inesperado entre pedazos de chocolate, guajolote, chile, tortillas y especias causaría un verdadero "milagro" de sabores. Un aroma muy sabroso fue invadiendo la cocina de Fray Pascual. Temeroso, Fray Pascual sirvió la mezcla inusual al Virrey-Arzobispo y a su comitiva. Los comensales disfrutaron profundamente el nuevo platillo y Fray Pascual empezó a gozar de fama como un exquisito cocinero. Algo importante: esta leyenda no incluye un utensilio tradicional y antes inevitable en la preparación del mole: el metate.

No obstante, no deberá confundirse ese Fray Pascual de Pueblo con un santo aragonés de gran significación para los cocineros creyentes. Fray Pascual debió de usar con gran diligencia el metate, en una de las etapas de elaboración del mole. San Pascual Bailón (1540–92), por su parte, es un santo franciscano, patrono protector de los cocineros, y seguramente nunca preparó el mole. Para la hagiografía católica, San Pascual habría realizado milagros para los pobres, como multiplicar panes y sacar agua de una piedra. También a San Pascual se le atribuye una excesiva alegría en su vida, cuando rezaba y, a tal punto que, mientras rezaba, también bailaba — de allí quizás su apellido: Bailón o Baylón. Esta rima tradicional es más o menos conocida en América Hispánica:

¡Ay, ay, San Pascual Bailón,
báilame en este fogón!
Si tú me das la sazón,
yo te dedicó un danzón.

También podrías leer otra leyenda que también vincula a un convento, a un obispo y a un virrey de la Nueva España (el actual México) en la invención del mole. Encontrarás esta leyenda en varios sitios de Internet sobre la historia del mole poblano y las monjas del convento de Santa Rosa.

Se dice que la receta original del mole poblano se preparaba con cerca de cien ingredientes. Escribe una lista de al menos veinte ingredientes que se utilizan para cocinar un rico mole poblano.

IMAGEN 3.4 San Pascual Bailón, escultura en bronce del escultor mexicano José Ramiz Barquet (1920–2010), en el malecón de Puerto Vallarta, México.

Source: © Cortesía de Meunierd y de Dreamstime.com.

Los utensilios de la cocina mexicana

En el apartado anterior, implicábamos que una monja del Convento de Santa Rosa habría utilizado un metate en la preparación del mole. El metate es un utensilio de importancia en las cocinas mexicanas. El metate no es el único utensilio de cocina mexicana. Busca fotos en Internet de los siguientes utensilios y, al lado de cada palabra, escribe para qué se utiliza.

Bule
Comal

Escobetilla
Jícara
Metate
Molcajete
Molinillo
Soplador
Tortilladora

Bebidas y alimentos prehispánicos

Cuando buscaste los ingredientes del mole poblano, a lo mejor encontraste algún nombre poco conocido. En su libro *Cocina prehispánica mexicana: La comida de los antiguos mexicanos* (1991), el polígrafo mexicano Heriberto García Rivas enumera algunos de los alimentos y de las bebidas que consumían los antiguos mexicanos y que no conocían los españoles del siglo XVI. Algunos de estos alimentos y de estas bebidas tienen asimismo otros nombres en español. Si tienen otros nombres, escríbelos al lado de la palabra. Si no tienen otros nombres, escribe una descripción en español del alimento o de la bebida.

Acocil
Achiote
Aguacate
Anona (o anón)
Ayocotes
Capulines
Coyol
Jitomate
Maguey
Mezcal
Mezquitamal
Mezquite
Paguas
Pulque
Tuba
Xonacatl (o xonacate)
Zapote

¿Has probado alguno de estos alimentos o bebidas? ¿Cuál de ellos te gustaría probar o cuál nunca probarías?

Muchas de las palabras anteriores provienen del náhuatl. Busca información sobre la lengua náhuatl y sobre el número de nativos hablantes de náhuatl en México.

Además del español y del náhuatl, hay unas sesenta y siete lenguas más que se hablan en México. Enumera al menos nueve lenguas más e indica en el mapa en qué parte de México se hablan esas lenguas.

IMAGEN 3.5 Mapa de los Estados Unidos Mexicanos, usualmente denominado México, con los nombres y las divisiones de sus treinta y un estados, más la capital de México.

Source: © Cortesía de Vladimir Sviracevic y de Dreamstime.com.

En la cocina de Frida Kahlo (1907–54) y de Diego Rivera

Las fiestas de Frida y Diego: Recuerdo y recetas (1993) es un libro en co-autoría: lo escribieron Guadalupe Rivera Marín, hija del artista mexicano Diego Rivera, y Marie-Pierre Colle. En esas páginas, el lector aprende que el clemole de Oaxaca —también llamado manchamanteles— era el platillo preferido de Rivera. El clemole o tlemole es una sopa donde se unen los sabores de vegetales, de chiles, de especias y de carnes. Rivera amaba la versión del clemole con pierna de cordero y, en esta preferencia, el artista compartía el mismo placer gastronómico con una famosa escritora mexicana: Sor Juana Inés de la Cruz (1648–95). Por el contrario, —y aquí sigue informando la hija del pintor—, el plato que más disfrutaba la gran artista plástica Frida Kahlo, también mexicana, era el pato silvestre. Los patos para Frida venían del distrito de Iztapalapa y, en su preparación, yerbas como el epazote y el quelite eran utilizadas para la aromatización de la carne.

Frida y Diego, anfitriones de su casa en Coyoacán y que fue bautizada con el nombre de *Casa Azul*, se preciaban de ofrecer a sus visitantes extranjeros muchas de las exquisiteces culinarias de México. El escritor y político ruso León Trotsky (1879–1940), el actor y cómico británico Charlie Chaplin (1889–1977) y el político y hombre de negocios de Estados Unidos Nelson Rockefeller (1908–79) tuvieron la suerte de ser comensales en la *Casa Azul*. De acuerdo con Rivera Marín, estas tres personalidades y muchas más habrían de degustar platos asombrosos, como chiles rellenos con picadillo, mole negro de Oaxaca, limones rellenos con

IMAGEN 3.6 Cilantro para la tilapia (tipo de pescado), acompañada de arroz blanco y de verduras. Chefs Celina Gutiérrez y Fabiana Martínez. University of Colorado Denver, 24 de febrero de 2016, en el curso *Food Metaphors: Ibero-American Cuisine and Cultures.*

Source: © Cortesía de Andrés Lema-Hincapié.

coco, pan de muerto, pollo en salsa de pipián, champurrado, enchiladas tapatías y *mousse* de mamey, entre otras más delicias para el paladar.

Con dos o tres compañeros/as de la clase escogerá una pintura de Diego Rivera o de Frida Kahlo en la que hayan pintado frutas, comidas o utensilios de cocina. Buscarán toda la información del cuadro y analizarán el cuadro. Después mostrarán el cuadro a la clase y lo presentarán. Todas las personas del grupo tendrán que participar en estas presentaciones.

Menú | La taquería

Algo de la tacohistoria

Circulan informaciones que no hemos podido comprobar: en la *Historia verdadera de la conquista de la Nueva España* (1547), de Bernal Díaz del Castillo no es usada la palabra "taco" y tampoco se usa la expresión de "tortilla de maíz". En contraste, sí es usada con frecuencia la expresión "pan de maíz". No hay evidencia textual para justificar que el pan de maíz se refiera a lo que en la actualidad llamamos "tacos". Por lo general, cuando Díaz del Castillo menciona el pan de maíz en el siglo XVI en el contexto del actual México, ese tipo de pan se come al tiempo que se comen gallinas, pescados y frutas. Ese pan de maíz, según la crónica de Díaz del Castillo, era consumido por indígenas sin más, por caciques de Montezuma y, es plausible suponer, que asimismo por el mismo Montezuma.

La palabra "taco" tiene varios sentidos: en España es sinónimo de insulto y, en Colombia, sirve para referirse a la congestión del tráfico de autos en una ruta. *Taco* también apunta a barras de dinamita usadas en el trabajo explosivo de las minas. Es, seguramente en este último sentido, donde tendría el origen de la palabra "taco" para denominar uno de los grandes embajadores de México y de países centroamericanos: el taco. Jeffrey M. Pilcher, Profesor de Historia Alimenticia en la University of Toronto Scarborough, asegura en una entrevista para el Smithsonian Institute titulada "Where Did the Taco Come from?":

> Los orígenes del taco son, de hecho, desconocidos. Según mi teoría, el taco se origina en el siglo XVIII y en las minas de plata en México. Allí, la palabra "taco" se refería a pequeñas cargas explosivas usadas para excavar el mineral. Esas cargas explosivas estaban hechas con papel que se enrollaba alrededor de la pólvora. Las cargas eran introducidas en agujeros abiertos en las piedras . . . Las primeras menciones al taco en archivos o en cualquier diccionario histórico datan del final del siglo XIX. En esos registros hay tacos que son descritos como *tacos de minero*. Así, pues, el taco, no necesariamente alude a una expresión culturalmente antigua y, por esta razón, sería posible afirmar que el taco no es una comida cuyo nacimiento haya tenido lugar en un tiempo inmemorial.

Pilcher en 2012 publicará su libro *Planet Taco: A Global History of Mexican Food* con la prestigiosa editorial Oxford University Press. Para este investigador, el taco preparado en Ciudad de México, en taquerías situadas en barrios populares o centrales, recibe influencias de muchas cocinas regionales de todo México. Esto se debería a un hecho histórico: Ciudad de México, al recibir cientos de miles de migrantes de otras partes del país, recibe también variedades propias de una cocina en migración. Aparecerán, entonces, tacos de pescado estilo Ensenada, tacos de carne asada de Tijuana, tacos de mariscos, tacos con chicharrón, con pollo, con frijoles, tacos de barbacoa, tacos al pastor, y . . . la variedad de tacos parece no tener límites.

Pero el efecto de la migración no se detiene. Desde finales del siglo XIX, en las décadas de 1920 y 1930, y luego en los 60, llegan a México inmigrantes desde el Líbano. Los libaneses abrirían restaurantes donde la hibridez culinaria ocurrirá. Hablamos ahora de los tacos árabes. El *döner kebab* de los turcos, una práctica de la rotisería vertical del Imperio Otomano en el siglo XIX, el *gyros* de los griegos, reaparece en México con el *shawarma* del Líbano. Ahora, y en lugar de usar pan pita o pan árabe, los libaneses echarán manos de los tacos y, dentro del taco, cambiarán el cordero por el cerdo, e incluso añadirán pedacitos de piña. Surgirá así el milagrosamente delicioso *taco al pastor*. Pilcher asegura que, solo en los 60, aparecerá este tipo de taco. Los pedazos de cerdo, cortados finamente, son ensartados en una barra metálica que gira con lentitud. En la parte superior de esta "montaña" de cerdo ensartado se ponen cebollas y piñas frescas. El taquero cortará láminas delgadas de carne y las irá poniendo, ordenadamente y con cuidado, en pequeñas tortillas. A la carne, a la cual se le agrega cebolla picada, cilantro, un pedazo de piña, se le da un último toque con salsa picante o con jugo de limón.

Crea un menú para tu taquería. De los sesenta tacos que puedes encontrar en la página Web DEMX, escoge los tres tacos que te gusten más. Ponle nombre a tu taquería e incluye los ingredientes de cada taco y su precio. Escríbelo todo en la siguiente tabla y, sobre todo, sé creativo/a inventando dos tacos más. Estos dos tacos nacerán de tu propia creación culinaria.

Consejos de la abuela Leonor | Ahorrar en la cocina sin desperdiciar nada

A continuación, resumimos todos pequeños consejos, trucos y actitudes que nos permitirán no tirar nada de comida y, así, ahorrar en la cocina. No obstante, las prácticas de vida de la abuela Leonor no siempre están en concordancia con las veloces ansiedades de nuestro presente. En todo caso, ¿qué recomienda la abuela Leonor?

Compra poco y regularmente. La abuela Leonor siempre trató de combinar frescura de los ingredientes para sus recetas y ahorro para su bolsillo. Como no le interesaban los supermercados, y como en su barrio había panaderías, carnicerías, verdulerías, pollerías, pescaderías y charcuterías, ella acostumbraba a caminar a cada una de esas tiendas con el fin de comprar los ingredientes para las recetas de los próximos dos o tres días. Además de hacer amistad con los distintos vendedores, evitaba costosas compras, pues ella se imponía la decisión de solo gastar sumas pequeñas. Junto con el mejor sabor de los alimentos y los gastos innecesarios, la abuela se distraía caminando y hacían ejercicio físico a menudo.

Cocina en casa. Comer en restaurantes es costoso, máxime si esta es una práctica frecuente para ti. También cuesta más simplemente precalentado platillos precocidos y congelados. Si tú mismo cocinas, aunque se trate de recetas simples y rápidas, podrás ingerir productos saludables al mismo tiempo que te relajas, porque descansar, consiste también en cambiar de actividad.

Planifica. Leonor organizaba en su imaginación, pero sin caer en el rigorismo de las obsesiones, el menú para sus comidas de los próximos cinco o siete días. Este plan, más o menos variable, le evitaba caer en las tentaciones de compras innecesarias.

No desperdicies. Con un mínimo de ingenio, la abuela guardaba lo que sobraba intacto de una receta, conservándolo en frío. Por ejemplo, las papas cocidas y las mazorcas de maíz de una sopa, si no eran consumidas en la cena de la noche, habrían de servir para que ella las añadiera a los huevos revueltos que prepararía en el desayuno del día siguiente.

Usa el refrigerador. La abuela Leonor no siempre tuvo congelador en su casa, pero cuando pudo comprarlo disfrutó usándolo para los alimentos crudos, como carnes y pescados. El refrigerador es un electrodoméstico que cuida tu bolsillo.

Organiza. La abuela Leonor recomienda que ordenes tus compras de comida a medida que las vas poniendo en la nevera. A tu disposición, y de tal manera que con facilidad puedas consultar la fecha de vencimiento de los alimentos perecederos, deberás tener en la parte de atrás los que se vencen más tarde en el tiempo, y más cerca a tus ojos los de fecha más próxima. Este truco de ella era un hábito: coger del frutero o del recipiente para los vegetales la fruta o el vegetal más maduros, en caso de que quisiera usarlos como ingredientes.

Haz una lista de las comidas que vas a preparar para una semana. ¿Qué ingredientes necesitas comprar? ¿Cuánto cuesta cada ingrediente?

Escribe dos consejos más para ahorrar en la cocina. Comparte los consejos con la clase.

Las notas del filósofo | Écfrasis y retrato literario

Écfrasis

En la *Ilíada* de Homero, la voz poética describe los detalles que presenta el escudo de Aquiles (Canto XVIII, versos 478–608). Si bien ese escudo pudo haber sido una realidad imaginaria, los versos homéricos representan en palabras del arte literario una realidad inanimada creada por otro arte: el arte de la metalurgia. La realidad extramental del escudo mismo ya no está disponible en nuestra realidad para que gocemos de su belleza. No obstante, disponemos de un sucedáneo hecho con palabras poéticas. Este es un objeto que surge en la imaginación de quien escucha los versos de la *Ilíada*. Transponer en palabras algo no verbal y sin vida propia, esto es, causar una representación mental vívida de lo que antes hubo de ser una presencia en el mundo de la experiencia sensorial. Se trata de la *écfrasis*. ἐκ (afuera) y φράσις (hablar): a partir de esas dos palabras de origen griego, la crítica literaria denomina *écfrasis* a una verdadera "alquimia". Esa alquimia de las palabras nace de un mundo no verbal —el mundo de las cosas— y concluye en un objeto en cuanto fenómeno mental de la imaginación. Ese objeto es un efecto, el cual surge cuando las palabras convocan una realidad inanimada, por lo general de naturaleza artística.

El crítico Ronald J. Friis conecta las pinturas de Frida Kahlo con poemas de la poetisa mexicana Rosario Castellanos (1925–74). Friis utiliza el término *écfrasis* para describir algunos poemas de Castellanos, especialmente el que lleva por título "De mutilaciones". Ahí van algunas estrofas de este poema:

> . . . Otro día viene Shylock y te exige
> una libra de carne, de tu carne,
> para pagar la deuda que le debes.
>
> Y, después. Oh, después;
> palabras que te extraen de la boca,
> trepanación del cráneo
> para extirpar ese tumor que crece
> cuando piensas.
>
> A la visita del recaudador
> entregas, como ofrenda, tu parálisis.
>
> Para tu muerte es excesivo un féretro
> porque no conservaste nada tuyo
> que no quepa en la cáscara de nuez.
>
> Y epitafio, ¿en qué lápida?
> Ninguna es tan pequeña como para escribir
> las letras que quedaron de tu nombre.

Después de leer el poema, busca en Internet una pintura de Frida Kahlo que pueda mostrar elementos centrales del poema y que, igualmente, manifieste el dolor físico que sufrió Frida luego de su terrible accidente. Analiza poema y pintura conjuntamente. ¿Estás de acuerdo con Friis? ¿Podrías afirmar que es una *écfrasis* el poema de Castellanos? Justifica tu respuesta.

Puedes leer el artículo de Friis titulado "'The Fury and the Mire of Human Veins': Frida Kahlo and Rosario Castellanos" en gen2.ca/DBHS/Art/20062973.pdf.

Plato principal | ¡Guacamole que mola!

El comensal de lengua inglesa piensa en el guacamole como el gran y apreciado *dip* de la cocina mexicana. Al igual que otros platos famosos de la cocina iberoamericana como la tortilla española o la arepa de Colombia y de Venezuela, en el caso del guacamole hay muchas variantes:

el aguacate macerado es el ingrediente central de la receta, pero los ingredientes adicionales pueden variar. Para los "locos" del guacamole, o "guacamoleros" hay una disputa en torno de un ingrediente adicional: el tomate. Para algunos, no hay tomate en el guacamole; para otros, sí.

¡A preparar guacamole casero!

Tiempo de preparación: 15 minutos
Número de personas: 4 personas

Cantidades e ingredientes del guacamole

2	**Aguacates maduros**
1	**Tomate pequeño en rama o de colgar**
100 gramos (3,5 onzas)	**Cebolla blanca mediana**
1	**Chile jalapeño (opcional)**
20 hojas	**Cilantro fresco**
1	**Lima**
Al gusto	**Sal**

Preparación del guacamole

Pica primero, y bien finamente, la cebolla así como el chile jalapeño. Reserva la cebolla y los jalapeños picados en un recipiente.

Antes de picarlo también en pedacitos muy pequeños y de retirar sus semillas, debes pelar el tomate. Para pelarlo tienes tres opciones: con un cuchillo pequeño que tenga mucho filo —y esto puede ser o peligroso, o también puedes perder mucha de la pulpa, que es la "carne" del tomate—, un pela-tomates —que es distinto al tradicional pela-papas—, o escaldar el tomate. Escaldar significa aquí pasar el tomate por agua hirviendo, durante 20 a 30 segundos. Cuando saques el tomate del agua caliente, pásalo por agua fría del grifo. Verás, que asombrosamente, puedes retirar con facilidad la piel del tomate. Agrega el tomate picado al recipiente donde reservaste la cebolla y el chile jalapeño.

Toma ahora el cilantro y lo lavas con delicadeza en agua fría. Ve separando con cuidado las hojitas de sus respectivos tallos. No usarás los tallos en esta receta, pero sí te serán de utilidad en caso de que hagas una rica sopa. Esos tallos, picados también finalmente, puedes agregarlos a la sopa que hagas. Agrega esos tallos de cilantro a la sopa un par de minutos antes de apagar el fuego con el que preparas la receta de tu sopa. Con un cuchillo de muy buen filo, corta las hojas de cilantro —cuidando de que no las maceres mientras las cortas. Si por desatención las maceras, parte del jugo de las hojas de cilantro se quedará en el lugar donde las estás cortando. Ese jugo o savia verde debe llegar a tu guacamole. Pon el cilantro picado junto con la cebolla, el tomate y el chile jalapeño.

Corta la lima en dos y exprime una de las mitades en el recipiente con la cebolla, el cilantro, el tomate y el chile jalapeño. Reserva la otra mitad de la lima.

Ahora pasa a los dos aguacates. Los partirás a la mitad y retirarás el hueso (también en países del mundo iberoamericano se usan las palabras *semilla* y *pepa*). En un nuevo recipiente hondo y ancho, pon la pulpa del aguacate que podrás ir extrayendo con la ayuda de una cuchara. Usa un tenedor para macerar el aguacate hasta que alcance una consistente cercana a la de una pasta, pero no complemente: deben quedar algunos pedacitos no macerados del aguacate. El procedimiento del macerado se puede realizar en un mortero o, como es costumbre en México, en un molcajete (mortero de piedra). No uses una batidora o un procesador de alimentos para preparar la crema de tu guacamole.

Combina, por último, los cinco ingredientes que habías reservado anteriormente y tu aguacate macerado. Revuelve bien, mientras agregas, al gusto, parte del jugo exprimido de la otra mitad de la lima y algo de sal.

Pon la mezcla final en un lindo recipiente hondo. Ahora es tiempo de servir tu guacamole con totopos.

¿Qué nachos conviene comprar?

Los *Doritos* deberían ser tu última opción. Trata de conseguir en el supermercado, por Internet o en la tienda latina de tu barrio nachos de estas dos marcas: "Old El Paso" o "Casa Fiesta". En todo caso, te quedarán "padrísimos" (excelentes) los nachos, si compras tortillas frescas de maíz. Las puedes cortar en triangulitos, las fríes en aceite caliente y abundante, y terminas escurriendo o retirando el aceite sobrante cuando las saques de la fritura. Los totopos aún calientitos, con tu guacamole fresco, los hará sonreír de felicidad a tus invitados y a ti.

Además de los totopos, ¿con qué puedes comer tu guacamole? ¿Y qué te querrías beber con el guacamole?

IMAGEN 3.7 Tequila, en tres copas micheladas (bordes con sal), acompañadas de sal y de limón.

Source: © Cortesía de Chernetskaya y de Dreamstime.com.

Carta de bebidas | Aguas frescas y tequila

El mundo de las bebidas en México es fascinante y colorido. Hay, por ejemplo, una gran variedad de bebidas no alcohólicas que, además de ser refrescantes y de sabores diferentes, adornan las neveras o los espacios públicos mexicanos. Fuera de México es fácil, pero todavía muy limitado, experimentar una anticipación de los muchos colores de esas bebidas con sabor: en muchas tiendas cercanas a tu casa podrás ver las bebidas de la marca Jarritos. Y, si tienes la fortuna de caminar en ciudades de México, verás en tiendas, restaurantes de comida mexicana, en cantinas y en fondas recipientes gorditos de plástico o de vidrio, los *vitroleros* o las *vitroleras*, que muestran a quien pasa las bebidas azucaradas en sus múltiples colores.

Entre casi un sinfín de las aguas coloridas y saborizadas, te presentamos una dos muy del gusto mexicano: agua de limón con chía.

Agua de limón y de chía

La chía es una bella planta de flores y que produce semillas pequeñas y de color negro. En náhuatl, *chian* significa "aceitoso" y ese es muy seguramente el origen de la palabra *chía*. Pertenece a la familia de la menta y, a veces, la chía es presentada como un cereal. Su alto contenido de aceite ha causado que se le haga publicidad, porque sería una fuente de ácido graso Omega 3. En las zonas del centro y del sur de México, junto con Guatemala, serían el lugar de nacimiento de la chía. Añadirle semillas de chía a la limonada crea una riquísima y refrescante bebida.

Tiempo de preparación: 35 minutos
Número de personas: 4 personas

Cantidades e ingredientes del agua de limón y de chía

1 cucharadita	Semillas de chía
1 litro	Agua
2	Limones grandes (que puedes cambiar por 3 limas)
Al gusto	Azúcar
Al gusto	Hielo

Preparación del agua de limón y de chía

1   Del litro de agua, separa una taza y, allí, echa las semillas de chía. Dejarás que las semillas se remojen por una media hora y, de vez en cuando, revolverás con una cuchara el agua y las semillas.
2   Con el resto del agua, prepara una limonada en una jarra: exprimirás los limones y, según tu gusto, agregarás el azúcar.
3   Por último, echa la taza de agua con la chía en la jarra de limonada. Reserva en la nevera y, cuando vayas a servir los vasos de agua de chía, añade cubos de hielo y revuelve bien con un cucharón. Puedes tragar sin temer las semillas y, si quieres, puedes masticar algunas con el fin de probar su sabor.

Tequila, elixir mexicano

Nacido en la región de Tequila, oficialmente en 1666 y en el estado de Jalisco, este archifamoso licor de México emociona a todos los degustadores de alcohol. El tequila aprovecha de las bondades que, para el sabor sobre la planta de agave, causan las tierras volcánicas donde se cultiva. Es el resultado de un largo proceso que va desde cultivar la planta del agave azul —cosechar el agave toma más o menos cuatro años—, cortar manualmente las pencas de la planta hasta tener una piña grande. La piña será cocida en hornos y de allí será convertida en pulpa durante la molienda. Esa pulpa se muele para extraer los jugos del agave, los cuales son muy ricos en azúcares. La fermentación, la doble destilación y el largo reposo en barriles de olmo son las antesalas para que luego se consiga, finalmente, el tequila como licor de una translucidez asombrosa.

En los inicios del siglo XVII, y cuando para los paladares hispánicos en México el brandy ya no estaba disponible, personalidades como el marqués de Altamira, Pedro Sánchez de Tagle (1661–1723) empiezan a producir tequila en el actual territorio de Jalisco. El tequila, antes conocido como pulque, era consumido por indígenas prehispánicos. La familia Cuervo, quien daría su apellido a uno de los tequilas de mayor renombre en la historia de este licor, recibió del rey español Carlos IV (reinado de 1788 a 1808) la licencia oficial para producir y distribuir tequila. Sería José María Guadalupe de Cuervo el miembro de la familia Cuervo quien, por primera vez en 1795, dio a conocer el bautizado Vino Mezcal de Tequila de José Cuervo. Esta preocupación por el origen del tequila, que viene desde el siglo XVII, persiste todavía: hay denominaciones nacionales e internacionales de origen que deben ser respetadas: en primer lugar, únicamente el estado de Jalisco y unas pocas ciudades en las 32 entidades federales de los Estados Unidos de México, están autorizados a producir tequila. E, internacionalmente, el hecho de que su origen sea México está reconocido también oficialmente por Japón, Israel, los países de la Comunidad Europea, los Estados Unidos de América y Canadá.

Si tienes la oportunidad de visitar la ciudad de Tequila, hay experiencias turísticas de valor: el Museo Nacional del Tequila, el Volcán de Tequila —¡no te preocupes! Este volcán está inactivo— y, por último, el Tequila Express, un tren que te llevará a conocer campos de agave, viejas casas coloniales y que permite a los viajeros detenerse . . . ¿Para qué? Para que entren en destilerías donde podrás catar tequilas de distinto añejamiento (esto es: tiempo que pasa un alcohol conservado en reposo, bajo ciertas condiciones de temperatura, en recipientes de diversos materiales y fuera de la luz).

Guía para beber el tequila

En clase no puedes beber tequila con tus compañeros/os y con tu profesora/o. No obstante, si tienes más de 21 años, podrás comprar un buen tequila en alguna tienda legal de licores. ¿Cuáles métodos hay para beber tequila?

Sorbos respetuosos

Como sus licores "parientes" que nacen de la destilación como el coñac o el whisky, el tequila tiene un alto contenido alcohólico. Así, pues, consúmelo con respecto y cuidado, porque, de otro modo, te podrá poner excesivamente "contento". Es un buen *aperitivo*, es decir, para que te "abra" el apetito —del verbo en latín *aperire* (abrir)— o, asimismo, un buen digestivo.

Limón y sal

Los puristas insisten en que sería una aberración tomar tequila con limón y con sal. Ahora bien: esta práctica de un maridaje *à trois* (tres elementos combinados en tu paladar) ya está muy extendida por todo el planeta. En todo caso, tú decides: ya verás si decides seguir a los puristas o no.

Además del tequila, ¿cuáles otras bebidas y comidas pasan por procesos de añejamiento?

Postre | Dulces muy ingeniosos

Aunque seguramente hay quienes no disfrutan locamente con los dulces o postres, México es un país donde las personas alucinan con las comidas dulces. Aquí te dejamos una pequeña muestra de estas delicias mexicanas: Listamos estos dulces y no otros, porque tienen nombres ingeniosos. Por favor explica esto mejor.

Borrachitos
Trompadas
Mostachón
Tarugos
Pedos de monja
Gaznate
Greñudas

Busca el significa de estos términos y escríbelo al lado del nombre del postre. Después busca cada uno de estos postres con sus ingredientes. ¿Cuál te gustaría probar? Si conoces otros dulces mexicanos, puedes hablarles a tus compañeros/as de esos dulces.

Calaveritas de azúcar para el Día de los Muertos

Producto del choque de culturas, las indígenas de América y las de los conquistadores de Europa occidental, hay una celebración de la que seguramente habrás oído hablar o la que incluso habrás visto. Estamos hablando del Día de los Muertos y de sus calaveritas de azúcar. Recientemente el filme de Disney *Coco* (2017) hechizó la sensibilidad de niños y de adultos en todo el mundo, dando a conocer más ampliamente algunas de las maneras como los mexicanos establecen sus vínculos con la muerte.

Para los aztecas, existían celebraciones en homenaje de la diosa Mictēcacihuātl, la diosa del mundo subterráneo. En su reinado sobrenatural después de la vida, Mictēcacihuātl estaba al cuidado de los huesos de los seres humanos muertos. Con la llegada de las tradiciones católicas traídas por los conquistadores espanoles, el culto a la diosa azteca junto con sus días de fiesta fue convirtiéndose en lo que hoy se conoce como el Día de los Muertos. La simbiosis religiosa fue permitida porque la fecha del Día de los Muertos —una celebración en realidad de tres días: 31 de octubre, y 1 y 2 de noviembre— sintonizaba en cronología con una fecha importante para el calendario religioso del catolicismo —el 1 de noviembre, Día de Todos los Santos.

Es conocido que en épocas prehispánicas, los aztecas sacrificaban a sus enemigos: buena parte de los cráneos o calaveras de esos enemigos eran puestos en ofrendas en altares dedicados a ese uso: "Los cráneos estaban destinados al *tzompantli* de Tenochtitlan, actual Ciudad de México, un estante de grandes dimensiones erigido frente al Templo Mayor, el cual, en su interior, se rinde honores a Huitzilopochtli, dios de la guerra, y a Tlaloc, dios de la lluvia" ("El 'tzompantli', la bestial ofrenda azteca a los dioses que derribaron los conquistadores españoles"). A su modo y sin el carácter cruento del pasado, las calaveritas de dulce en los altares del Día de los Muertos resonarían todavía con ecos de esas ofrendas que los españoles consideraron macabras y anticatólicas.

Siglos después, los talentos artísticos de un caricaturista y la masividad de los periódicos lograrían la absoluta consagración de la calavera como un referente constante de la cultura de México. Para burlarse de los comportamientos extranjerizantes y aristocráticos, en especial franceses, de algunos mexicanos —quienes con ello les daban la espalda a las raíces fuertemente indígenas del país— a principio del siglo XX el artista mexicano José Guadalupe Posada (1852–1913) creó un grabado en zinc: *Catrina La Calavera Garbancera* (1910–13). Con el tiempo, esta obra de Posada llegaría a ser el gran icono mexicano para el Día de los Muertos —amén de otros también, e igualmente mediáticos: el papel picado de colores y los altares, velones encendidos, fotografías de parientes, objetos cotidianos que recuerdan a los familiares muertos y, por supuesto, las calaveritas de azúcar.

El alfeñique es la técnica actual y de origen español usada para crear las calaveras de azúcar. Con azúcar refinado y de primera calidad, los artesanos derriten ese azúcar con agua y algo de zumo de limón poniéndola en calderos o "cazos" de cobre. Cuando el azúcar permita elaborar perlas transparentes de azúcar, será el tiempo para vaciar la mezcla en moldes de barro en forma de calavera. Cuando la calavera ya está fría y puede retirarse del molde, viene el proceso de la decoración. Ahora el artesano o la artesana utilizarán una mezcla hecha con azúcar glas, clara de huevo, algo de zumo de limón y colores vegetales. Será como decorar un pastel, añadiendo un poco de papel metálico de colores brillantes para las cuencas de los ojos, o para puntos brillantes en la calavera. Con sonrisa, pestañas, a veces plumas y cuentas plásticas doradas o plateadas, la calavera recibirá el nombre de alguien muerto, de familiar cercano o de un famoso del *showbiz* mundial.

IMAGEN 3.8 Calaverita de azúcar, con velas encendidas al fondo y papel china cortado para decoración.

Source: © Cortesía de Jmoranfotografía y de Dreamstime.com.

Con tu profesor/a y con tus compañeros/as de clase, organiza un altar para el Día de los Muertos. En la biblioteca de tu universidad o cerca de la oficina de tu profesor/a, pide la autorización para el uso de un espacio que sea visible. Allí, ustedes pondrán fotos de conocidos muertos, personas o mascotas, y adorarán el arte con velones, con objetos significativos para los difuntos, con listones hechos con papel de colores y papel picado. En Internet podrán encontrar fotografías y videos con el fin de inspirarse en el proceso creativo para el altar.

Busca en Internet reproducciones antiguas o de época de la Catrina La Calavera Garbancera y, también, de versiones más recientes de esa famosa caricatura. ¿Qué características pictóricas muestra la obra de José Guadalupe Posada y qué significa el adjetivo "garbancera"?

Sobremesa | El recetario atribuido a Sor Juana Inés de la Cruz

Si Aristóteles hubiera guisado, mucho más hubiera escrito.

Sor Juana Inés de la Cruz

El epígrafe con el iniciamos esta sección tiene por autora a Sor Juana Inés de la Cruz, gran poetisa, ensayista, filósofa, estudiosa del pensamiento científico, compositora de música y, en fin, una talentosa polígrafa. El epígrafe está tomado de su obra polémica titulada *Respuesta de la poetisa a la muy ilustre Sor Filotea de la Cruz* y que apareció en 1691. La mención al gran filósofo griego Aristóteles, llamado "El Filósofo" por escritores medievales y renacentistas, nos da pie para contarte esta sabrosa historia, donde están combinadas muertes, calaveras, palabras y recetas de cocina.

La escritora y administradora pública Margarita López Portillo y Pacheco (1914–2006), hermana del presidente de México José López Portillo y Pacheco (1920–2004), se entregó a la tarea de encontrar los restos de Sor Juana y de restaurar el claustro de las monjas jerónimas donde se supone que vivió, murió y habría sido enterrada. No solo su cercanía familiar con el presidente le ayudó en esa tarea. En 1976, su hermano nombró a Margarita la máxima autoría de la Dirección General de Radio, Televisión y Cinematografía (RTC) y ella llegó a ser, años después, la guionista de una serie de televisión cuyo nombre es significativo para nuestra historia: *Estampas de Sor Juana* (1980).

En todo caso, en el antiguo convento mexicano de San Jerónimo, en la localidad de San Jerónimo Tlacochahuaya (estado de Oaxaca), empezaron excavaciones en 1977 animadas por López Portillo y Pacheco. En 1978 tuvo lugar el hallazgo de una fosa común y empezó la gran polémica: ¿estaban entre los restos de cuerpos aquellos que pertenecieron a Sor Juana? En aquellos años, se aseguró que sí, pero hasta 2018, quien fuera la rectora de ese claustro, Carmen Beatriz López-Portillo Romano, mostraba escepticismo. Además de que los estudios de ADN no eran todavía conocidos, la rectora fue tajante para el periódico *Excelsior*: "Se pueden hacer más estudios, pero los restos que tenemos estuvieron bajo el agua, y seguramente en las condiciones actuales de la ciencia realmente es muy difícil hacer un estudio que nos dé el cien por ciento de certeza" (artículo de Juan Carlos Talavera).

Para nuestro tema culinario y cultural importa recordar que los resultados de las excavaciones acaso dieron a conocer algo más: un cuadernillo de recetas. El título por el que se conoce no tiene complicaciones, pues se titula, sin más, *Libro de cocina*. Hay también informaciones de que este recetario no fue hallado en las exhumaciones del 77 y del 78, y que simplemente es un recetario con fecha de 1791. Hay copias de esta obra en el Archivo General de la Nación y otro en el Fondo reservado de la Biblioteca Nacional. La atribución de ese recetario a la monja jerónima es un anacronismo, porque Sor Juana Inés murió casi un poco más de un siglo antes: el 17 de abril 1695.

De todas maneras, y porque seguramente en su mundo conventual Sor Juana Inés sí vivió entre libros y cocina, no sería otro anacronismo transcribirte dos recetas de ese *Libro de cocina*.

Están citadas siguiendo una bella edición, de 1979, que lleva por título *Libro de cocina, Convento de San Jerónimo: Selección y transcripción atribuida a Sor Juana Inés de la Cruz*. En el libro que te mencionábamos atrás de 1691, Sor Juana Inés afirmó preguntando: "Pues ¿qué os pudiera contar, Señora, de los secretos naturales que he descubierto estando guisando?" Escogimos estas dos recetas por la belleza poética de sus títulos. La segunda es, igualmente, un postre conocido y muy apreciado tanto en Venezuela como en las Islas Canarias.

Buñuelos de viento

> Se pone a hervir un cazo con agua de anís y manteca, así que hierve se le va despolvoreando la harina, y se está meneando porque no se queme. Así que se hace pelota y despega del cazo, se aparta y deja enfriar. Después, a cada libra de harina, 9 huevos como para freír. En la palma de la mano se van deshaciendo, así que está bien espesa, se le echa tantita manteca derretida y se van echando con una cuchara de plata en la manteca y así que revienta se aviva el fuego para que salgan dorados.
>
> *(17)*

Bien me sabe

> A un real de leche claco de arroz remolido, id. de almidón, diez yemas, todo junto se revuelve y endulza y luego que esté de punto, echa agua de azahar. Habiéndolo meneado sin cesar desde que se pone se echa en un plato y canela por encima. Si quieren hacerlo ante (*sic*), ponen una capa de esta pasta y otra de mamón, guarnece con pasas, almendras, piñones y canelas.
>
> *(30)*

¿Crees que Sor Juana Inés de la Cruz escribió estás recetas? ¿Por qué crees que es tan importante atribuirle las recetas a Sor Juana Inés de la Cruz?

Escritura de una redacción

En una redacción de una página (350 palabras aproximadamente), escribe sobre alguno de los temas siguientes relacionados con la cocina mexicana:

1   Los mariachis. La relación de los mariachis con la comida o con comer en un restaurante. Antes de escribir la redacción, busca por qué estos músicos se llaman mariachis. Esa información te ayudará para escribir la redacción.
2   La comida mexicana fuera de México. Lo típicamente mexicano y lo que parece mexicano, pero que no lo es.
3   El picante en la comida mexicana.
4   El sobrepeso en México. México es el segundo país del mundo con más adultos obesos.

Traducción | Tiempo de buscar palabras, saboreándolas

Con la ayuda de uno/a de tus compañeros/as de clase, traduce al castellano, primero, y al inglés, después, los dos párrafos a continuación. Cuando hayan terminado de traducir, revisa la traducción en compañía de tu profesor/a.

"At Frida's and Diego's *Blue House*, the tacos were also made according to an old recipe from the days when sour cream fermented at home (nowadays people substitute yogurt). Other recipes were typical of Guadalajara and Puebla cuisine, making a meal that reflected the diversity of Mexican cooking. Frida provided a surprise at the end, when she suddenly appeared bearing two enormous platters. These were her favorite desserts, macaroons and *gaznates* (fried cookies), which she herself had made" (117).

Rivera, Guadalupe, y Marie-Pierre Colle. *Frida's Fiesta: Recipes and Reminiscences of Life with Frida Kahlo*. Clarkson Potter, 1994.

Bibliografía

"60 tipos de tacos que puedes encontrar en México". *DEMX*, masdemx.com/2016/11/tipos-variedades-tacos-mexico/, acceso 28 sep. 2018.

Arau, Alfonso, director. *Como agua para chocolate*. Miramax, 1992, www.dailymotion.com/video/x5qycka.

Castellanos, Rosario. "De mutilaciones". *Juegos de inteligencia*. Editado por Amalia Bautista, Fondo de Cultura Económica, 1989, pp. 151–2.

Cruz, Sor Juana Inés de la. *Inundación castálida*. Editado por Georgina Sabat de Rivers, Castalia, 1982, www.cervantesvirtual.com/obra-visor/inundacion-castalida-0/html/e59d0e1e-7e62-4169-9386-247b6678ec06_1.html#I_1_.

De la Cruz, Sor Juana. *Libro de cocina, Convento de San Jerónimo: Selección y transcripción atribuida a Sor Juana Inés de la Cruz*. Instituto Mexiquense de Cultura, 1979.

———. *Respuesta de la poetisa a la muy ilustre Sor Filotea de la Cruz*, www.ensayistas.org/antologia/XVII/sorjuana/sorjuana1.htm, acceso 25 feb. 2019.

Díaz del Castillo, Bernal. *Historia verdadera de la conquista de la Nueva España*. Biblioteca Virtual, www.biblioteca.org.ar/libros/11374.pdf, acceso 28 sep. 2018.

———. *Historia verdadera de la conquista de la Nueva España*. Introducción y notas por Joaquín Ramírez Cabañas. Editado por Joaquín Rodríguez Cabañas. Vol. 1, Pedro Robredo, 1939.

Esquivel, Laura. *Como agua para chocolate*. Anchor Books, 1989.

Friesen, Katy June. "Where Did the Taco Come from?". *Smithsonian Magazine*, 3 may. 2012, www.smithsonianmag.com/arts-culture/where-did-the-taco-come-from-81228162/.

Friis, Ronald J. "'The Fury and the Mire of Human Veins': Frida Kahlo and Rosario Castellanos". *Hispania*, vol. 87, no. 1, 2004, pp. 53–61.

Gabriel, Ana. "Como agua para chocolate", www.youtube.com/watch?v=RLhFPaiUddE, acceso 23 sep. 2018.

"Guía para beber (correctamente) el tequila", www.mediomilon.com/consejos/beber-correctamente-tequila, acceso 28 sep. 2018.

Holtz, Déborah, y Juan Carlos Mena. *Tacopedia*. Phaidon, 2015.

Juárez López, José Luis. *La lenta emergencia de la comida mexicana: Ambigüedades criollas, 1750–1800*. Porrúa, 2000.

Reyes, Alfonso. *Memorias de cocina y bodega: Obras completas*. Vol. 25, Fondo de Cultura Económica, 1991.

Rivera Marín, Guadalupe. *La cocina de Diego y Frida: El sabor de un mundo*, www.youtube.com/watch?v=QwW0HTZk9CA, acceso 26 sep. 2018.

———. *Las fiestas de Frida y Diego: Recuerdo y recetas*. Clarkson Potter, 1994.

Rivera Marín, Guadalupe, and Marie-Pierre Colle. *Frida's Fiesta: Recipes and Reminiscences of Life with Frida Kahlo*. Clarkson Potter, 1994.

Talavera, Juan Carlos. "Sor Juana Inés de la Cruz no sale del Claustro". *Excelsior*, 27 nov. 2018, www.excelsior.com.mx/expresiones/sor-juana-ines-de-la-cruz-no-sale-del-claustro/1280945.

"El 'tzompantli', la bestial ofrenda azteca a los dioses que derribaron los conquistadores españoles". *ABC Historia*, 26 sep. 2018, www.abc.es/historia/abci-tzompantli-bestial-ofrenda-azteca-dioses-derribaron-conquistadores-espanoles-201809240905_noticia.html.

4

GUSTOS DE LA REVOLUCIÓN

Recetas de América Central

Aperitivo | El refranero

Ni chicha ni limoná.
El que de la pera habla, comérsela quiere.

Traduce literalmente al inglés los dos refranes anteriores. ¿Tienen algún equivalente en inglés?

Las frutas son un ingrediente habitual en el refranero de América Hispánica. Busca al menos otros tres refranes donde esté incluida alguna fruta.

El 3 de mayo en Costa Rica, El Salvador, Guatemala, Honduras, Nicaragua y Panamá celebran el Día de las Frutas. Centroamérica es uno de los grandes exportadores de frutas del mundo: las piñas y los plátanos centroamericanos se consumen en todo el planeta. Sin embargo, también tienen frutas no tan conocidas. La lista siguiente incluye frutas poco conocidas que se cultivan en Centroamérica y que, aun en los diferentes países centroamericanos, pueden recibir nombres distintos y mostrar ortografía variable. Busca en Internet estas frutas e informa a tus compañeros de clase en qué países se consumen y sus características principales.

Anón:
Caimito:
Granadilla:
Grosella:
Guanábana:
Guayaba:
Jobo:
Mamey:
Maracuyá:
Nance:
Níspero:
Pitahaya:
Rambután:
Sansapote:
Tamarindo:

IMAGEN 4.1 Plátanos, sus colores, algunas de sus variedades y también otras frutas.

Source: © Cortesía de Aleksko y de Dreamstime.com.

Una fruta muy amarga: Las repúblicas bananeras

Las frutas no siempre han traído alegría a los países centroamericanos. Los bananos de Centroamérica —y muchos elementos más, por supuesto— constituyeron la fuente de inspiración del escritor estadounidense O. Henry (1862–1910). Henry, cuyo nombre legal es William Sydney Porter, creó la expresión "república bananera" —un término incluido en su cuento "The Admiral" (1904)—, la cual incluso devino un concepto usado por científicos de la política y alcanzaría seis décadas después una dramatización sangrienta en la pluma de dos obras de dos grandes escritores colombianos: *La casa grande* (1962), de Álvaro Cepeda Samudio (1926–72), y *Cien años de soledad* (1967), de Gabriel García Márquez (1927–2014). La cita textual tomada de "The Admiral" reza así: "At that time we had a treaty with about every foreign country except Belgium and that banana republic, Anchuria" (217).

En relación con el cuento de O. Henry, T. W. escribió estas líneas para *The Economist* (la traducción al castellano es nuestra):

> El término "república bananera" fue acuñada en 1904, en un libro de ficción de O. Henry, escritor estadounidense. Henry, cuyo verdadero nombre era William Sidney Porter, huía por ese entonces de las autoridades de Texas, las cuales lo acusaban de malversación de fondos públicos. Primero, Henry huyó a *New Orleans*, y, después a Honduras, donde tomó hospedaje en un hotel barato. Allí escribiría *Cabbages and Kings* [Coles y reyes], una colección de cuentos. Uno de esos cuentos lleva por título "The Admiral" y el escenario ficcional tiene que ver con Anchuria, una "pequeña y marítima

república bananera" [small, maritime banana republic]. Es claro que es Honduras la húmedamente vaporosa y disfuncional república de Latinoamérica descrita por Henry, su escondite selvático. Finalmente, Henry regresó a los Estados Unidos, donde pasó tiempo en prisión antes de publicar su libro de cuentos para, luego, entregarse al licor, lo cual le ocasionó una muerte temprana.

Por su parte, en ciencias políticas, una "república bananera" sería definida como una nación de gobierno civil o militar débil y corrupto, controlada por fuerzas económicas extranjeras que aprovechan la dependencia económica de esa nación usualmente hacia un monocultivo. Esas fuerzas económicas controlan a su amaño los tres poderes del Estado, así como al ejército, a la policía y el sistema electoral. A cambio de infraestructura básica, la república "bananera", donde termina instalándose el servilismo forzado de todo un pueblo, se convierte en un país títere de las fuerzas exógenas —privadas, como la United Fruit Company, e imperiales, como el gobierno de los Estados Unidos en sus prácticas internacionales para América Latina. Modernidad e ilegalidad, al mismo tiempo, instaló la United Fruit Company en los países donde tuvo asiento. La compañía también recibió el nombre de La Frutera, y estos dos más, nada elogiosos: El Pulpo y Mamá Yunai. En su libro *Bananas: How the United Fruit Company Shaped the World* (2007), Peter Chapman, periodista económico nacido en Gran Bretaña, muestra que la United Fruit Company colaboró indirectamente a la modernización de los países donde tuvo intereses por medio de la construcción de vías férreas, rutas para autos y puertos— si bien esa infraestructura favorecía fundamentalmente más los intereses exportadores de la misma compañía que los intereses y necesidades de países como Honduras, Colombia o Guatemala.

Importa mucho, asimismo, tomar conciencia de que el concepto de "república bananera", nacido en tierras de América Central, muestra, al menos, tres usos comprensivos. Esta es una impresionante ilustración sobre cómo el adjetivo de un producto alimenticio se transmuta en una compleja metáfora del pensamiento en relación con América Latina. Vaya esta síntesis clara y precisa del sociólogo argentino y catedrático costarricense Héctor Pérez-Brignoli:

> [primero,] en los Estados Unidos y Europa nos han visto y nos siguen viendo a través de la noción de *banana republic*; aunque en principio este es un lente pensado para las pequeñas repúblicas centroamericanas, en el límite, toda América Latina cae también dentro de esa representación. La segunda, es que los centroamericanos e incluso los intelectuales latinoamericanos, también perciben sus propios países como *banana republics*. Y en el límite, también aparece con frecuencia un ejercicio típico de demarcación: nosotros no somos una *banana republic*, hay otros, en cambio, que sí lo son.
>
> *(128)*

Si bien O. Henry habría pensado en Honduras al inventar el término de "banana republic", el término está vinculado también con otros países de Centro América —por ejemplo, Guatemala y Costa Rica—, con la costa norte de Colombia, con Ecuador y con islas caribeñas. En dichos países, sus gobiernos corruptos tejieron relaciones abominables con quien, de hecho, controlaba las economías nacionales y la vida política: la United Fruit Company —hoy bajo el nombre de Chiquita Brands International.

Del artículo titulado "Big Fruit", una reseña de Daniel Kurtz-Phelan sobre el libro de Chapman, es apropiado citar estas palabras —algunas de ellas tomadas textualmente de ese libro (la traducción al castellano es nuestra).

> Según lo explicaba en alguna ocasión uno de los ejecutivos de la United Fruit Company, "Guatemala fue escogida como el lugar para los primeros inicios en los desarrollos de la compañía, porque por ese entonces, cuando estábamos ingresando a Guatemala, el gobierno de ese país era el más débil, el más corrupto y el más maleable de la región". Cuando en la década de los 1950 Jacobo Arbenz, un presidente democrático y de izquierda, trató de hacer retroceder el dominio de la compañía —por medio, entre otros métodos, de la redistribución de las tierras de la compañía que gozaban de períodos de barbecho o no eran cultivadas—, los ejecutivos de la United Fruit Company vieron esto como una suerte de afrenta y emprendieron la tarea de presionar al gobierno de los Estados Unidos con el fin de maquinar un golpe de Estado. Para fortuna de esos ejecutivos, virtualmente cada uno de los oficiales de alto rango involucrados en la conspiración del golpe tenía o bien una conexión familiar o una relación comercial con la misma United Fruit Company.

Visiona, tomando notas, uno de estos dos videos. Ambos son documentales sobre la United Fruit Company y su presencia en países de América Latina.

La maldición del plátano (2018), de Playground www.youtube.com/watch?v=mrbWDROY v7E [0:05:33]

Banana Land Blood, Bullets and Poison (2014), de Jason Glaser vimeo.com/129550053 [1:11:24]

Y sigamos con temas políticos de gran relevancia. Ahora la clase se dividirá en cuatro grupos y trabajarán en una presentación de uno de estos personajes políticos de gran influencia en Centroamérica: Óscar Arias Sánchez, Rigoberta Menchú, Monseñor Óscar Romero y Augusto César Sandino. En la presentación para la clase incluirán texto, imágenes, mapas, videos, así como una actividad en la que participen todos/as los/as estudiantes.

Guatemala en el cine: El silencio de Neto

La fecha diegética de *El silencio de Neto* (1994), del director guatemalteco Luis Argueta, es la Guatemala de 1954. El filme retrata pocos días en la historia del niño Neto, de su familia, de su tío Ernesto y de sus amigos durante la época de la intervención estadounidense en el país. El filme presenta en paralelo dos historias, una personal y otra social: la de la niñez en proceso de Neto —hacia su despertar de adolescente—, junto con la del pueblo guatemalteco en proceso también— desde un despertar del gobierno democrático del presidente Jacobo Árbenz hasta el deterioro de ese gobierno. En el filme hay claras referencias a cómo Estados Unidos interviene en la vida de Guatemala, al punto de orquestar un golpe de Estado apoyado por la CIA, en contra del presidente democráticamente electo Jacobo Árbenz (1913–71). Puedes encontrar el filme de Argueta en plataformas audiovisuales de *streaming* como Kanopy.

Después de ver el filme *El silencio de Neto*, los estudiantes situarán en el contexto las siguientes oraciones tomadas textualmente de *El silencio del Neto*. Tomamos las oraciones de *Más allá de la pantalla: El mundo hispano más allá de la pantalla* (2006), de Fabiana Sacchi, Silvia Pessoa y Luis Martín-Cabrera (25).

1   "En este país todos somos indios".
2   "Como hacía mucho calor en Marruecos, pues vine a refrescarme en la guerra fría".
3   "¡Ay, gracias a Dios! Escucho mis ruegos y ahora sí nos van a mandar a los americanos para liberarnos de los comunistas".
4   "Y pensar que todo esto se debe a que se quieren llevar un racimo de bananos".
5   "Por lo menos nos va a quedar la satisfacción de ser el primer paisito en Latinoamérica que le dijo que 'no' a los gringos".

Guatemala en el arte: Victoria gloriosa

Los artistas mexicanos Rina Lazo (1923–) y Diego Rivera (1886–1957) son los creadores del mural titulado *Gloriosa victoria*. La obra fue presentada al público el mismo año de la fecha diegética del filme *El silencio de Neto*: en 1954. El golpe de Estado contra Arbenz también tiene lugar ese mismo año.

Y ahora un poco de interpretación y de historia relacionadas con el mural. Cuando encuentres en Internet una reproducción del mural, verás que la obra sintetiza y denuncia las miserias de Guatemala en una época central en la historia del país. En primer término, el título de la obra pide atención. Hay ahí sarcasmo y paradoja: si bien Guatemala ha sido pisoteada por una potencia extranjera, la victoria de esa potencia extranjera que usurpa lleva la marca —el adjetivo— de ser *gloriosa*, es decir, una "gloria" construida en la destrucción de vidas guatemaltecas (indígenas, negros, mestizos, blancos) y de la destrucción de una muy frágil democracia. Rivera insiste, igualmente, en la derrota del país centroamericano: el racimo de plátanos toma el protagonismo dentro de los elementos del mural. Los plátanos están, además, "sentados", al mismo nivel de importancia que individuos con nombre propio, mientras que el pueblo anónimo de Guatemala o está muerto, o está encarcelado, o está caído sobre el suelo de tierra, o está trabajando.

Sobre la historia propiamente dicha del mural, en su artículo de prensa titulado "Caótico destino de un mural", Francesc Relea consigna:

> Durante más de 40 años, el mural Gloriosa victoria, del pintor mexicano Diego Rivera, estuvo en paradero desconocido. En el año 2000 fue encontrado enrollado en las bodegas del Museo Pushkin de Moscú. El artista regaló esta obra de 1954 sobre un lienzo de 2x5 metros a la Unión de Pintores de la Unión Soviética durante sus años de militancia comunista. Dicha agrupación la donó a su vez al Museo Pushkin en 1958, donde fue expuesta en varias ocasiones hasta su desaparición.

¿Quiénes son los personajes identificables del mural y cuál fue su importancia histórica para la vida política de Guatemala a mediados de la década de 1950?

Hay otro libro central sobre el tema de la United Fruit Company: primero, el libro apareció en silencio y luego fue redescubierto debido a la atención que recibiera del poeta chileno Pablo Neruda (1904–73). Ese libro lleva por título *Mamita Yuani* (1940, 1955), la primera obra literaria del escritor costarricense Carlos Luis Fallas (1909–66). *Mamita Yunai* es una excelente lectura para estudiantes avanzados, quienes podrán relatar a toda la clase lo que han encontrado en este clásico de la literatura costarricense.

Entrada | El tamal: Un envoltorio americano

Sin duda, el tamal es una carta de identidad centroamericana e incluso, tal vez, hispanoameri-cana. A lo largo y a lo ancho de casi todo un continente, vienen y van tamales en sabores, colores, texturas y formas diferentes. Un denominador común del tamal consiste en el uso del maíz para la masa y en el hecho de que esa masa aparece envuelta por medio de una hoja natural. Sean dulces, sean salados, los rellenos para el tamal podrían ser indefinidos en número.

El nombre es de origen náhuatl y "*tamalli*" significa envuelto. En el *Diccionario de la lengua náhuatl o mexicana* de Rémi Siméon se define "tamal" como "pan o pastel de maíz, cuya pasta se cuece envuelta en las hojas de la mazorca [tamal]. Se hacen de varias clases" (776). En sus apostillas y notas al libro de María Antonia Garcés Arellano, Eugenio Barney Cabrera afirma que el tamal es de origen mesoamericano y que su difusión por el continente la llevaron a cabo los españoles durante la Conquista (199). Hay cronistas de Indias que dejaron constancia escrita de la existencia del tamal. Por ejemplo: Bernal Díaz del Castillo (1492–1584) en su *Historia verdadera de la conquista de la Nueva España* (1576) lo definía como una "especie de empanada de masa de harina de maíz, envuelta en hojas de esta planta, y con relleno de otros alimentos" (728).

Hay hipótesis de que, en Perú, habrían sido esclavos del África los introductores del tamal en esa región. Barney Cabrera, además, asegura que el tamal de las regiones andinas o del sur del continente difiere del tamal prehispánico de Mesoamérica y que esas diferencias propias tendrían que ver con ecos culinarios de culturas africanas (182). La cocción al vapor o en agua hirviente como métodos para preparar el tamal y la hoja de plátano para el envoltorio serían una aportación negra a este platillo —aunque, para ser justo con la historia de los alimentos, el plátano como tal habría tenido su origen en el sureste de Asia.

Chefs de reconocido prestigio y estudiantes de gastronomía por el mundo entero expresan su interés en las posibilidades innúmeras que un platillo como el tamal puede ofrecer a comen-sales y a cocineros. Así, y como pasa mucho más que a menudo, una práctica culinaria popular toma carta de nacionalidad en la culinaria *gourmet*. En enero y febrero de 2019, en el Museo de las Culturas Populares de Coyoacán, México, visitantes de la Feria del Tamal tuvieron la fortuna de estar expuestos a los sabores de más de cien tipos diferentes de tamales —según informa Fernanda Castro para el exclusivo magazín *online Food and Wine*.

Los tamales en el Mural de San Bartolo

El azar o el destino le depararían a William Andrew Saturno un hallazgo extraordinario e inusitado. Saturno, arqueólogo, erudito del mundo maya y profesor en Boston University, recuerda haber buscado protección del sol en una zanja abierta, en medio de la selva de Guatemala. Corría el año 2001, cuando el sol abrasante y un lugar temporal de protección conducirían a Saturno al descubrimiento de vestigios asombrosos: restos de una pirámide con salas subterráneas, que se remontaban al período maya preclásico (desde circa 1000 a. C. hasta el 250 d. C.).

San Bartolo es el nombre como es conocido este sitio de gran importancia arqueológica. Y allí también fueron encontrados fragmentos de un esqueleto humano con pectoral, acom-pañado de vasijas a modo de ofrendas. Se puede tratar del cuerpo de un rey y dos de las vasijas mostraban rasgos reconocibles: un sapo y, muy seguramente, la figura de Chac Mool, el dios de la lluvia.

IMAGEN 4.2 Tamales de maíz y, como acompañamiento, gallo pinto. Mazorcas y tomates al fondo.

Source: © Cortesía de Larisa Blinova y de Dreamstime.com.

Ahora bien: nos interesa aquí resaltar una obra pictórica muy significativa para nuestro libro. En la base de la pirámide impresiona al visitante la existencia de un muy colorido y gran mural, de cuatro metros de largo, del cual verás abajo una reproducción en dibujo. El mural es, técnicamente, un glifo —del griego γλύφειν, que significa esculpir o tallar y que, por extensión, significa en el caso del mundo maya, lo que fue escrito o pintado por individuos de esa gran civilización.

Nos interesa el Mural de San Bartolo por la representación de una ofrenda muy particular: los tamales. Fíjate en el cuenco que lleva entre sus manos la mujer de la Figura 3. Los arqueólogos Saturno y Karl A. Taube describen e hipotetizan sobre el fragmento del mural que nos importa más aquí:

> las figuras que están sobre la serpiente emplumada sacan maíz y agua de la Montaña Florida. Dentro de la cueva de la montaña, arrodillada directamente sobre la gigantesca serpiente se ve a una mujer ofreciendo una canasta con tamales, uno de los ejemplos más tempranos que se conocen en el arte maya. Un hombre, exactamente enfrente de ella, le da un bule o calabaza al Dios del Maíz. Es probable que este Dios, a su vez, se prepare para pasar las ofrendas a sus ayudantes, arrodillados a la derecha del mural y que le presentan los brazos extendidos. En la escena, la Montaña Florida parece representar una fuente de vida, agua y sustento.

La referencia al Dios del Maíz en el mural de San Bartolo nos impone traer a cuento un tema fundamental. El maíz, a diferencia del trigo, sí sería originario de América. Esto es, antes de 1492, Europa no conocía el maíz. Su valor cultural y no únicamente alimenticio está testimoniado, por ejemplo, en el libro sagrado de la comunidad maya-quiché: el *Popol-Vuh*. Este libro, donde la cosmología y la cosmogonía de los mayas-quiché están consignadas, usa la metáfora del maíz para referir lo que para otras tradiciones culturales y lingüísticas sería el *Paraíso* (judeocristianismo: *Génesis*, milenio I o milenio II antes de Cristo) o la *Edad de Oro* (Grecia: Hesíodo, *Los trabajos y los días*, mediados del siglo VIII antes de Cristo). Para denominar esa época ya tristemente perdida del pasado, cuando la humanidad vivía en felicidad, en virtud, sin dolores físicos, sin sufrimientos éticos, políticos, económicos, y la Naturaleza era siempre benigna con la humanidad, los mayas-quiché usaron este concepto complejo: los *Hombres de Maíz*. La etimología afirma que "maíz" proviene del taíno *mahís*. El taíno era la lengua de pueblos indígenas de las Antillas mayores y menores en el mar Caribe, y está vinculada a la lengua arawak —del norte de América del Sur.

De este libro maya, equivalente a un *Génesis* para el judeocristianismo, busca en Internet líneas tomadas del capítulo primero de la tercera parte del *Popol Vuh* —idealmente en una versión en castellano publicada en 1947. La generosidad de los alimentos tan precisamente detallados de la tierra en estos pasajes contrasta con cierta reserva gastronómica del autor bíblico en el *Génesis*. Para tus palabras de búsqueda utiliza "Progenitores", "Creadores", "Formadores", "Tepeu", "Gucumatz", "mazorcas amarillas", "mazorcas blancas" y "primera madre y padre".

Localiza en un mapa el Mural de San Bartolo y, con la ayuda del Internet, con dos de tus compañeros busca lugares arqueológicos en Guatemala donde se hallan vestigios mayas importantes. Cada grupo presentará a la clase uno de estos lugares. Incluyan explicación, mapas, videos, imágenes y actividades para toda la clase.

Los narcocorridos | *Murió por un tamal*

Circula este refrán sobre la naturaleza omnipresente del tamal en la vida mexicana: "Para todo mal un tamal, para todo bien, también". Y, ahora, con el tono existencial que establece el refrán, seguimos con lo bueno y con lo malo de los tamales. En la canción titulada "El tamal", de Los Tigres del Norte —uno de los grupos más famosos de música norteña, es decir, del norte de México—, un tamal lleva a la muerte al comandante de los agentes de la judicial.

Escucha la canción "El tamal" de Los Tigres del Norte en YouTube y procede a completar las palabras que faltan en la letra:

La _____ en la cintura, y en las botas un _____.
Lo rodearon en la calle, siete de la judicial.
Le pidieron la _____, él no se las (*sic*) quiso dar.

Como le pusieron dedo, le rodearon bien la troca.
El comandante gritaba, sabemos que cargas _____,
el caso no lo hagas grande, ve quitándote la bota.

Juan Manuel le contestó, de traerla no me rajo.
Yo sé que también le gusta, con gusto yo la _____,
pero si la quieres toda, con sus _____ yo me mato.

Con la pistola en la mano, y el dedo en el _____,
notaron en su mirada, que era un hombre decidido,
porque lo tenían _____, pero se veía tranquilo.

No hago trato con mañosos, y entrégame el _____.
No te pongas resistente, la vas a pasar muy mal.
Antes de que continuara, un _____ le dio Juan.
Los agentes dispararon, pero no con _____.
A Juan no lo detuvieron, se les escapó ese día.
El comandante está muerto, por un _____ que quería.

En la música folklórica se encuentran con frecuencia palabras o frases que no aparecen en el diccionario y que se utilizan en el habla popular. En esta canción hay palabras y frases coloquiales. ¿Cuáles son y qué significan?

Escuchen al menos un corrido y un narcocorrido, pero que no sea "El tamal". En relación con ese género musical, algunos temas para debatir en clase pueden ser el machismo, o las similitudes y las diferencias entre el corrido y el rap.

Menú | Doña Tamalería

En la *Historia general de las cosas de Nueva España* (1569), Bernardino de Sahagún (1500–1590) le dedica un capítulo a la comida de los aztecas titulado "De las comidas que usaban los señores". Sahagún no se olvida en este capítulo de mencionar los tamales. Destaca de la descripción de los tamales su gran variedad en formas y en ingredientes:

Comían también tamales de muchas maneras, unos de ellos son blancos y a manera de pella, hechos no del todo redondos, ni bien cuadrados, tienen en lo alto un caracol, que le pintan los frijoles, con que está mezclado. Otros tamales comían que son muy blancos y delicados, como digamos, pan de bamba o a la guillena; otra manera de tamales comían blancos, pero no tan delicados como los de arriba, algo más duros; otros tamales comían que son colorados, y tienen su caracol encima, hácense colorados porque después de hecha la masa la tienen dos días al sol o al fuego, y la revuelven, y así se pone colorada. Otros tamales comían simples u ordinarios, que no son muy blancos sino medianos, y tienen en lo alto un caracol como los de arriba dichos; otros tamales comían que no eran mezclados con cosa ninguna . . . . Comían también unas ciertas maneras de tamales hechos de los penachos del maíz, revueltos con unas semillas de bledos, y con meollos de cerezas molidos.

(82–84)

Sahagún describe los diferentes tamales con el lenguaje del siglo XVI. Busca en el diccionario todas las palabras que no entiendas y tradúcelas a castellano estándar contemporáneo. Después, intenta describir esos mismos tamales en lenguaje actual.

Ayko Pruneda asegura que habría aproximadamente quinientos tipos de tamales solo en México. En "10 tipos de tamales mexicanos que tienes que saborear", del sitio web Cocina Delirante, Pruneda incluye los tamales oaxaqueños, el rey de los tamales bautizado el *zacahuil*, los triangulares o corundas —que pueden mostrar hasta siete puntas—, el tamal que se come el Día de los Muertos llamado *muchipollo*, tamales de dulce y otros tamales más de este variado universo "tamalero".

Es tu turno ahora: te toca a ti crear tus propios tamales. Puedes ser creativo/a e inventar tus propios tamales o puedes buscar algunos de esos cientos de tamales de los que habla Pruneda. Crea un menú para tu restaurante o tu tamalería. Ponle nombre a tu tamalería y, también, establece, justificándolos, precios e ingredientes para cada tamal.

A la carta | El casado costarricense

Llegamos ahora a un platillo de verdadera contundencia, en el sentido figurado y también en el sentido literal. Es muy probable que, en Costa Rica, el casado sea votado como el plato más representativo y más popular de la cocina costarricense.

Consumido a la hora del almuerzo, el casado combina, al mismo tiempo, contundencia —es una comida pesada— y sencillez. Por esta razón, esto es, por su riqueza en calorías, no es aconsejable que comas un casado en la noche. En todo caso, hay muchos de los ingredientes que, separadamente, consumen una buena mayoría de los costarricenses en su menú semanal. Junto con arroz blanco sudado y frijoles negros, hay cocineros que agregan tajadas de plátanos fritos maduros y dulces, pedacitos de tocino, verduras —como un sofrito de cebolla blanca, ajos, apio, pimentón dulce, todo muy bien picado—, un huevo frito, ensalada de repollo, una tortilla y . . . Y todavía no hemos terminado: lo anterior acompaña, o *está casado*, con el plato principal.

Hay varias opciones para el platillo fuerte o principal — si bien lo que hemos enumerado atrás para muchos comensales ya puede entenderse como un plato principal. Un filete de cerdo, de pollo o de pescado, para un plato principal alegre para quienes comen carnes; o, para los vegetarianos o parcialmente vegetarianos, el plato fuerte junto al casado puede incluir berenjenas, aguacate y un producto lácteo: el queso blanco fresco.

IMAGEN 4.3   Menú para tus tamales, en una hoja ornamentada en blanco.

Source: © Cortesía de Igor Korets y de Dreamstime.com.

¿Por qué este plato costarricense se llama "casado"?

De nuevo: las razones del bautismo de un plato y la verdadera historia de ese plato son conjeturas —algunas plausibles y verosímiles; otras descabelladas y demasiado imaginativas. Para el casado, circulan varias historias: la primera pone atención en los frijoles y el arroz ya que siempre pertenecerían al platillo y, por esta razón, ambos ingredientes estarían "casados"; la segunda, remite a grupos de obreros que, en los restaurantes, ordenaban un plato fuerte y rico en calorías y que los llevara a sentirse como hombres "casados" atendidos por su "amorosa" esposa; y la tercera historia, que es también una historia sin fundamento en registros ni sonoros, ni escritos, te la presentamos aquí abajo:

El casado es sinónimo de marido, de esposo, de consorte o del cónyuge de sexo masculino. Circula en Costa Rica que, en tiempos de un pasado no fechable, en la primera comida de una pareja de recién casados la nueva esposa le cocinaría a su nuevo esposo un platillo en honor de este —y por "sumisión", diríamos hoy, porque no habría un acto recíproco de la parte del marido. En ese plato, más adelante llamado *El casado*, la esposa incluiría ingredientes y preparación de todo, absolutamente de todo lo que ella había aprendido a cocinar en su propia casa. A partir de ese plato, el esposo se daría cuenta no solo de las destrezas de su nueva consorte. La recién casada también sabría de las comidas que a su esposo no le gustan y que él preferiría no comer durante los años de matrimonio. En Costa Rica, la variedad de los ingredientes lleva a pensar en ese imposible "absolutamente todo". En todo caso, en el casado costarricense estaría representados, en pequeñas cantidades, un gran número de los platillos que comen con gran placer los habitantes de Costa Rica y sería, asimismo, un platillo muy práctico: combina lo que está ya cocinado a tu disposición y puedes agregar ingredientes frescos del mismo día.

Si tuvieras que hacer un "casado" o un plato que incluyera varios ingredientes típicos de tu país o de la zona donde vives, ¿qué le pondrías a este plato? ¿Cómo llamarías a tu original "casado"?

¿Dónde podrías comer casado?

En las *sodas*, el visitante de Costa Rica puede encontrar ricos casados muy apreciados por los "ticos" o "ticas" (término familiar y afectuoso para los costarricenses). Si bien los casados pueden estar incluidos en restaurantes lujosos y caros, las sodas de Costa Rica tienen ya fama por ofrecer sabrosos casados. Imagina que la soda es una cafetería amistosa, a modo de restaurante grande o pequeño, de ambiente relajado y precios asequibles. En la soda podrás encontrar un menú variado, pero para el visitante, es allí el lugar más apropiado para degustar un buen casado.

Junto con el casado, estos restaurantes cocinan para el público arroz, fríjoles, alguna ensalada simple y básica — lechuga o repollo, tomates rojos, zanahoria rayada y cebolla blanca en julianas—, alguna carne asada de pollo, de cerdo o de res, arroz con pollo, y posiblemente tortillas de maíz. Ahora bien: en las sodas también podrás tener la oportunidad de beber batidos de frutas tropicales, preparados con frutas frescas a los que se agregan o bien agua, o bien leche. Para el calor, una buena cerveza bien fría es ideal. O, si el viajero quiere algo un poco impactante, puede pedir un maridaje muy tico: chicharrón (carne de cerdo) con guaro (aguardiente o licor blanco de caña de azúcar).

La información que acabas de leer fue suministrada por una aerolínea española, con el ánimo de orientar a los pasajeros y al personal de vuelo que visitan Costa Rica. En el informativo artículo "'Sodas' para presupuestos ajustados: Nuestro menú del día", la aerolínea española Iberia

IMAGEN 4.4   Casado costarricense: arroz, frijoles negros, plátano maduro frito, sofrito de verduras, limón y cerdo también frito.

Source: © Cortesía de Eq Roy y de Dreamstime.com.

se atreve a recomendar una soda de Costa Rica, en San José, la capital. Para Iberia, "entre las 'sodas' más famosas de la capital figura La Embajada, situada entre la calle 1 y la avenida 1".

Ahora ya sabes que la palabra "soda" no solo nombra bebidas gaseosas como la Coca-Cola, sino además es un restaurante en Costa Rica. Taquería, para México, y soda son nombres de restaurantes típicos en Latinoamérica. Incluyendo su descripción corta, haz una lista con los nombres de otros cinco restaurantes típicos de Latinoamérica.

Otro plato nacional: Más tico que el gallo pinto

En la novela que ya te mencionamos al inicio de este capítulo, Carlos Luis Fallas (1909–1966) habría hablado por primera vez del "gallo pinto" en su novela de denuncia histórica *Mamita Yunai* (1941). No solo campesinos blancos serían los comensales del gallo pinto en el primer cuarto del siglo XX en Costa Rica. Para la United Fruit Company existió una comunidad humana forzada a trabajos muy duros y a menudo infrahumanos. Esa comunidad, tejida por "identidades raciales [como] las del cholo o mestizo, el chiricano, el gringo, el italiano, el español, el chino y, particularmente, el nicaragüense" (Robert Jiménez 18), construía vías férreas. En los desayunos de los "linieros" o trabajadores de Era común el gallo pinto como parte del desayuno de los trabajadores que acampaban En La Línea, esto es, la faja de tierra de la costa atlántica costarricense dedica a la producción de banano. Es pertinente aquí transcribir un par de líneas de Fallas. "Y en medio de bromas y de risas", él escribe "iba desapareciendo la famosa burra: un plato de avena que era la extra que acostumbraba el cabo, el montón de arroz y de frijoles revueltos y tostados que llamábamos gallo pinto y los bananos sancochados. Luego un jarro de café negro y sin dulce, ¡y al viaje!" (111).

En 2013, Isabel Olmos, del diario de Miami *El Nuevo Herald*, entrevistó al entonces Director Ejecutivo de la Oficina de Convenciones de Costa Rica, Pablo Solano. En el artículo de Olmos que lleva por título "Gallo pinto, un orgullo tico", Solano reporta:

> Una de las teorías más populares sobre el origen nace en la ciudad de Puriscal, a 25 kilómetros de la capital, donde obedecía a su apariencia, a que la mezcla del arroz con los frijoles, especialmente cuando estos son rojos, adquiere una apariencia salpicada multicolorida, dando la impresión del plumaje de un gallo pintado . . . Compuesto principalmente por dos ingredientes: arroz y frijoles, previamente cocinados por separado, es el plato principal y obligatorio para todo desayuno del costarricense junto a una taza de café, pan o tortillas . . .

Hay variantes del gallo pinto, según regiones. En Nicaragua, predomina el frijol negro; en la provincia costarricense de Limón, la Salsa Lizano —una salsa suave de color marrón claro, que lleva a pensar en la HP Sauce y en la Worcestershire Sauce— es reemplazada por leche de coco y chile picante de Panamá; o el aceite de coco es sustituido por la manteca de chancho; y, continúa Solano, "en la región del Caribe costarricense se hace con algunas variantes. Se prepara con aceite de coco o coco rallado, a este plato se le llama Rice & Beans, y se cocina de manera diferente pues la cocción del arroz, los frijoles y el coco es simultánea".

Y si, cuando visites Costa Rica, vas a una soda y pides una Cerveza Imperial, comunicas tu alegría por algo con la expresión "¡Pura vida!" y comes regularmente gallo pinto, verás cómo los ticos se darán cuenta de que tú ya conoces tres elementos centrales de su país y de su cultura.

¿Cómo se llama el gallo pinto en los siguientes países? Noten que algunos de los países no son de Centroamérica ni del Caribe y en algunos no se habla español.

Brasil:
Chile:
Colombia:
Corea:
Cuba:
Estados Unidos:
Ghana:
Guatemala:
Honduras:
India:
México:
Panamá:
Perú:
Puerto Rico:
República Dominicana:
El Salvador:
Venezuela:

Los frijoles también tienen diferentes nombres en Latinoamérica y en España. Busca cómo se le conoce el frijol en los países listados a continuación:

Argentina:
Chile:
Ecuador:
España:
Panamá:
Paraguay:
Perú:
República Dominicana:
Uruguay:
Venezuela:

¿Cuál es la diferencia entre legumbres, vegetales, raíces, tubérculos, frutas, semillas, hortalizas y nueces? Incluye ejemplos en tus definiciones.

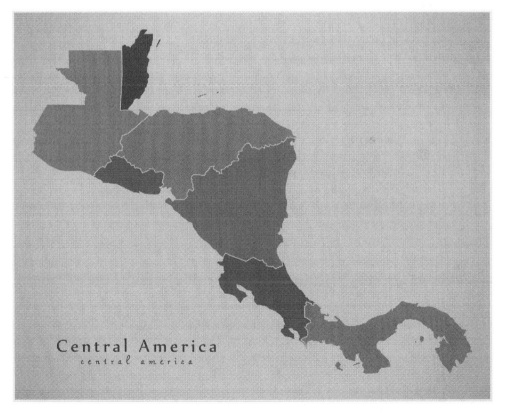

IMAGEN 4.5 Mapa de América Central con las divisiones políticas entre los países que la conforman.

Source: © Cortesía de Ingo Menhard y de Dreamstime.com.

Los platos nacionales: El casado, el gallo pinto y muchos más

Mientras el casado y el gallo pinto son platos típicos de Costa Rica, hay muchos otros platos nacionales en los países de Centroamérica. Para cada país centroamericano identifica una comida típica y escríbela en el mapa.

Consejos de la abuela Leonor | Tamales ricos y esponjosos

En compañía del chef Juan Mondragón, mexicano y figura mediática en Telemundo y en Univisión, la abuela Leonor nos recomienda ahora algunas buenas técnicas para que tengas éxito en la elaboración de tamales. Estos son los consejos de ambos chefs:

Las hojas de maíz o de plátano: Podrás usar hojas de maíz u hojas de plátano o de banano. Debes identificar bien la cara de la hoja donde irá la masa de los tamales. Si pasas tus dedos y la palma de tu mano sobre las hojas, verás que una de las caras es más suave; la otra, con asperezas y más rugosidades. Pondrás la masa sobre la cara más suave, porque, anota el chef Mondragón, "cuando los tamales estén listos, se deslicen [fácilmente] de la hoja". La abuela del chef Mondragón "le enseñó que remojar las hojas la noche antes con una pizca de sal ayuda a suavizarlas y les da un rico sabor a los tamales". Por su parte, la abuela Leonor recomienda dos opciones a la hora de conseguir las hojas para los tamales: en primer lugar, y si es fácil para ti, visita un mercado popular. Allí encontrarás las hojas que necesitas. En caso de que sea difícil esta opción, recurre a Internet. Puedes comprar hojas para tamales en Amazon, por ejemplo. Busca bajo la categoría de *Corn Husks Hojas for Tamal Wrappers* o de *Fresh Banana Leaves.*

Tiempo de marinado: La abuela Leonor repetía: "Dale tiempo a tu comida. / No la comas en un día". El buen cocinero es paciente y, por esta razón, deja marinar la carne que uses —pescados, cerdo, res o pollo— durante varias horas antes de iniciar la cocción. *Marinar* es una técnica que consiste en remojar por un tiempo los alimentos sólidos en un recipiente hondo donde hay líquidos sazonados con especias o con cítricos. Así, marinar el día antes de la preparación completa de las carnes con las especias y con el chile y con las cebollas, por ejemplo, tendrá un efecto muy, muy sabroso en la carne que agregues a la masa del tamal. El chef Mondragón piensa lo mismo: "Solamente asegúrate de darle tiempo al chile una vez que esté preparado para que se marine con la carne o con los vegetales. Se recomienda que se mezclen durante unas horas, e incluso durante la noche".

El sabor para la masa: Si tú mismo/a haces la masa, o si la compras ya preparada, conviene que sabories con sal y especias, la masa varias horas antes de que inicies la cocción de los tamales. Esto también permitirá que la masa tenga reposo previamente a esa cocción. El chef Mondragón te "recomienda separar un poco del chile preparado y revolverlo con la masa para darle color". Juan Mondragón también recomienda evitar la manteca de cerdo en la masa, reemplazándola con algo de aceite. Tradicionalmente, la abuela Leonor usaba manteca de cerdo; Juan, a su turno, usa aceite de uva —según él, más sano, porque este aceite involucra menos calorías.

Usa la olla correcta: La olla vaporera para tus tamales —o, en inglés, *Tamale Steamer*— debe ser de un metal sólido y fuerte. No deberás usar una olla sin suficiente espacio abajo para el agua que se irá evaporando y, tampoco, deberás apilar un tamal sobre otro. El tamal que queda en la parte superior no se cocinará suficientemente. La abuela Leonor optaba por la paciencia y el éxito culinario, en lugar de la velocidad y el fracaso en la cocina. Así pues, tómate tu tiempo y repite la cocción al vapor de tus tamales, con la cantidad justa que recibirá la misma cantidad de vapor durante el mismo tiempo. Atención: si en tu cocina no dispones de una olla vaporera, puedes sumergir los tamales en agua, pero bajo la condición de que hayas envuelto cada tamal perfectamente —es decir, que no ingresará agua dentro del tamal.

Posición de los tamales: Los tamales que cocinaba la abuela Leonor iban puestos en círculos, en forma horizontal. Si bien nunca vimos que la abuela Leonor pusiera sobre sus tamales una toalla húmeda, además de la tapa de la olla, esta es un consejo del chef Mondragón. Estos serían los tamales según tradiciones de Guatemala y de El Salvador. El chef continúa: "Los tamales que están abiertos, como muchos estilos de tamales mexicanos, tienen que ponerse verticalmente para que no se abran".

¿Qué ingredientes tendrían tus tamales, si te animas a cocinarlos? En grupos decidan qué tipo de tamales y qué ingredientes les pondrán a sus tamales y, así, podrán hacer una tamalada o una tamaliza —para traer luego a clase, ¡por supuesto! ¡Feliz tamalada!

Las notas del filósofo | Criollismo literario

En el contexto de la colonización española de América se le llamaba *criollo/a* al hijo o a la hija de españoles que nacía en territorio de ultramar, y no en tierras peninsulares del reino de España. Primero habría sido una identidad de suelo, de lugar, de merecimientos a partir de una geografía; luego, el criollismo constituirá una corriente literaria. "Ya el criollismo significa algo bastante concreto", asegura el crítico chileno Ricardo Latcham, "expresa una clase social, una categoría específica en el escenario de las postrimerías del siglo XVIII. Pero más adelante el criollismo se transformará en escuela literaria. En una manera de enfocar la realidad americana" (11). Y, Latcham, cita también estas palabras del crítico cubano José Juan Arrom (1910–2007): "[Criollo] designa lo americano, pero de puro origen europeo. Criollo, en su sentido traslaticio, significa lo nacional, lo autóctono, lo propio y distintivo de cada uno de nuestros países" (11).

Hacia el primer tercio del siglo XX, la corriente literaria costumbrista en América Hispánica da a conocer obras de la mayor fuerza narrativa. Ese periodo histórico está situado, más o menos, a unos cien años de los gritos de independencia de buena parte de las colonias españolas en América. De este modo, sería posible sugerir que la literatura criollista reactivaría el rechazo por lo foráneo, a la par que defendería la atención a lo propio —territorial, económica, social, o más ampliamente, culturalmente. Hay en el criollismo, asimismo, denuncia social a los procedimientos homogeneizadores implementados por los jóvenes Estados-nación de la América hispanohablante; confianza en la función moralizadora de la escritura; y apuesta en favor de grupos o de individuos marginalizados y maltratados por los procesos modernizadores de estructuras políticas, de veloces máquinas en las ciudades y de grandes intereses económicos anónimos. Aquí ya no hay más seres humanos abstractos, sino personas en difíciles contextos de situación.

Los escritores criollistas insistían en el rescate de una idiosincrasia nacional o regional —fuera ella bien un simple anhelo o una inútil nostalgia. Es suficiente con recorrer algunas de las novelas insignias del criollismo para confirmar el carácter de reivindicación cultural que un lector europeo o un lector hispanoamericano podría descubrir en esas novelas. *La vorágine* (1924) del colombiano José Eustasio Rivera (1888–1928) construye una terrible radiografía de hombres y mujeres esclavizados en el trabajo de la extracción del caucho; *Don Segundo Sombra* (1926) del argentino Ricardo Güiraldes (1886–1927) retrata en tono de elegía el enfrentamiento entre los valores gauchos y los valores burgueses de ciudad; de Rómulo Gallegos (1884–1969), de Venezuela, es *Doña Bárbara* (1929), un alegato por la dignidad, tanto la de un pueblo martirizado por la dictadura, como la de una mujer cuya ferocidad echa raíces en violación sufrida a manos de desalmados piratas de río.

En resumen: el criollismo buscó la afirmación de lo hispanoamericano, pidiendo respeto de ello por parte de otros países y por parte de nacionales extranjerizantes; hay construcción en detalle de tipos humanos —sin caer en el estereotipo—, como lo son el gaucho, el llanero, el cauchero; para los espacios del drama novelesco, predominan lugares que dan la espalda a la modernización de las grandes urbes —el llano, la pampa, la selva; y la fue novela entendida como denuncia la que también sirvió para promover nacionalismos culturales en las jóvenes repúblicas de Hispanoamérica.

Para ilustrar el criollismo literario, te transcribimos este pasaje de *Doña Bárbara*:

La llanura es bella y terrible a la vez; en ella caben holgadamente, hermosa vida y muerte atroz. Esta acecha por todas partes, pero allí nadie le teme . . . . Horas más tarde, míster Danger la vio pasar, Lambedero abajo. La saludó a distancia, pero no obtuvo respuesta. Iba absorta, fija hacia delante la vista, al paso sosegado de su bestia, las bridas flojas entre las manos abandonadas sobre las piernas. Tierras áridas, quebradas por barrancas y surcadas de terroneras. Reses flacas, de miradas mustias, lamían aquí y allá, en una obsesión impresionante, los taludes y peladeros del triste paraje. Blanqueaban al sol las osamentas de las que ya habían sucumbido, víctimas de la tierra salitrosa que las enviciaba hasta hacerlas morir de hambre, olvidadas del pasto, y grandes bandadas de zamuros se cernían sobre la pestilencia de la carroña. Doña Bárbara se detuvo a contemplar la porfiada aberración del ganado y con pensamientos de sí misma materializados en sensación, sintió en la sequedad saburrosa de su lengua, ardida de fiebre y de sed, la aspereza y la amargura de aquella tierra que lamían las obstinadas lenguas bestiales. Así ella en su empeñoso afán de saborearle dulzuras a aquel amor que la consumía. Luego, haciendo un esfuerzo por librarse de la fascinación que aquellos sitios y aquel espectáculo ejercían sobre su espíritu, espoleó el caballo y prosiguió su errar sombrío.

(316–17)

Determina las características centrales del criollismo presentes en el fragmento anterior.

Plato principal | Las ricas pupusas de El Salvador

Resuenan lenguas prehispánicas en el que podría ser, por su popularidad, el plato-símbolo de El Salvador. Hecha generalmente con masa de harina de maíz —y en ciertas regiones también de arroz—, la pupusa es una tortilla equivalente a la arepa que se come en Venezuela o en Colombia. Las diferencias van en la forma y en los diferentes rellenos. Salvo la arepa de huevo [pronunciación coloquial: *arepa'e güevo*] y excepción hecha de la costumbre reciente de las arepas con queso, las arepas colombianas no se rellenan: En Colombia, los alimentos de combinación para la arepa van *sobre* la arepa. Los venezolanos preparan arepas gruesas y esto les permite abrir las arepas ya asadas y ponerles *dentro* los rellenos diversos. Las pupusas de El Salvador, por ejemplo, incluyen el relleno como el queso, los chicharrones macerados, y una pasta de los frijoles refritos *en la masa misma* de las pupusas, antes de que estas vayan a la plancha donde serán asadas.

Te comentábamos atrás que hay ecos de lenguas prehispánicas en la palabra "pupusa". En relación con las lenguas prehispánicas, no hemos logrado un dictamen definitivo sobre la etimología de la palabra "pupusa". En dicha palabra podría haber cruces o traslapes del náhuatl y del pipil, lenguas habladas en lo que conocemos como México, Guatemala, Honduras y Panamá. El pipil, en peligro de desaparición, todavía tiene hablantes en El Salvador. En todo caso, en "pupusa" estarían supuestas resonancias de *popotl*, que significa "hinchado" o "relleno" y, además, *tlaxkalli* que significa "tortilla". Por su parte, el Diccionario de la Real Academia Española se limita a establecer que "pupusa" tendría por origen la palabra náhuatl *pupushawa*, que significa "hinchado". Sin embargo, el investigador guatemalteco-salvadoreño Santiago Ignacio Barberena Fuentes (1851–1916), en su libro *Quicheísmos: Contribución al estudio del folklore americano* (1894), defiende una perspectiva etimológica diferente. De acuerdo con Barberena Fuentes,

> la palabra *popuza* se compone de dos voces pertenecientes al idioma quiché: *pop* y *utz*. La primera significa "petate, estera", y por eso al soberano, que gozaba del derecho de usar esteras de lujo, le llamaban *ahpop* los quichés, y, como verbo, significa "juntar, unir". *Utz significa "cosa buena, bien* hecha"; es la raíz de *utzil*: "bondad, hermosura". De modo que *popuza* significa "bien unidas", y, en efecto, uno de los principales requisitos para hacer una buena *popuza* es que quedan bien unidas las dos tapas, pues de lo contrario se saldría el relleno.
>
> *(Citado en "Teoría de la pupusa")*

Y no debe dejarse de lado la importancia socioeconómica de las pupusas en El Salvador. Desde abril de 2005, según el decreto N.° 655 de la Asamblea Legislativa de El Salvador, cada segundo domingo de noviembre fue declarado el Día Nacional de la Pupusa. Como parte de la justificación de dicho decreto, los legisladores consideraban la importancia de las pupusas en la dieta diaria de los salvadoreños, así como el efecto económico a pequeña, mediana y gran escalas de negocios involucrados en la producción de los ingredientes de las pupusas, en su elaboración artesanal —doméstica o masiva—, y en los más variados lugares de venta de pupusas: la venta de un hogar salvadoreño, un carrito callejero de comidas, un restaurante familiar o de lujo.

La evolución de la pupusa

Si bien sigue habiendo discusión entre Honduras y El Salvador en torno del origen patrimonial de la pupusa, no hay discusión sobre el buen sabor que una flor —y sus semillas— les suministran a las pupusas. Se trata de otro relleno: las flores y las semillas del loroco, una enredadera nativa de la región cuyo nombre científico es *Fernaldia pandurata*. El loroco es comestible y aromatiza la pupusa cuando viene integrado a la masa de maíz. Con todo, Honduras defiende la autoría de la pupusa con queso.

Hay un par de acompañamientos para las pupusas, sin embargo, que los salvadoreños no asan dentro de las mismas pupusas: el curtido y la salsa de tomate —¡nada de kétchup, por favor! El curtido trae al paladar cierto sabor ácido y una textura más sólida que la que ofrecen a la boca las pupusas. Este curtido consiste en una mezcla en vinagre blanco de repollo y de zanahoria en tiras muy delgadas, cebollitas cambray picadas finamente, orégano seco y sal. En la genealogía imaginaria de los sabores, al comer el curtido para pupusas podemos recordar el *Sauerkraut* de los alemanes, el *kimchi* de los coreanos y el *koolsa* (*coleslaw*) de los neerlandeses.

Hay un informativo e inteligente diálogo aparecido en la publicación *La Zebra: Artes y Letras desde América, la Central*. Ese diálogo lleva el título de "Teoría de la pupusa: Fenómeno histórico y cultural (Conversatorio)", del 1 de enero de 2016. En las conclusiones de este documento, aparece el siguiente párrafo de Jorge Ávalos:

> La pupusa sigue transformándose. Con la llegada del presidente Barack Obama a El Sal-vador en el 2011 se creó la pupusa "negra" en honor al primer presidente negro de los Estados Unidos. La pupusa negra está hecha con masa de maíz negro. Posteriormente se creó la pupusa teñida de colores. A partir de la década de 1980 [al curtido] se le sumaron otros aderezos: salsa de tomate en la zona occidental del país, y salsa negra (tomate y soya) en la zona oriental. Desde 1990 el queso que se utiliza para rellenar la pupusa es de origen hondureño: el quesillo. También, desde hace más de una década, se crearon las pupusas *gourmet*, hechas con todo tipo de ingredientes y sabores unidos al relleno base: hongos, espinacas, pollo, camarones. Generalmente son más caras y solo se encuentran en restaurantes especializados.

IMAGEN 4.6 Pupusas salvadoreñas con chicharrón y, por supuesto, el inevitable curtido picante en vinagre (*pickled*): repollo verde, cebolla blanca, zanahoria, cilantro, sal y el llamado chile de árbol.

Source: © Cortesía de Sergii Koval y de Dreamstime.com.

¡A preparar pupusas de queso!

Tiempo de preparación: 15 minutos
Tiempo de cocción: 10 minutos
Tiempo total: 25 minutos
Número de personas: 6 personas (1 pupusa para persona)

Atención: Necesitas un comal o una sartén ancha y muy plana. Allí pondrás a asar tus pupusas.

Cantidades e ingredientes de las pupusas de queso

1 taza	Harina instantánea de maíz
1 ¼ taza	Agua tibia
1 cucharadita (o al gusto)	Sal
½ taza	Queso rallado
1 cucharadita (o al gusto)	Sal
4 cucharadas	Aceite vegetal
1 cucharadita (o al gusto)	Sal
¼ taza	Agua a temperatura ambiente

Preparación de las pupusas de queso

1   En un recipiente ancho o en una superficie plana y muy limpia, derrama lentamente el agua tibia sobre la harina, mientras vas amasando la mezcla con una de tus manos y también ve añadiendo poco a poco la sal a lo que, ahora, será tu masa para las pupusas. Algunos cocineros expertos también le echan algo de leche a la harina. Dejarás de amasar cuando tengas una masa firme y consistente, que no se quiebre. Este punto lo alcanzarán cuando tengas una sensación similar a la que experimentas cuando manipulas plastilina de colores.

2   Humedece tus manos (dedos y palmas) con el agua y dos cucharadas de aceite que, previamente, has echado en un recipiente hondo.

3   Reparte la masa en seis partes y forma seis bolas de masa. Tomarás una de las bolas de masas y, con tus dos manos, irás aplastando la masa mientras, al mismo tiempo, le das vuelta a la masa aplanada que va resultando. Asegúrate de que aplanas parejamente el borde de esta pequeña torta de masa.

4   Sostén bien la tortilla de masa en tu palma abierta, pero en forma de huevo o de cuenco. Ahora, con los dedos de tu otra mano, hunde la masa para que esta tome la forma de pequeño recipiente que simula tu mano. Haz un hueco en el centro de la tortilla para poder poner el queso (relleno) con facilidad.

5   Pon una cucharada de queso rallado en el pequeño "recipiente" que has formado con tu masa. Cierra ahora tu "recipiente" de modo que el queso quede bien atrapado en la masa y, de nuevo, según movimientos circulares de tu mano, construye una bola de masa — donde el queso rallado está adentro. Ahora aplasta la bola con suavidad y repite el proceso

de mover circularmente la masa, mientras la sigues aplastando y mientras te aseguras de que no hay ni quiebres, ni secciones gruesas hacia los bordes de la nueva torta pequeña.

6 Prepararás el comal antes de asar tus pupusas allí: ¡caliéntalo un par de minutos a fuego medio alto! También, para que evites el peligro de que la masa de la pupusa se adhiera al comal, puedes echar sobre el comal una o dos cucharas de aceite. Debes repartir bien el aceite sobre toda la superficie del comal.

7 Pon tu primera pupusa, cuidando de que se vaya dorando, sin que se queme. Te ayudarás con una espátula plástica o metálicas para levantar la pupusa y, así, ver cómo va el proceso de asado. Un minuto y medio o dos minutos bastarán para que ases bien cada lado de la pupusa —aunque todo depende de cuán gruesas hayas formado tus pupusas. Y, ahora, por cada lado, deja la pupusa en el fuego un minuto y medio aproximadamente.

8 Repite el anterior procedimiento para las demás bolas de masa que has elaborado, siempre cuidando de ver que estás asando —¡y no quemando!— los dos lados de tus pupusas.

9 No entres en pánico si algo del queso se sale de la pupusa y se derrama sobre el comal. Esos pedacitos de queso puedes ir comiéndotelos mientras cocinas.

10 Ve retirando las pupusas del comal y sírvelas calientes.

Consejos

En caso de que tu masa la sientas quebradiza, adiciona un poco más de agua. Por el contrario, si descubres que tu masa se pega a la piel de tus manos, esto indicará que debes agregar un poco de harina a la masa. ¡Cuidado! Adiciona agua o harina en cantidades pequeñas y lentamente, hasta que sientas que has logrado la consistencia adecuada.

El guacamole, el curtido del que te hablamos antes, el pico de gallo, o la salsa de tomate (¡no kétchup!) son ideales como acompañamientos para tus pupusas.

Algo más: cuando ya tengas dominado el arte de las pupusas con queso, podrás cambiar el relleno de queso por otro relleno. ¿Qué tal pasta de frijoles refritos?

IMAGEN 4.7 Clase de pupusas salvadoreñas con la cantante de El Salvador Teresa Guardado.

Source: © Cortesía de Monica L. Fullmer.

Carta de bebidas | El pinolillo nicaragüense

Nicaragua le ofrece a la gastronomía del mundo una riquísima bebida, cuyos dos ingredientes principales son, en buena forma, un pregusto de síntesis sobre lo que América ofreció al mundo. En el pinolillo encontramos la conjunción del maíz y del chocolate, dos de los alimentos insignes nacidos en América.

El pinolillo se toma frío, o con hielo, y es elaborado con maíz tostado, semillas de cacao también tostadas, canela en ramas o palitos, pimienta de Chiapas y clavos de olor. Todos los ingredientes anteriores deben ser molidos con el fin de obtener una arenilla o polvo fino. En nuestro caso, por la dificultad que implica tostar el maíz y el cacao, y luego moler ese maíz y ese cacao tostados con la canela, la pimienta y los clavos de olor, tendremos que comprar ya molidos esos cinco ingredientes. Luego le agregaremos tres ingredientes más: azúcar o miel, y leche y agua.

En Nicaragua, es tradición servir el pinolillo en vasijas hechas con los frutos del jícaro, un árbol también originario de América —nombre científico *Crescentia cujete*, llamado pilche en Ecuador y mate en Colombia. Los artesanos nicaragüenses tallan bellamente a mano los recipientes para el pinolillo, los cuales reciben diseños coloridos de paisajes, de letras y de flores. El recipiente sencillo creado a partir del fruto del jícaro es denominado jícara, y jícaras de filigrana son las que han sido trabajadas con intenciones artísticas y no solamente utilitarias.

A la hora de revolver la mezcla del polvo fino con la miel o el azúcar, el agua y la leche, puedes hacerlo con un cucharón. Sin embargo, en países de Centro América son comunes y hermosos los molinillos, los cuales son verdaderas obras de arte. El molinillo es el utensilio popular de cocinar para revolver, cuando en la cocina no se dispone de licuadoras o de batidoras.

¡A preparar pinolillo!

Tiempo de preparación: 10 minutos
Número de personas: 2 personas

Cantidades e ingredientes del pinolillo

2 cucharadas soperas	Harina de maíz
2 cucharadas soperas	Cacao en polvo sin azúcar
3 cucharaditas	Azúcar o miel
¼ cucharadita	Canela molida
¼ cucharadita	Pimienta (la que consigas, de Chiapas, de Cayena. . .)
1 pizca	Clavo de olor molido
1 taza	Leche descremada
1 taza	Agua fría

Preparación del pinolillo

1   Calienta a fuego medio una sartén y, allí, echarás la harina y, revolviéndola constantemente, la tostarás levemente.

2   Pon la harina tostada en una licuadora. También en la licuadora verterás el cacao en polvo, la canela, los clavos de olor, la miel o el azúcar, la leche y el agua. A falta de licuadora, y si tienes la felicidad de disponer en tu cocina de un molinillo, úsalo y disfruta del placer de batir.

3   Mezcla todo en la licuadora — o con el molinillo — hasta que consigas una linda espuma en la parte superior de la preparación.

4   Vierte el pinolillo en tazas grandes y, si quieres, puedes poner en cada taza un par de cubos de hielo.

Postre | Alborotos hondureños, salvadoreños y guatemaltecos

"Alborotar" significa causar desorden, turbulencia, ruido, inestabilidad, allí donde había antes calma, silencio y serenidad. El postre que nos ocupa ahora fue bautizado con el nombre de *alborotos*. Los alborotos es un postre típico de varios países centroamericanos, sobre todo de Honduras, de El Salvador y de Guatemala. En días feriados o en fiestas de cumpleaños, los alborotos son bolsas confeccionadas con palomitas de maíz, endulzadas con miel de panela (o *melado*), con un toque de canela, y, por último, con tinturas vegetales para colorear las palomitas. Un toque adicional de melado será algo así como una "pincelada" final en tu postre. Si comes alborotos, seguramente se te pegarán los dientes y, también, tus labios y tu lengua se pintarán de colores.

Las palomitas de maíz tienen diferentes nombres en Latinoamérica. ¿A qué países corresponden los siguientes términos? Escribe el nombre del país al lado de la palabra:

Cabritas:
Cancha:
Canchita:
Canguil:
Cocaleca:
Cotufas:
Crispetas:
Maíz pira:
Maíz tote:
Millo:
Pipoca:
Poporopo:
Pororó:
Rosetas de maíz:
Rositas de maíz:

Sobremesa | *A la mesa con Rubén Darío*

> La cocina, sí, puede considerarse como una de las bellas artes.
>
> *Rubén Darío*

Del autor nicaragüense Rubén Darío (1867–1916) hay información conocida o que es de fácil acceso. Es sabido que, debido a su obra, Darío causó una renovación del lenguaje poético en España y en América Hispánica; que desplegaba comportamientos y expresiones de *dandy* malhumorado; que fue el líder cultural del modernismo en lengua castellana; que representó diplomáticamente a Nicaragua ante el reino de España; que en Francia se desempeñó en calidad de aguzado precursor del periodismo —en tanto cronista, reportero y corresponsal— para periódicos de países como Argentina, Chile, El Salvador, España, Francia, Nicaragua, y Panamá, entre otros; y que su *Azul* (1888) y sus *Prosas profanas y otros poemas* (1896) aún mantienen un valor grande por las calidades poéticas.

No obstante, poco es conocido sobre el interés de Darío en temas culinarios. En *A la mesa con Rubén Darío* (2016), el ensayista y novelista nicaragüense Sergio Ramírez Mercado (1942–) les da a sus lectores la posibilidad de degustar un Darío atento a la comida como fuente no solo de sensaciones físicas, sino además de conceptos y de figuras poéticas. Ramírez Mercado navega por las recetas y las bebidas caras a Darío, un fiel seguidor de la musa Gastarea —la décima musa entronizada al panteón clásico por J. A. Brillat-Savarin (1755–1826) en su *Fisiología del gusto* (1826). Podemos citar algunas de delicias culinarias significativas para Darío y que, para nosotros, vienen bautizadas con nombres verdaderamente poéticos. Atención: Darío menciona el nombre de los platillos, pero no habría sido cocinero de esos mismos platillos —según precisa Ramírez Mercado en una entrevista con Carlos F. Chamorro. Mencionemos, entre una cincuentena de platillos, estos pocos: *canard au sang*, punches rellenos, vino farmacéutico de quina, sopa de Felipe V, *salade japonaise Francillon, la poule au pot de bon Roi Henri* y, por último, la sopa de albóndigas —una expresión desangelada, comparada con las anteriormente citadas.

Nos importa llamar tu atención hacia la sopa de albóndigas, porque este plato protagoniza un cuento juvenil de Darío. La obra es de título casi homónimo: "Las albóndigas del coronel (Tradición nicaragüense)", y apareció en 1885. Te dejamos con unas pocas líneas de ese cuento. Como verás —y esta es una de las características del modernismo—, el léxico de Darío es aquí rico y difícil.

> Se chupaba los dedos el coronel cuando comía albóndigas, y, a las vegadas, la buena doña María le hacía sus platos del consabido manjar, cosa que él le agradecía con alma, vida y estómago. Y vaya que por cada plato de albóndigas una saya de buriel, unas ajorcas de fino taraceo, una sortija, o un rollito de relumbrantes peluconas, con lo cual ella era para él afable y contentadiza. He pecado al olvidarme de decir que doña María era una de esas viuditas de linda cara y de decir ¡Rey Dios! Sin embargo, aunque digo esto, no diré que el coronel anduviese en trapicheos con ella. Hecha esta salvedad, prosigo mi narración, que nada tiene de amorosa aunque tiene mucho de culinaria.

Puedes leer todo el cuento en bibliotecadigital.ilce.edu.mx/sites/fondo2000/vol1/carta/html/1.html

¿Por qué el cuento se titula "Las albóndigas del coronel"? ¿Cuál es el nombre del coronel? Como el coronel fue un personaje histórico, busca sus datos biográficos. En el relato también se menciona a León. En esta ciudad murió Rubén Darío. Busca información sobre la ciudad de León en Nicaragua y de la presencia contemporánea de Darío en esa ciudad.

Escritura de una redacción

En una redacción de una página (350 palabras aproximadamente), escribe sobre alguno de los temas siguientes relacionados con la cocina y con la comida centroamericana:

1   Por su proceso de colonización e influencia de otras culturas, Centroamérica representa una rica fusión de cocina indígena, africana y española.
2   Las consecuencias del cambio climático en la producción de alimentos en Centroamérica.

Traducción | Tiempo de buscar palabras, saboreándolas

Tu maestro/a dividirá en oraciones el siguiente párrafo y le asignará a cada estudiante una oración completa. Jorge Argueta es un galardonado poeta y escritor de libros bilingües para niños. En silencio, durante unos minutos, cada estudiante traducirá al castellano la oración original en inglés. Cuando todos hayan terminado de traducir sus oraciones, las oraciones serán leídas según el orden asignado y, entre todos, ajustarán la traducción final del párrafo.

"These books, [such as *Bean Soup / Sopa de frijoles: A Cooking Poem / Un poema para cocinar*, *Tamalitos: A Cooking Poem / Un poema para cocinar*, and *Fiesta of the Tortillas / La fiesta de las tortillas*] are inspired by my memories of the kitchen in my childhood house: the smells, the shapes, the colors, the pots, the pans, the water, the fire. I know memories don't really disappear. They live like flavors in our hearts and minds. When we close our eyes, we can travel to those places that are filled with shapes and colors —the food of our heart and our spirits. These simple books that talk about beans, rice, avocados, and tamales are profound, deep memories of my childhood. I can hear and see my mother's hands clapping tortillas. I can see the pots boiling with delicious onions, tomatoes, garlic, and bell peppers. I can hear familiar voices turning into a delicious pot that becomes a poem. I want to write more about these comfort foods, such as pupusas and stuffed peppers, with delicious landscapes. Pupusas are like two tortillas put together with cheese, beans, and meat. I can see myself writing this book and filling up this pupusa with corn dough, then with clouds from San Francisco, clouds from Mexico, and clouds from El Salvador. My next book in this collection of cooking poems is called *Salsa: A Cooking Poem / Un poema para cocinar*" (2).

Vardell, Sylvia M. "Talking with Jorge Argueta".

Bibliografía

Argueta, Luis, director. *El silencio de Neto*. Buenos Días, 1994, https://www.youtube.com/watch?v=Kie2K5ly9F4, acceso 8 abr. 2019.

Ávalos, Jorge, et al. "Teoría de la pupusa: Fenómeno histórico y cultural (Conversatorio)". *La Zebra: Artes y Letras desde América, la Central*, 1 ene. 2016, lazebra.net/2016/01/01/teoria-pupusa/.

Barney Cabrera, Eugenio. "Notas y apostillas al margen de un libro de cocina". *Con cagüinga y con callana: Rescatando la cocina perdida del Valle del Cauca*. María Antonia Garcés Arellano, Ministerio de Cultura, 2012, pp. 175–284.

Castro, Fernanda. "La Feria del Tamal 2019 tendrá más de 100 versiones de este platillo". *Food and Wine*, 28 ene. 2019, foodandwineespanol.com/la-feria-del-tamal-2019/.

Chamorro, Carlos F. "Una entrevista con Sergio Ramírez sobre su libro *A la Mesa con Rubén Darío*". *La Semana Niú*, 6 feb. 2016, niu.com.ni/la-mesa-ruben-dario/.

Darío, Rubén. "Las albóndigas del coronel", bibliotecadigital.ilce.edu.mx/sites/fondo2000/vol1/carta/html/1.html, acceso 10 nov. 2018.

Díaz del Castillo, Bernal. *Historia verdadera de la conquista de la Nueva España*. Planeta, 1992.

Diccionario de la Real Academia Española, www.rae.es/recursos/diccionarios, acceso 10 nov. 2018.

Fallas, Carlos Luis. *Mamita Yunai*. Costa Rica, 2005.

Gallegos, Rómulo. *Doña Bárbara*, vivelatinoamerica.files.wordpress.com/2015/07/gallegos-romulo-doc3b1a-barbara.pdf, acceso 6 nov. 2018.

———. *Doña Bárbara*. Verbum, 2019.

Henry, O. *Cabbages and Kings*. Mattituck, 2002.

Kurtz-Phelan, Daniel. "Big Fruit". *The New York Times*, 2 mar. 2008, www.nytimes.com/2008/03/02/books/review/Kurtz-Phelan-t.html.

Latcham, Ricardo. "La historia del criollismo". *El criollismo*. Saber, 1956, pp. 7–55.

Los Tigres del Norte. "El tamal", www.youtube.com/watch?v=N-5jN9QzlFU, acceso 6 nov. 2018.

Mesonero Romanos, Ramón de. *Escenas y tipos matritenses*. Biblioteca Virtual Miguel de Cervantes, www.cervantesvirtual.com/obra-visor/escenas-y-tipos-matritenses-0/html/ff1a8f8c-82b1–11df-acc7–002185ce6064_2.html#I_0_, acceso 6 nov. 2018.

Mondragón, Juan. "Consejos para unos tamales perfectos". *Business Wire*, www.businesswire.com/news/home/20131211006008/es/, acceso 12 jul. 2019.

Olmos, Isabel. "Gallo pinto, un orgullo tico". *El Nuevo Herald*, 1 oct. 2013, www.elnuevoherald.com/vivir-mejor/cocina/article2026551.html.

Pérez-Brignoli, Héctor. "El fonógrafo en los trópicos: Sobre el concepto de *banana republic* en la obra de O. Henry". *Iberoamericana*, vol. 6, no. 23, 2006, pp. 127–41.

Popol Vuh: Las antiguas historias del Quiché. Traducido por Adrián Recinos, Fondo de Cultura Económica, 1993.

Pruneda, Ayko. "10 tipos de tamales mexicanos que tienes que saborear". *Cocina Delirante*, www.cocinadelirante.com/guarnicion/tipos-de-tamales-mexicanos, acceso 6 nov. 2018.

Relea, Francesc. "Caótico destino de un mural". *El País*, 12 nov. 2007, elpais.com/diario/2007/11/12/cultura/1194822002_850215.html.

Robert Jiménez, Jaime R. "Mamita Yunai: Explorando tópicos poscoloniales". *Revista Reflexiones*, vol. 92, no. 2, 2013, pp. 9–21.

Sacchi, Fabiana, et al. *Más allá de la pantalla: El mundo hispano a través del cine*. Thomson Heinle, 2006.

Sahagún, Bernardino de. *El México Antiguo: Selección y reordenación de la* Historia general de las cosas de Nueva España. Editado por José Luis Martínez, Biblioteca Ayacucho, 1981.

Saturno William A., y Karl A. Taube. "Hallazgo: Las excepcionales pinturas de San Bartolo, Guatemala". *Arqueología Mexicana*. Traducido por Elisa Ramírez, arqueologiamexicana.mx/mexico-antiguo/hallazgo-las-excepcionales-pinturas-de-san-bartolo-guatemala, acceso 6 jul. 2019.

Siméon, Rémi. *Diccionario de la lengua náhuatl o mexicana*. Siglo Veintiuno, 1977.

"'Sodas' para presupuestos ajustados: Nuestro menú del día". *Iberia: Hay un San José para tus sentidos*, www.iberia.com/ch/guia-de-destinos/san-jose-de-costa-rica/sodas-para-presupuestos-ajustados/, acceso 11 jul. 2019.

T. W. "Where Did Banana Republics Get Their Name? From the American Fruit Companies That Threw Their Weight around in Central America". *The Economist*, 21 nov. 2013, www.economist.com/the-economist-explains/2013/11/21/where-did-banana-republics-get-their-name.

Vardell, Sylvia M. "Talking with Jorge Argueta". *Book Links Magazine*, www.booklistonline.com/media/booklinks/CommonCorePDFs/2014_01_tw-argueta.pdf, acceso 13 jul. 2019.

IMAGEN 4.8 Caldo de piedra, receta prehispánica. También hay versiones e historias europeas sobre esta preparación. Con el chef y profesor Jackson Lamb. Metropolitan State University of Denver.

Source: © Cortesía de Andrés Lema-Hincapié.

5

FOGONES DEL CARIBE HISPÁNICO

Mucho más que ropa vieja

Aperitivo | El refranero

Más se perdió en Cuba.
Bellotas y tostones hacen malas labores.

Con un compañero/a y con la ayuda de un diccionario busca el significado de los refranes anteriores.

Aunque el primer refrán no está relacionado con la comida, tiene un trasfondo histórico. ¿Cuándo crees que empezó a utilizarse este refrán, dónde y por qué? Busca al menos tres refranes en español y tres refranes en inglés que tengan un contenido histórico.

El segundo refrán sí está relacionado con la comida. Sin embargo, la palabra "tostón" puede significar al menos cuatro alimentos diferentes. ¿Cuáles son?:

1
2
3
4

¿A cuál de los cuatro alimentos crees que se refiere el refrán? ¿Por qué?

"Tostón" también significa "aburrido". "¡Qué tostón!" es una expresión coloquial para expresar que algo te aburre o te aburrió, sobre todo una película, un libro, una conferencia o un espectáculo. Describe una actividad reciente en la que participaste y que fue un verdadero tostón para ti.

Entrada | La cubana ropa vieja

Ropa vieja: De los judeoespañoles a ultramar

De igual manera como productos alimenticios e incluso platillos surgieron en tierras de América, hay muchas recetas hispánicas que acaso tengan resonancias con preparaciones de alimentos hechas antes de 1492. Es posible que este sea el caso para un plato bautizado con gran inteligencia: la *ropa vieja*.

IMAGEN 5.1 Ropa vieja, sobre arroz blanco y dos gajos de limón que decoran el platillo.

Source: © Cortesía de Foodio y de Dreamstime.com.

Para el libro *La mesa puesta: Leyes, costumbres y recetas judías* (2010), editado por Uriel Macías Kapón y Ricardo Izquierdo Benito, la doctora en Filología Semítica Elena Romero Castelló (1942–) colaboró con esta investigación: "El olor del sábado: La adafina, del Arcipreste de Hita a las versiones 'light'". La investigadora describe y orienta en esa investigación sobre el origen y la preparación de la adafina, un cocido o puchero de origen sefardí (judíos españoles), cuyos ingredientes primordiales eran garbanzos y trozos de cordero cocidos largamente en una olla grande. Y, en el caso de la "adafina marroquí y sus extras" (232), las carnes podían variar, seguramente de acuerdo con lo que se tuviera a mano en ese momento. Entre las carnes de res para el plato sefardí, hay diversos cortes o lugares específicos de la res: o pezuña (de vaca o de ternera), o huesos de tuétano, así como "carne de pecho, de codillo o de jarrete de buey, cortado en trozos grandes" (232). Ahora bien: este es un plato de larga cocción —al menos cinco horas y "toda la noche en el horno, a la temperatura más baja posible" (232), recomienda Romero Castelló—, cuyos ingredientes no acaban ahí. A la adafina hay que integrar patatas, cebollas, huevos, nuez moscada, macis (corteza de nuez moscada), "canela, sal y mucha pimienta" (232). ¿Terminan aquí la enumeración de los ingredientes? Pues no. La palabra "extras" para el nombre de la receta apunta algo más: "se pueden añadir a la olla componentes extras, como troncos de carne, bolsas de trigo sarraceno o arroz, etc., poniéndolos encima de los otros ingredientes" (233).

Hemos tenido que hacer un excurso por ese potente, contundente y realmente portentoso platillo de los judíos españoles por esta razón: si bien es muy común escuchar que la ropa vieja tuvo en Cuba su nacimiento, es muy plausible que el plato —con sus adaptaciones caribeñas con respecto de ciertos ingredientes propios de las islas— reverbere fuertemente de un plato de la España del Medioevo. En sefardí, también llamado judeoespañol o lengua ladina, existe un plato denominado *handrajos*. En español, la palabra perdió la letra h y ahora escribimos andrajos, es decir, retazos viejos, sucios y muy usados de ropa que ya suelta hebras o hilachas. A partir de las referencias a la adafina, es fácil imaginar que muchos de los ingredientes para la receta, hecha en casas más o menos humildes de los sefardíes medievales, consistían en sobras o restos de comidas previamente consumidas. Entre esos ingredientes estarían, con una gran probabilidad, pedazos de carne "vieja" o ya preparada, y que ahora, a modo de harapos, desgarrones, guiñapos, trapos usados, retazos ajados o desgarrados de tela, integrarían otra receta o preparación. La metáfora surge: "retazos" de carne "vieja", es decir, *ropa vieja*. Más tarde, ciertamente, en Cuba el platillo toma residencia, porque es un plato donde hay ahorro, reciclaje y perseverancia para seguir viviendo frente a las dificultades económicas: *no hay que desperdiciar alimentos* —tal vez sea este el lema en el trasfondo cultural y más propiamente económico de la ropa vieja.

Circulaba incluso una leyenda en España que, en lugar de insistir en la alquimia lingüística operada por la metáfora, recurría a explicaciones sobrenaturales. Aun cuando no hemos podido confirmar que haya registros escritos de esa leyenda, te la contamos debido a su ternura emotiva: "Érase una vez . . ." un hombre viejo, cansado y muy pobre, quien tenía que seguir velando por el poco bienestar posible para su familia. La situación de indigencia llegaría a tal extremo que, con ocasión de tener la necesidad de procurar alimentos para la familia y para él mismo sólo encontró pedazos de ropas viejas. Decidió "cocinar" algo para comer con ese inusual y desesperado ingrediente. Mientras cocina hilachas, retazos, jirones sucios e inservibles, una fuerza divina tuvo misericordia del miserable hombre junto a la miserable receta. La fuerza divina transmutaría la ropa vieja en hebras de carne, deliciosas y comestibles, que se cocinaban en su propia salsa. Para su alegría, la ropa vieja les traería a él y a su familia nuevos alientos para seguir sobreviviendo.

Ahora vayamos a los hechos: hay variantes en América hispánica y España de la ropa vieja y, en algunas regiones incluso la misma expresión es usada para esas variantes, las cuales son dadas generalmente por los alimentos que acompañan la carne de res. Importa recordar que el platillo americano privilegia la carne de res y un corte específico para esa carne: la falda (*skirt steak*). En las Islas Canarias, lugar que también querría ser reconocido como el lugar de origen de la ropa vieja, el cerdo y el pollo son otros dos tipos posibles de carne para el platillo. Además, el vino blanco y los garbanzos también pertenecen a la receta.

Además de Cuba, Panamá también denomina "ropa vieja" a la carne de falda en tira, mientras que en Costa Rica y en Chile se llama a la ropa vieja "estofado" o "carne mechada". En Colombia, se habla de "carne desmechada" en el interior del país y en tierras costeras sobre el Caribe se dice "carne esmechá". Los venezolanos, por su parte, entre otros usos, usan la "carne esmechada" como uno de los rellenos para sus extraordinarias arepas.

Para no dejarte con el placer de leer al menos una receta de la ropa vieja de Cuba, te trascribimos un párrafo tomado del *Nuevo manual de cocina del cocinero criollo cubano* (1903), de José E. Triay (1844–1907), escritor español muerto en La Habana. La cita sigue la edición de 1914:

> **Ropa Vieja**. Se emplea para ella la carne que ha servido para el puchero, y en su defecto, se salcocha procurando que sea de hebra; se deshilacha y se pone a cocer en salsa de tomate, echándole unas cucharadas de caldo, sal y un poco de vinagre, y cuando esté cocida se sirve, adornando la fuente con pimientos morrones y ruedas de pan frito. (180)

Una comida muy ladina

A continuación, podrás leer una definición del ladino o judeoespañol. La definición misma escrita en lengua ladina:

> El djudeo-espanyol, djudio, djudezmo es la lingua favlada por los djudios sefardim ekspulsados de la Espanya enel 1492. Es una lingua derivada del espanyol i favlada por 150.000 personas en komunitas en Israel, la Turkia, antika Yugoslavia, la Gresia, el Maruekos, Mayorka, las Amerikas, entre munchos otros.

Seguro que no has tenido ningún problema para entender la definición anterior. Ahora traduce del ladino al español las siguientes frases relacionadas con la comida:

1   Eyos no tyenen ni pan para komer ni lugar para abrigarsen.
2   Mesklar bien, adjustar el tomat ke fue esprimido un poko para kitarle el kaldo.
3   No era posible komer tanto dulce en un diya.
4   Mos plaze komer el pishkado abafádo.
5   La koyadura era un poko mas grande de la sardela i de karne muy blanda.

> **Nota sociológica y semántica:** También debes saber que, en castellano, la primera aceptación de la palabra "ladino" en el *Diccionario de la Real Academia* establece que la palabra es un adjetivo cuyo significado es "astuto, sagaz, taimado". Un adjetivo sinónimo de "taimado", en castellano, es una metáfora zoológica: *zorro*. Así, la palabra caracteriza rasgos nada admirables o encomiables de una persona, en especial el hecho de ser *taimado*. Una persona ladina sería aquella que hábilmente engaña a otras, pretendiendo ser lo que en efecto no es. En inglés, según *WordReference.com*, "taimado" equivaldría a *crafty, cunning, sly* y *wily*. Hay una implicación: la palabra "ladino" arrastra una evidente muestra de xenofobia hacia un grupo humano, el de los sefardíes. Dos ejemplos más de esta xenofobia en la lengua: 1) "gitano" puede ser sinónimo de "trapacero", esto es, quien recurre a "trapazas": "Que con astucias, falsedades y mentiras procura engañar a alguien en un asunto" (*Diccionario de la Real Academia*); y βάρβαρος (bárbaros), en griego antiguo, aquellos individuos incultos que no hablan la lengua griega. En castellano, todavía, un bárbaro es el individuo "inculto, grosero, tosco" (*Diccionario de la Real Academia*).

En el *Diksionaryo de ladino a espanyol* de Güler, Portal i Tinoco (http://www1.dpz.es/dipu/areas/presidencia/sefarad/NUEVO/ESP/actividades/2004/publicaciones/diccionario.pdf), o en el *Djudeo Español Diccionario Multilingüe* (pdfslide.net/documents/djudeo-espanol-diccionario-multilinguee.html), busca diez palabras relacionadas con la comida. Escríbelas en ladino y en español. Después apunta qué diferencias encuentras entre las dos lenguas:

1
2
3
4

5
6
7
8
9
10

A la carta | El sándwich cubano

Es ya más que usual vincular el sándwich con el aristócrata inglés que le habría prestado su apellido a un platillo de presencia planetaria: John Montagu, IV conde de Sandwich (1718–92).

Al igual que el sándwich cubano, el sándwich del conde de Sandwich nació de dos necesidades: velocidad en la preparación de la receta y un resaltado satisfactorio al paladar. Circula la leyenda de que el conde era un jugador empedernido de cartas y se negaba a detener el juego para pausas que permitieran comer o limpiarse las manos. La solución para comer mientras seguía jugando la encontró en el famoso platillo, el cual únicamente le precisaba recurrir a una mano cuando con la otra sostenía las cartas y, si usaba algún tipo de servilleta, no caía en el peligro de ensuciarse los dedos — en caso de que no jugara con las manos enguantadas.

En el caso del sándwich inglés, el pan es un pan de molde, que lleva carnes diversas como cerdo, pollo y res, quesos diferentes, algo de vegetales como tomates en rodajas finas y lechuga (por lo general, romana o francesa), y aderezos varios: salsa de tomate y mayonesa.

El sándwich cubano —que no sería imaginable atribuirle un origen judío, porque lleva jamón de cerdo— habría sido preparado como solución rápida de alimentación sustanciosa y beneficiosa. Hay quienes defienden que tomaría presencia popular en La Habana y en otras ciudades de Cuba hacia 1900 y vinculado con empleados de la zafra (corte de la caña de azúcar) o de las tabacaleras, los que también esperaban encontrar en las ciudades el tipo de platillo fácil que consumían a diario en su trabajo.

En Cuba, el sándwich cubano llevaría el nombre de "mixta", pero no todo el mundo está de acuerdo con la anterior afirmación. Y, asimismo, hay defensores fervientes del sándwich cubano como plato creado en tierras de los Estados Unidos: el estado de Florida. ¡Ah, eso sí, pero por inmigrantes cubanos! Si esta versión es la verdadera, habría sido en el contexto de los empleados de fábricas de cigarros en Key West, hacia 1831, donde pudo haber ocurrido el invento de la receta. Más tarde, primero hacia 1886, cubanos exiliados y no exiliados harían nacer el sándwich cubano en Ybor City, en Tampa. En la década de 1940, este riquísimo plato alcanzó una insólita popularidad y, por supuesto, tuvo un renacimiento en los años cercanos y posteriores a 1959 —el triunfo de la Revolución Cubana. En todo caso, y como de nuevo no existen justificaciones de archivo —esto es, documentación escrita, fotografías o fotogramas, registros sonoros, por ejemplo—, aún continúan las discusiones sobre el lugar de origen y los marcos temporales para el sándwich cubano. Te animamos a considerar con tus compañeros/as y con tu profesor/a estos dos documentos en torno a la disputa sobre el origen geográfico del sándwich cubano:

Mixto Cubano: The Origin of the Cuban Sandwich vimeo.com/268122142

"El verdadero sándwich cubano enfrenta a Tampa contra Miami" www.elmundo.es/america/2012/04/18/estados_unidos/1334782698.html

Hay, no obstante, algunos ingredientes, un par de procedimientos, el tamaño y dos momentos culinarios involucrados en todo "auténtico" sándwich cubano —si bien la palabra *autenticidad* en cocina parece tener, a estas alturas, tan poco o nulo sentido como la palabra *original*. El relleno del sándwich cubano puede incluir, de acuerdo con diferentes lugares y diferentes chefs, lascas o lonchas de jamón de cerdo, de cerdo asado y de queso suizo, salami, cebolla blanca, rodajas de tomate, lechuga, mostaza, mayonesa o mantequilla y pepinillos en vinagre. Para algunos "puristas", habría herejías culinarias en agregar ingredientes como el tomate, la lechuga y la mayonesa, o en cambiar el orden de la posición de los ingredientes que van entre los dos trozos de pan semitostado. Sí parece haber consenso en el tipo de pan: similar a la baguette francesa, pero que sea de una consistencia más suave su corteza y menos esponjoso su interior. En zonas de fuerte presencia cubana ya es posible encontrar en las panaderías el pan cubano, ideal para el sándwich.

Dos procedimientos en la preparación del sándwich cubano reciben el consenso de todo el mundo: que, ya armado con todos sus ingredientes, el sándwich pase algunos segundos bajo una prensa o plancha (tipo *panini press*) —una sartén y una espátula grande remplazan bien la prensa— y que haya un corte oblicuo al medio del sándwich. Sobre el tamaño, se espera que tenga una longitud aproximada 20–30 centímetros (8–12 pulgadas). Y estos son los dos momentos culinarios: llevar a que las lonchas de queso suizo se derritan ligeramente y servir el sándwich siempre caliente.

En Latinoamérica y en España, la palabra "sándwich" tiene muchos más nombres. Busca al menos cuatro palabras que sean sinónimos de "sándwich", y escríbelos junto con el país donde se utiliza ese término específico.

IMAGEN 5.2 Un suculento sándwich cubano, con queso fundido, mostaza, pepinillos en vinagre, jamón, y, por supuesto, una generosa porción de pedazos de cerdo —llamado en algunos países, también, "chancho", "cochino" o "puerco".

Source: © Cortesía de Bhofack2 y de Dreamstime.com.

Sabores cubanos de película: Fresa y chocolate

Fresa y chocolate, estrenada en Cuba en 1993, fue dirigida por dos de los más representativos directores del cine cubano después de la Revolución: Tomás Gutiérrez Alea (1928–1996) y Juan Carlos Tabío (1943–). El filme llegó a recibir la primera y, hasta ahora, la única nominación que una película cubana ha recibido para ingresar a la competencia de los Oscars. Fue recibida triunfalmente en Berlín, en Madrid y en Buenos Aires. En los Estados Unidos, las reseñas críticas navegaron entre el aplauso y la molestia. De todas formas, hay certezas para afirmar que *Fresa y chocolate* fue, en la década de los 90, una película de impacto polémico, pues exploraba el tema de la homosexualidad en el contexto del régimen castrista.

Si bien para el año de debut de la película aún la comunidad LGBTQ era perseguida y era ilegal el matrimonio entre personas LGBTQ, según la nueva constitución política o Carta Magna más reciente de la República de Cuba, que entró en vigor el 10 de abril de 2019, los cambios son admirables —desde la perspectiva legal, pues faltarán implementaciones y serán necesarios años de lucha contra las fuertes corrientes de inercia homófoba. Los artículos 42, 82 y 81, respectivamente, exigen la no discriminación hacia personas LGTBQ, no definen el matrimonio únicamente en términos de vínculo social y jurídico entre un hombre y una mujer, y establecen que

> Toda persona tiene derecho a fundar una familia. El Estado reconoce y protege a las familias, cualquiera sea su forma de organización, como célula fundamental de la sociedad y crea las condiciones para garantizar que se favorezca integralmente la consecución de sus fines.
>
> *(Artículo 81)*

En la película, que ya desde su mismo título plantea metáforas intensas y conflictivas a través de dos sabores, entreteje muy bien las tensiones que viven los cuatro protagonistas —tres heterosexuales y otro homosexual— a partir de la presunta contradicción entre el helado de fresa, sinécdoque de Diego (Jorge Perugorría) y gran amigo de Nancy, y el helado de chocolate, sinécdoque de David (Vladimir Cruz) y buen amigo de Miguel (Francisco Gattorno). Además de esos dos helados y de esos dos sabores, la exquisita personalidad cultivada de Diego lo llevará a ofrecerles a Nancy y a David un "almuerzo lezamiano". El adjetivo remite al polígrafo cubano gay José Lezama Lima (1910–1976). David, admirador absoluto de Lezama Lima, está pensando sin duda en *Paradiso* (1966), su única novela. Novela poéticamente exuberante y construida con materiales heterogéneos venidos del relato, del ensayo y de la poesía, *Paradiso* es una de las creaciones fundacionales de la literatura latinoamericana en la segunda mitad del siglo XX. Vayan estos dos fantásticos fragmentos de *Paradiso*, donde una fiesta de palabras y la comida se convierten en el núcleo de la vida para la novela y para los lectores (193–99):

> Doña Augusta destapó la sopera, donde humeaba una cuajada sopa de plátanos. —Los he querido rejuvenecer a todos —dijo— trasportándolos a su primera niñez y para eso he añadido a la sopa un poco de tapioca. Se sentirán niños y comenzarán a elogiarla como si la descubrieran por primera vez.
>
> Al final de la comida, doña Augusta quiso mostrar una travesura en el postre. Presentó en las copas de champagne la más deliciosa crema helada. Después que la familia mostró su más rendido acatamiento al postre sorpresivo, doña Augusta regaló la receta: —Son

las cosas sencillas —dijo—, que podemos hacer en la repostería cubana, la repostería más fácil, y que en seguida el paladar declara incomparables. Un coco rallado, más otra conserva de piña rallada, unidas a la mitad de otra lata de leche condensada, y llega entonces el hada, es decir, la viejita Marie Brizard, para rociar con su anisete la crema olorosa.

Cuba en 1979: El contexto histórico de Fresa y chocolate

Antes de ver el filme *Fresa y chocolate*, asegúrense de que saben detalles históricos sobre el año cuando tiene lugar la historia, es decir, su fecha diegética: 1979. Indiquen si las siguientes oraciones son ciertas o falsas para esa fecha. Si son falsas, corríjanlas.

1 _____ Fidel Castro es el líder de Cuba.
2 _____ Los gobiernos de Estados Unidos y de Cuba tienen buenas relaciones.
3 _____ Muchos cubanoamericanos residen en Miami y tienen una comunidad próspera allí.
4 _____ Los cubanos pueden salir de Cuba sin problemas.
5 _____ La Iglesia católica juega un papel importante en el gobierno cubano.

Después de ver la película, conversen en la clase sobre al menos dos de las muchas escenas en las que aparecen comidas y bebidas. ¿Cómo se consiguen diferentes tipos de comida y de bebida en la Cuba de 1979?

¿Y tú qué opinas? ¿Crees que *Fresa y chocolate* es un filme propagandístico en el que se dibuja una Cuba muy alejada de la realidad?

Menú | Las *food trucks* o camionetas de comida

Empecemos con un poco de números. Según cálculos de 2014 suministrados por la Organización de las Naciones Unidas para la Alimentación y la Agricultura (FAO), diariamente, los carritos de comida callejera, junto con casetas pequeñas donde se puede comprar comida y, por supuesto, las *food trucks*, sirvieron sus platillos a dos billones y medio de personas en el mundo (Cássia Vieira Cardoso et al., *Street Food* 1).

El impresionante número anterior implica que una tendencia gastronómica fundamentalmente urbana impacta con fuerza, y ello gracias a consecuencias de muy amplia repercusión cultural. Y, en todo caso para los Estados Unidos, las camionetas de comida remiten a dos antecedentes los *chuckwagons* y el uso de vagones de tren que estaban sin uso. Para los *chuckwagons*, tenemos que pensar en procesos de colonización del Medio Oeste o del Lejano Oeste —donde aún no había vías férreas y muchos menos trenes. Se trató de carretas de cuatro ruedas, estaban cubiertas y, para soldados, vaqueros o colonos en tránsitos, servían a modo de cocinas móviles— o bien, temporalmente estacionales. Una fecha precisa bien puede servir de orientación: 1866, año en el que presumiblemente un ranchero de Texas, Charles Good (1836–1929) inventó este tipo de carreta o *chuckwagon*.

En 2014, por su parte, Richard J. S. Gutman, director del Museo de Artes Culinarias en la Johnson & Wales University, identificaba como predecesor de la industria de las *food trucks* a alguien que, en un espacio urbano, convirtió un vagón de tren en un pequeño restaurante: "En 1872, un vendedor llamado Walter Scott, le abrió ventanas a un pequeño vagón cubierto y lo estacionó en frente de la oficina de un periódico local en la ciudad de Providence, en el estado de Rhode Island. Sentando dentro del vagón, les vendía sándwiches con pastelitos y café a periodistas que trabajaban allí y a los empleados de la imprenta que llegan tarde a trabajar" (Engber, "Who Made That Food Truck?"). Los vagones de tren fueron adquiriendo características estéticas que hoy llamaríamos *vintage*; irían dejando ser móviles, perdiendo sus ruedas y, ya allí, estáticos, darían origen a lo que hoy llamamos *diners*.

En 1867, Charles Mayer empezó a vender, con ayuda de un carrito que empujaba, salchichas. Más adelante, The Oscar Mayer Company, fundada en 1883, recurriría a carritos en forma de salchicha o perro caliente (*hot dog*) para vender sus embutidos. La práctica de esta venta callejera de comida en movimiento continuaría siendo un negocio en crecimiento.

Ahora bien, será el siglo XXI, al menos sus albores, la época cuando las *food trucks* alcanzan el mayor esplendor. Alejandra Pill, en su ensayo "Changing Food Landscapes Understanding the Food Truck Movement in Atlanta, Georgia, USA", asegura:

> La recesión económica de 2007–2008 golpeó con fuerza a los Estados Unidos. Sin embargo, a causa de los tiempos difíciles nació un fenómeno pragmático y postindustrial —la revolución del movimiento de las *food trucks*. La recesión dio pie para una azarosa oportunidad para emprendimientos en una economía combatiente por medio de una cultura alimentaria progresista y receptiva. Tanto para vendedores como para consumidores el movimiento de las *food trucks* ofrece opciones sociales, culturales y económicas nuevas. Con bajos costos básicos de inversiones, el negocio de las *food trucks* atrae a personas de los más variados antecedentes, así como la posibilidad de que se forje un negocio pragmático que ayuda a que las comunidades se enriquezcan económica y culturalmente, mientras que crea las condiciones para que el público comparta comida de gran calidad.
>
> *(119)*

Y un último dato complejo —y que no es menor. Dicho dato integra y convoca, otra vez, el protagonismo de la cocina hispánica en los Estados Unidos. Hablamos ahora de la ciudad de Los Ángeles, donde para 2009, dos empresarios y un chef fueron centrales en el boom de las *food trucks gourmet*. Mark Manguera, Caroline Shin y el chef Roy Choi atrajeron sobre sí el interés de los estadounidenses. Los tres se atrevieron a ejecutar el gesto original de poner carne preparada al estilo coreano dentro de tacos mexicanos y, echando mano de las redes sociales —en Twitter alcanzaron 122.000 seguidores—, convirtieron a su Kogi Korean BBQ truck en un modelo admirado. La fusión de dos fantásticas tradiciones culinarias, la mexicana y la coreana, replicaba la fusión de dos tradiciones étnicas. Los tres inventores, de nacionalidad estadounidense, son, igualmente, de dos orígenes étnicos: filipino y coreano. Ellos tres convocan, además, un tercer origen: el mexicano, pues el asombroso descubrimiento aconteció cuando Mark Manguera imagina esta combinación: "Estaba dándole un mordisco a mi taco", recuerda Manguera, y le comunica a su cuñada Alice Shin un experimento mental de gastronomía: "Alice, ¿no sería genial si alguien pusiera dentro de un taco carne para barbacoa al estilo coreano" (Gelt, "Kogi Korean BBQ").

¿Has probado la comida de alguna *food truck*? ¿Te gustó? ¿Por qué sí o por qué no? En caso de que te animaras a montar este negocio, ¿cómo mejorarías el concepto de la food truck?

IMAGEN 5.3 *Food truck* en Nueva York.

Source: © Cortesía de Pixabay.

Consejos de la abuela Leonor | Comer saludablemente fuera de casa

A partir de sus lecturas en sitios web reconocidos, como el *Center for Disease Control* de Estados Unidos, la *Academy of Nutrition and Dietetics* de Ohio y la Mayo Clinic también de Estados Unidos, la abuela Leonor ha confeccionado estos diez consejos para que comas saludablemente cuando estés fuera de casa:

1   El azúcar en refrescos y en jugos es peligroso tanto a largo plazo como a mediano plazo. Mejor es que pidas té sin azúcar o agua, con o sin burbujas, pero bajo en sodio. Para saborizar el agua, pide en el restaurante un par de cascos de limón, de lima o de naranja y exprímelos en el agua que vas a tomarte.

2   El tiempo sin velocidad es indispensable cuando disfrutas de los placeres del paladar. Dale tiempo a cada bocado en tu boca, masticándolo varias veces y poniendo atención a los sabores y a las texturas y a los olores de los alimentos que consumes. Así, seguirán una recomendación de la Organización Mundial de la Salud, según la cual deberías dedicar al menos 30 o 40 minutos de tu tiempo del día para cada una de las tres comidas. Esto implica que, cuando estés comiendo, solo o en compañía, dejes de lado toda lectura, al igual que todo visionado de películas, de videoclips, de redes sociales o de chateo.

3   La abuela Leonor nos recuerda que, según la Academia de Nutrición y de Dietética, no se trata de pensar en lo que vas a evitar comer. Mejor es que pienses en lo que pedirás: panes de grano integral, aceite de oliva, semillas y frutos secos, muchas, muchas frutas y vegetales, y carne magra de pollo, pescado o pavo.

4   Si bien puede no serte grato comer la ensalada sin algún tipo de *dressing* o vinagreta, pide que la ensalada venga a tu mesa sin vinagreta. Tú mismo podrás condimentar las ensaladas con aceite de oliva, aceto balsámico y pimienta, evitando la sal.

5   Los lugares de "tenedor libre" o *all-you-can-eat* son peligrosos y no convienen que los visites con frecuencia. Si vas a un restaurante con menú en la carta te será más fácil limitar la cantidad de ingesta que si te entregas a la bacanal de comer todo lo que te ofrece un bufet de alimentos preparados o simples.

6   Sí, ya lo sabemos. En las cocinas de tradición hispánica, mayormente en países del Caribe, de Centro América, Colombia y Venezuela abunda el recurso a los procedimientos para elaborar frituras. Prefiere aquellos platillos donde las carnes vienen cocinadas al horno, a la parrilla, al vapor o a la plancha.

7   No temas preguntar y pedir detalles específicos en relación con las entradas, los platos principales, los postres y las bebidas que te atraen del menú. En cuanto comensal y en cuanto visitante, el mesero y, eventualmente, los/as chefs están en la obligación de responder todo lo que les preguntes. Tu firmeza y tu cordialidad garantizarán que seas respetado/a en el lugar donde compras la comida. De otro, no te avergüences si lo mejor fuese irte y buscar otro lugar.

8   Hay dos buenos caminos para que comas menos: beber agua antes de que empieces a comer y, además, compartir con quien te acompaña un solo plato principal.

9   Piensa que excesivo número de calorías no es saludable. Hay calorías extras y poco favorables para ti en excesivo queso, mayonesa o tocino.

10   " —¿Y el postre, abuela Leonor?" Ella nos responde con esta recomendación de la Mayo Clinic: "Si quieres postre, elige fruta fresca, helados de fruta, merengues o un pastel simple con puré de frutas" ("Dieta DASH").

Seguro que tú tienes otros consejos para comer saludablemente fuera de casa. ¿Qué haces tú para mantenerte sano/a cuando comes en restaurantes?

Las notas del director | Los planos (*shots*)

En todos los capítulos anteriores incluimos las notas del filósofo, pero en este las hemos cambiado por las notas del director. La razón del cambio resuena con la incorporación de una película en este capítulo sobre el Caribe hispánico: *Fresa y chocolate*. En las notas del filósofo siempre hay dos términos y, ahora, en las notas del director encontrarás un solo término cinematográfico desarrollado con cierta profundidad: el plano. Te definimos y te describimos el plano en general y, después, diferentes planos que podrías identificar en un filme.

> **Plano** (*shot*): Unidad presente de todos los elementos del encuadre (*frame*) sin que la cámara cambie mínimamente de posición o de perspectiva de enfoque.
> **General largo** (*extreme-long shot*): Lo que verían los ojos de una persona sentada en la butaca de un teatro, desde donde su mirada puede abarcar la totalidad del escenario.
> **Largo** (*long shot*): Todo el cuerpo de una persona o de un objeto está dentro del encuadre.
> **Medio** (*medium shot*): En el caso de un personaje, el espectador podría ver en el encuadre algo de ese personaje: la parte de su cuerpo que va desde su cintura hasta su cabeza. U, otra posibilidad: en el encuadre de la pantalla es posible ver a otro personaje desde su cintura hasta sus pies.

Panorámico (*pan shot*): Plano usual en las tarjetas postales típicas, donde están incluidos edificios de una ciudad, montañas al fondo, secciones del cielo con nubes y muy seguramente algo de campo con flores y arbustos pequeños en la parte delantera del encuadre.

Primer Plano (*close-up*): El encuadre establecido por la cámara le concede el mayor protagonismo al rostro de un personaje. Así que el elemento que ocupa el encuadre es el rostro completo. También puede ser una pierna completa, o una mano completa, o la espalda completa de un personaje.

Primerísimo Primer Plano o **PPP** (*extreme close-up*): También llamado **plano detalle**, en español. Ahora la distancia entre la cámara y el objeto visualmente registrado es menor que en el "primer plano". De este modo, puede haber un PPP de los labios, de los ojos, de la frente, de la nariz del rostro de un personaje; o el dedo o un par de dedos de una mano; o también parte de la espalda de un personaje.

Con dos compañeros/as más, busca tres diferentes planos en *Fresa y chocolate*. Frente a la clase, expliquen qué tipo de planos son, qué efecto puede tener para la trama cada tipo de plano y, hagan esa presentación oral mientras les muestran las imágenes a los demás compañeros/as.

Plato principal | ¡El moro dominicano!

Como anticipábamos en el capítulo anterior, arroz con frijoles es una combinación muy apreciada y común en todo el Caribe, así como en muchas otras partes de las Américas. En Cuba, comen *moros y cristianos* y, en la República Dominicana, ese mismo platillo es llamado simplemente *moro*. El moro contiene frijoles negros y arroz, como sus dos ingredientes básicos. Y aunque la receta pudo haberse originado en España, en Cuba es un platillo inevitable y que es allí una de las recetas representativas de la isla. En la República Dominicana, moro es también un platillo muy, muy querido en la gastronomía de esa región del Caribe.

Puede afirmarse que son razones de naturaleza climatológica el hecho de que el arroz y los frijoles sean tan conspicuos en el Caribe. Las altas temperaturas exigen que en las cocinas se preparen recetas donde la refrigeración para los ingredientes no sea absolutamente crucial. Y, hay fáciles maneras de proteger de la humedad algunos alimentos —más que otros. En recipientes y en alacenas, el arroz, al igual que leguminosas como los frijoles, puede ser conservado sin refrigeración y lejos de la humedad. Así, pues, en la gastronomía del Caribe hay gran preferencia por los alimentos que pueden conservarse secos, ahumados, en latas o en forma de encurtidos.

En el artículo "Un buen moro dominicano", Xiomarita Pérez explica que la versatilidad del moro dominicano tiene que ver con que no está limitado a la habichuela o al frijol negro, en República Dominicana se prepara el moro con gandules o "con habichuelas negras, blancas, rojas o pintas". Y, continúa Pérez, hay mucho de sustrato religioso y mágico en la receta del moro y, por esta razón, en "el Día de los Difuntos hay celebración con comida a base de moro de habichuelas negras, arenque y maní tostado".

¡A preparar moro dominicano!

Tiempo de preparación: 15 minutos
Tiempo de cocción: 40 minutos
Número de personas: 4 personas

Cantidades e ingredientes del moro dominicano

1 lata	Frijoles negros (marca Goya o también Bush's)
½ taza	Arroz basmati
1 taza	Agua (tomada del agua misma de los frijoles y del grifo)
1 cucharada	Aceite de oliva
2 cucharadas	Ajo picado (una para la cocción del arroz, otra para el sofrito)
1 cucharadita	Sal, o sal al gusto (para el sofrito y luego para la cocción del arroz)
Al gusto	Curry
Al gusto	Comino
Al gusto	Cilantro (idealmente fresco, pero también puede ser seco, de frasquito)
½	Cebolla blanca picada en trocitos
½	Pimentón verde picado en trocitos
170 gramos	Chicharrón de cerdo (*cured salt pork*) cortado en pedacitos
½	Pimentón verde picado en trocitos
1 hoja	Laurel
Al gusto	Orégano

Preparación del moro dominicano

El sofrito lo elaborarás con 1) ajo finamente picado, 2) pimentón verde finamente picado y 3) la ½ cebolla blanca finamente picada. En una sartén calienta a fuego medio una cuchara de aceite de oliva. Cuando el aceite esté caliente, empieza por sofreír el pimentón verde picado. Cuando el pimentón está blando, puedes echar los pedacitos de cebolla, el ajo y ½ cucharadita de sal. Agrega comino y curry al gusto. Revolverás constantemente hasta cuando la cebolla esté algo cristalizada, es decir, cuando esté trasparente. Retira el sofrito del fuego y déjalo aparte.

El chicharrón deberás freír aparte, en una sartén más pequeña. No necesitas agregar ni aceite, ni mantequilla, pues la parte grasa del chicharrón soltará el aceite suficiente. Haz esto a fuego medio, revolviendo para que los pedazos de cerdo no se quemen. Habrá partes que se dorarán más que otras. Es importante que la cocción penetre a todos los pedazos de la carne, para que así el cerdo no quede crudo. Esto evitará posibles enfermedades. Cuando termines, agrega el cerdo y el aceite del cerdo en el sofrito que tenías separado en la otra sartén.

Los frijoles, con la taza de agua, los pondrás en una olla grande. Lleva el agua a ebullición con los frijoles. Cuando el agua y los frijoles estén hirviendo, agrega el sofrito y los pedazos de cerdo. En este momento, agrega la hoja de laurel y el orégano. Vuelve a llevar la mezcla a ebullición, por unos 2 o 3 minutos.

La media taza de arroz y la segunda cucharada de ajo picado debes agregarlos ahora. Revuélvelo todo bien y vuelve a poner en ebullición la mezcla. Tan pronto veas que la mezcla hierve parejamente —esto es, en todos los lados de la olla—, reduce el fuego a bajo total. Tapa la olla.

Pon tu reloj de cocina o el celular para que cuente 20 minutos, si tu estufa es una estufa a gas. A los 20–25 minutos, destapa la olla y confirma que todos los granos de arroz han sido cocinados completamente. Si hay granos que no se han cocinado completamente, tapa la olla de nuevo y mantén el fuego 5 minutos más.

Por último, destapa la olla. Confirmarás que todo está cocinado adecuadamente. Revuelve la mezcla con una cuchara grande y deja abierta la olla para que la mezcla respire 3 o 5 minutos más.

Ya puedes comer tu plato de moro dominicano, agregando sobre la mezcla algo de cilantro picado al gusto.

Caveat: Puesto que ya, de hecho, la receta anterior es una receta compleja y que requiere cierto tiempo, hemos decidido obviar todo el proceso para la cocción de los frijoles. Por esta razón, en los ingredientes de la receta preferimos incluir frijoles negros de lata.

IMAGEN 5.4 Desfile de moros y cristianos en Alcoy, España, el 22 de abril de 2016.

Source: © Cortesía de Vdvtut y de Dreamstime.com.

Moros y cristianos españoles

La palabra "moro" es una palabra española, con sentido peyorativo o no, usada para nombrar a personas originarias del Norte del África. Asimismo, en el contexto culinario que nos ocupa es una metáfora para denominar los frijoles negros. En Cuba, por su parte, los "cristianos" son representados por el arroz blanco. El nombre recuerda el dominio musulmán de la península ibérica. La presencia de musulmanes allí se inició en el siglo VII, y tuvo preeminencia hasta la posterior Reconquista. La Reconquista consistió en la lucha de fuerzas cristianas de ejércitos, pero más que de ejércitos, contra un imperio musulmán de naturaleza militar y cultural, y concluye en 1492 con la toma de la ciudad de Granada, bastión musulmán, por parte de los Reyes Católicos, Isabel de Castilla (1451–1504) y Fernando de Aragón (1452–1516). La toma de Granada llevó a su fin el último reino musulmán de tierras ibéricas. También en 1492, los judíos serían forzados a abandonar España. La misma suerte, en 1609, tuvieron que correr personas de religión musulmana.

En síntesis, hasta ahora: por un lado, el nombre de la receta recordaría un pasado de lucha entre católicos y musulmanes, así como la expulsión de estos últimos de la península ibérica. Por otro, el nombre de la receta moros y cristianos celebra el carácter híbrido de los territorios españoles, también profundamente enraizados en las culturas de origen árabe y musulmán. Así, la cocina y las prácticas culinarias del Caribe son lugar y una ocasión para el recuerdo. El nombre del platillo tiene como significado un recuerdo, porque rememora la tensa, compleja, sangrienta y también enriquecedora presencia de musulmanes en territorio de la actual España —entre el siglo VIII y el siglo XV. En primer lugar, el frijol, por ser de color oscuro o negro representa a los "moros" —población musulmana del norte del África, antes la provincia roma de Mauritania, que comprende Mauritania, el Reino de Marruecos y Argelia. Y, en segundo lugar, el arroz, por ser blanco, representa a los cristianos.

A diferencia de espacios para la religiosidad cristiana en España, como la Basílica de la Sagrada Familia (Barcelona), el Camino de Santiago (Galicia), la Alhambra (Granada), o la Semana Santa (Sevilla), la Fiesta de Moros y Cristianos no ha recibido la publicidad que merecería. Sea esta la ocasión para que te informes, muy sucintamente, de una vieja tradición en España y fuera de España, la cual viene a la mente cada vez cuando mencionamos el platillo caribeño moros y cristianos. Gabino Ponce Herrero resume en pocas líneas el origen y el contenido de esa fiesta:

> Desde sus orígenes a mediados del siglo XII, la fiesta de Moros y Cristianos se fue expandiendo por aquellos territorios de la Península Ibérica que los reinos Cristianos iban reconquistando del dominio musulmán. Con la expansión del imperio español a partir de los Reyes Católicos, la fiesta llegó a muchos de los territorios bajo su dominio, unas veces, en los territorios europeos, como celebraciones reales; y otras, en los territorios de ultramar, como herramientas de imposición religioso-cultural.
>
> *(201)*

¿Cómo resumir respetuosamente esta dramatización de un pasado más allá de lo bélico que vinculó a musulmanes y a cristianos en lo que hoy llamamos España? Aunque las festividades de moros y de cristianos varían en sus fechas según las ciudades donde se celebran, y aun cuando en cada ciudad hay elementos específicos que reaparecen, con Patricia Hertel es posible notar lo siguiente: las festividades revelan un común denominador desde el punto de vista de este teatro —mezcla de memoria histórica o ficticia con ritualismo— que "el final es siempre el mismo: los moros se rinden, los cristianos ganan" (46).

El conflicto bélico, que en efecto ocurrió y que tiene ecos dolorosos hasta finales del siglo XV, es revivido incruentamente en calles, plazas, fachadas, edificios oficiales y otros lugares del espacio público. Sobresalen, por su magnificencia en el colorido, en el vestuario, en la puesta en escena y el número de visitante, dos localidades españolas: Alcoy y Villajoyosa. Te animamos a visitarlas algún día. También en la festividad, los participantes rinden culto y homenaje al Santo Patrono de la Ciudad, pues es creído que ese santo en particular fue necesario para que las tropas cristianas vencieran a las tropas moras. Sant Jordi (San Jorge) y Santa Marta, respectivamente, adquieren relevancia en la hagiografía local con ocasión de las festividades de moros y cristianos.

En razón del fasto de las celebraciones religiosas, por la detallada teatralización de prácticas diplomáticas —los cristianos envían "embajadas" exigiendo la rendición de una fortaleza en poder de los moros —y debido las decoradas batallas ficticias— esa fortaleza es tomada, los moros deben rendirse y todo en medio de gritos, banderas, estandartes, armaduras y fuegos artificiales—, los moros y cristianos de Alcoy ganan reconocimiento: en abril de 2019, el Consell (Consejo) de Alcoy estableció que las festividades eran Bien de Interés Cultural (BIC) de carácter inmaterial. Y, porque también esas festividades fueron ya declaradas Fiestas de Interés Turístico Internacional, los habitantes de la ciudad y sus funcionarios esperan que pronto la Organización de la Unidas para la Educación y la Cultura (UNESCO) reconozca

IMAGEN 5.5 Moros y cristianos: un platillo del Caribe hispánico que no deberás confundir con otro también del Caribe, pero del Caribe francófono. Nos referimos al arroz congrí.

Source: © Cortesía de Andrés Lema-Hincapié.

que las festividades deben recibir el más alto reconocimiento cultural: ser Patrimonio de la Humanidad.

Puedes ver un video sobre la celebración de moros y cristianos en: www.rtve.es/alacarta/videos/la-manana/manana-1-fiestas-moros-cristianos/1385005/. En este video observarás la recreación de la batalla que tuvo lugar en 1276 en la localidad de Alcoy, entre moros y cristianos.

Arroz congrí y deudas lingüísticas con el Caribe

Las recetas de arroz con frijoles son muy variadas, así como los nombres de los platillos. Aunque no hay una receta única no debe confundirse los moros y cristianos con el arroz congrí. Mientras en el moro se emplean frijoles negros, en el congrí se emplean frijoles colorados. Es posible que "congrí" sea un vocablo compuesto donde estaría mencionada, muy directamente, la infeliz historia de la esclavitud y para la cual el mar Caribe fue un escenario infortunado —bello por su geografía, y terriblemente doloroso por tantas infamias contra millones de humanos de piel oscura.

Circula esta etimología que, lastimosamente, no hemos podido confirmar: *con-grí*: en criollo de Haití *con* recuerda la palabra "*kongo*" y *ris* viene del francés *riz*, esto es, "arroz".

Aprovechamos la oportunidad para citar unas cuantas palabras de una lista corta que estableció el polígrafo dominicano Pedro Henríquez Ureña (1884–1946) en su libro póstumo *Historia de la cultura en la América Hispánica* (1947). Solo citamos las palabras cuyo origen etimológico hay que encontrarlo en idiomas indígenas de América precolombina. Por favor, pon atención a muchas palabras que se refieren a alimentos. En palabras de Henríquez Ureña,

> de estos idiomas, los que dieron mayor contingente de palabras a los europeos, especialmente al español, fueron el taíno de las Grandes Antillas, perteneciente a la familia arahuaca (*barbacoa, batata o patata, batea, bohío, cacique, caníbal, caoba, carey, cayo, ceiba, cocuyo, guayacán, hamaca, huracán, iguana, macana, maguey, maíz, maní, naguas, papaya, sabana, tabaco, yuca*), el náhuatl, la lengua de los aztecas (*aguacate, cacao, chicle, chile, chocolate, tamal, tomate*), el quechua del Perú (*alpaca, cancha, cóndor, guano, llama* —animal—, *mute, pampa, papa, puma, tanda, vicuña, yapa o ñapa*). De la familia caribe proceden unas pocas (*manatí, piragua,* probablemente *butaca y colibrí*); de la tupí-guaraní, *ananás, copaiba, ipecacuana, jaguar, mandioca, marca, ombú, petunia, tapioca, tapir, tucán, tupinambo.*

(11)

"*Kongo*" y "*riz*" formarían "congrí". ¿Conoces otras palabras que se componen de dos lenguas? Da ejemplos.

"Frijol", "kongo", "congo pea" y muchos nombres más

En el capítulo 13 de su *Lexicon of Pulse Crops*, Aleksandar Mikić ha compilado muchos de los nombres que reciben las legumbres, y no solo enumera aquellos que tú puedes hallar en el diccionario; también Mikić incluye nombres populares. La compilación es detallada y hay vocablos realmente muy bellos. El frijol es una de las legumbres que más veces ha sido rebautizado: "caraota", "chaucha", "poroto", "fresol", "habichuela", "cachito", "gandul" o "blanquillo" son únicamente algunos de los nombres que el frijol recibe en América Hispánica. En el resto del planeta tiene nombres tan coloridos como "*pèsol*" en catalán, "*kyyhkynherne*" en finlandés, "*Strauchbohne*" en alemán, "*galambborsó*" en húngaro, "*dúfnabaun*" en islandés o "*maharagwe*" en swahili.

Busca todos los nombres que encuentres para "frijol" o para sus derivados en inglés y presenta un par de hipótesis sobre la enorme variedad léxica usada para significar el frijol.

Los refranes del frijol

Las palabras "frijol" o "frijoles" —también acentuado "fríjol" o "fríjoles" y también pronunciado "frisol" en algunos lugares— son comunes en el habla popular y se utilizan en muchos refranes. A continuación, encontrarán solo algunos. Léanlos en voz alta. Después, desentrañen los pensamientos que estarían supuestos en cada refrán. Y, por último, expliquen oralmente el significado de estos refranes:

"Si comes frijoles, no eructes jamón".
"A la hora de freír frijoles, manteca es lo que hace falta".
"Estás como los frijoles: Al primer hervor se arrugan".
"A la mejor cocinera se le queman los frijoles".
"Prefiero frijoles con amor que gallina con dolor".
"De amor, caldo; y de caridad, frijoles".

Carta de bebidas | De tal caña, tal ron

Para suplir al Mosto,
nosotros componemos
Caratos, Guarapos,
sabrosos y muy buenos;
y también los suplimos
con el gran Romo viejo
de la caña de azúcar.

Hijo, asombro, portento.

En el poema anónimo anterior, transcrito en el libro de José Ángel Rodríguez, aparecen cuatro bebidas: dos son conocidas y dos no son llamadas por su nombre. ¿Cuáles son esas dos bebidas? El poema está dedicado a cuatro bebidas —incluido el ron ("Romo", vocablo coloquial en República Dominicana). ¿A cuáles? ¿En qué consisten las tres bebidas que no son ron?

El subtítulo de esta sección proviene del refrán "De tal palo, tal astilla" o, en inglés, "Like father, like son". En el caso del ron, el "father" o, más bien, la madre de esta bebida alcohólica sería la caña de azúcar.

Antes de que la caña de azúcar fuera cultivada en América por los españoles a principios del siglo XVI, su cultivo habría empezado en las Islas Canarias, alrededor de 1493. Será también para los inicios del siglo XVI cuando, procesando la caña de azúcar, el primer ron fue seguramente destilado. Debes saber que la caña de azúcar, que sirve para el ron y para otros productos alimenticios (azúcares diversos, mieles, panela, por ejemplo), no es originaria de América —su origen está localizado en el sur y el sureste asiáticos. En tiempos del Medioevo, el azúcar no era un producto popular, porque era muy escasa, era costosa y estaba catalogada como una "especia fina". Sin embargo, el consumo fue aumentando debido a la introducción de plántulas de caña de azúcar en las islas del Caribe —llegó en 1493, en el segundo viaje de Cristóbal Colón (1451–1506) a la Hispaniola, hoy República Dominicana y Haití. Y, en este sentido, sí fue gracias a América la popularidad posterior en Europa de la caña de azúcar. En palabras de David Lambert:

> Muchos europeos deseaban poder beber té, café o chocolate con azúcar y, por esta razón, los dueños de plantaciones de cañas de azúcar llegaron a amasar una gran fortuna. El atractivo financiero que suponían esas plantaciones llevó a la valorización económica de las colonias en el Caribe —las que, por ese mismo hecho, se convirtieron en objetivos militares para imperios rivales. Gran Bretaña y Francia estuvieron constantemente en guerra en el siglo XVIII y en los albores del XIX. De ahí que islas en el Caribe, como la isla de Martinique, muchas veces cambiaran de manos. "An Introduction to the Caribbean, Empire and Slavery".

Hay varias historias y leyendas sobre el ron que involucran a los piratas en los siglos de tensiones entre España y otros países de Europa, como Francia y Gran Bretaña, esto es, los siglos XVI, XVII, XVIII y XIX. Aún es un pensamiento común vincular el ron tanto con los excesos alcohólicos como con la temeridad de piratas, de bucaneros y de corsarios. Por eso, ha habido marcas de ron que incluyen el dibujo de alguno de esos guerreros del mar en las etiquetas adheridas a las botellas. Podrás descubrir en Internet estas etiquetas para marcas de ron, entre otras más: Captain Morgan, Lady Bligh, o Rhum Corsaire.

No existe consenso todavía sobre la etimología de la palabra "ron" —en inglés es "*rum*" y en francés "*rhum*". Te presentamos aquí dos etimologías que aún circulan. Tú puedes animarte a realizar una investigación etimológica en profundidad, si bien expertos etimólogos hablan de orígenes oscuros y no se ponen de acuerdo sobre de dónde vendría la palabra. En todo caso, "*rumbullion*" o "*rumbustion*" son palabras que surgen como candidatas para el origen del vocablo "ron". Ambas palabras son usadas en inglés para describir la barahúnda verbal, el gran tumulto y el escándalo gestual causados por una persona muy, muy borracha. Otro étimo posible de "ron" tal vez sea la palabra en latín "*saccharum*" —la cual significa "azúcar". Los tres étimos postulados comparten un hecho lingüístico: *rum* nace de reducir parcialmente las tres palabras mencionas atrás. RUM-bustion, RUM-bullion y saccha-RUM habrían ofrecido una sílaba de pronunciación fácil, recordable y rápida: *rum*, primero en los vocablos compuestos, y posteriormente acaso la pronunciación inglesa independiente de *rum* [ˈrʌm] habrían tal vez causado la transcripción fonética de esa palabra en español: *ron*.

Circulan más las leyendas, tristemente, que los hechos históricos. Esto es verdad en el caso del ron. Hay un hecho, doloroso y sangriento y aún culpable, del que siempre se debe hablar cuando estamos considerando el ron del Caribe. K. K. Hall, gerente de rones para el Campari Group, le reconoce a Samantha Hunter la deuda que el mundo tiene con los esclavos negros en el Caribe con respecto al ron:

> Los esclavos son los abuelos del negocio del ron y son ellos los que han mantenido vivo ese negocio. Cuando se levantó un sentimiento en contra de la esclavitud y cuando en Jamaica en 1820 fue abolida la esclavitud, ello tuvo un fuerte impacto sobre el ron, puesto que los esclavos eran las personas que realmente estaban impulsando la manufactura del ron.

Reconocidos cócteles recurren al ron como parte central de la mezcla. Este es el caso del daiquiri. Para este cóctel y muchos otros más, el ron de las Antillas en el Caribe es altamente apreciado y para muchas islas situadas en ese mar —el "Mediterráneo" de América, por la confluencia de lenguas, culturales, etnias y, por supuesto, artes culinarias— el ron juega un rol central para las propias

IMAGEN 5.6 Mojito refrescante, con cigarros cubanos, hierbabuena y medio limón. Al fondo, el muy común sombrero de paja para los calores caribeños bajo el sol.

Source: © Cortesía de Dušan Zidar y de Dreamstime.com.

economías de esas islas. Es hecho a partir de subproductos de la caña de azúcar, como la melaza o el jugo de la caña de azúcar. Luego, el subproducto es primero fermentado y después destilado. Para este último proceso, que puede durar un largo tiempo, usualmente se usan barricas de roble.

Tiempo de mojitos

El mojito también es de Cuba y, de inmediato, nos conduce a pensar en un cielo ilimitadamente azul, colores de verdes y de azules para el mar, brisa y arena, y, por último, una hermosa playa en alguna isla del Caribe. El mojito se prepara con ron, hierbabuena, limón, agua con gas y azúcar.

Como tantas de las comidas y de las bebidas que hemos estudiado en nuestro libro, existe asimismo una leyenda para el mojito. Esta es insigne. El mojito habría sido llamado "Draque" desde el XVI y en memoria del corsario británico Sir Francis Drake (¿ –1596). Es pensado que los ilegales hombres del mar —piratas, corsarios y bucaneros— disfrutaban profundamente del Draque, porque el aguardiente los "animaba" en la soledad de la vida en el Caribe; el limón les permitía luchar contra la enfermedad del escorbuto —deficiencia en vitamina C—; las hojas de menta contribuían para la sensación de frescura en la bebida; y, por último, el azúcar suavizaba cierta agresividad causada por el sabor del aguardiente, que es un alcohol.

Sin embargo, el Draque era un cóctel con aguardiente, no con ron. El aguardiente, como bebida sin mezcla, para la época era general pensada como la bebida alcohólica de la clase trabajadora. Ahora, el mojito, pero con ron, alcanzó un mayor estatus, pudiendo ingresar en las preferencias posibles para bebedores de clases altas.

Para el origen del nombre "mojito", explica María Elena Fernández, "muy probablemente se lo denominó recurriendo a otro plato principal de Cuba, el mojo, una riquísima y consistente salsa o marinada". El vocablo "mojo" pudo tal vez tener, otra vez, su origen geográfico en las Islas Canarias: mientras las Islas Canarias le habrían dado al mojito la caña de azúcar, también las mismas islas pudieron haber prestado el término "mojo" —tan usado en Cuba para la que sería la salsa nacional del país. Te damos aquí los ingredientes del mojo según la *Gran cocina latina: The Food of America Latina* (2012), de Maricel E. Presilla (141). Por tu parte, anímate a preparar un sabroso mojo cubano:

12	Dientes de ajo
¼ taza	Jugo de una naranja amarga (que puedes, en su defecto, remplazar por jugo de lima o por vinagre blanco destilado)
½ taza	Aceite de oliva extra virgen
1 ½ cucharaditas	Comino
Al gusto	Sal y pimienta negra (fresca y molida)

Carta de bebidas | Tu coctelería

En otros capítulos, has tenido que elaborar un menú relacionado con la comida de un país específico o de una región. En este capítulo te pedimos que crees confeccionar una carta de bebidas. Crea tu propio bar donde ofrecerás atractivos cócteles. También puedes pensar tu bar como una mojitería, o como un bar de coctelería especializada. Ponle nombre a tu bar. Incluye cócteles con y sin alcohol. Los cócteles con alcohol solo podrán llevar ron. Olvídate por ahora del tequila o de otros licores, pues estos pertenecen a otros capítulos. No te olvides de ponerle precios a todos los cócteles. Haz tu carta de bebidas en la tabla de arriba.

Postre | El tembleque puertorriqueño

El tembleque es un postre de nombre movedizo. Su nombre le viene del hecho de que, cuando ya está finalizado, el postre tiembla en razón a su consistencia. Podrá parecerles un pudin, en cuanto a la textura cremosa que tiene, más su firmeza lo asemeja a la gelatina —que también "tiembla". Giovanna Huyke define el tembleque como "un flan sin huevo, una gelatina sin tener nevera ni horno". Todos los años, al menos en Navidad y en las celebraciones de Fin de Año, la presencia del tembleque alegra el paladar de los puertorriqueños.

Puedes encontrar una receta de tembleque en www.recetaspuertorico.com/2016/12/21/tembleque/.

La clase se dividirá en tres grupos. Cada grupo buscará un postre típico caribeño: otro puertorriqueño, uno cubano y uno dominicano. Presentarán el postre a la clase. Incluyan imágenes, mapas, historia, ingredientes y una actividad en la que participe toda la clase. No se olviden de hacer preguntas a la clase para fomentar el diálogo.

¿Por qué llamamos *coco* al coco? Las etimologías menos que absolutamente verdaderas serían, más bien, plausibles o no plausibles en mayor o en menor grado. Venga una etimología plausible sobre el origen de la palabra "coco". Se trataría de un vocablo de origen portugués usado por los exploradores portugueses desde el siglo XVI para denominar el fruto de la planta. Según el libro *La tribuna del idioma*, de Fernando Díez Losada, "una expedición de Vasco de Gama que

IMAGEN 5.7 Tabla en blanco para tu coctelería.

Source: © Cortesía de Madartists y de Dreamstime.com.

llegó a la India bautizó con este nombre, *coco*, al fruto de una especie de palmera, que simulaba una deforme cabeza humana, con huecos parecidos a ojos y boca, en recuerdo del coco o fantasma infantil" (481). Luego el vocablo pasaría al castellano. Hay una rima infantil para asustar a los niños que no quieren dormirse a tiempo: "Duérmete, niño, / Que viene el coco. / Y se lleva a los niños / Que duermen poco".

Si es cierto que los exploradores portugueses vieron "rostros" en los cocos, así como también nosotros podemos verlos, el vocablo "coco" surgió entonces por causa del fenómeno visual y psicológico denominado *pareidolia*. ¡Busca ejemplos en la red de este fenómeno!

IMAGEN 5.8 Coco y *pareidolia*. Durante la preparación de las cocadas según la receta de San Basilio de Palenque (Colombia), las manos de la chef Luz Dary Quintero Cifuentes sostienen un coco acaso con "cara de mal genio". Cali, Colombia, 23 de diciembre de 2015.

Source: © Cortesía de Andrés Lema–Hincapié.

Sobremesa | Traducir y escribir

Traducción de una canción: "Sazón" de Celia Cruz

Así como el ron trae consigo imágenes del Caribe, Celia Cruz (1924–2003) encarna la música también del Caribe. Su carrera como vocalista empezó en Cuba, durante la dictadura de Fulgencio Batista (1901–1973). Por ese entonces, Celia acompañó a una de las orquestas más aplaudidas y populares de la isla: la Sonora Matancera, fundada en 1924.

Entre los exiliados que causó la Revolución Cubana (1959) estaba Celia Cruz. Ella vino a los Estados Unidos, después de pasar un tiempo en México. Nació en el barrio habanero de Santos Hogares y, en lugar de seguir el destino de maestra de escuela que le habían determinado sus padres, Celia ingresó en el Conservatorio Nacional de Música en La Habana. En 1960, y también con la Sonora Matancera en exilio, Celia trabajó en Cuba. Desde 1962, Celia vivió en la ciudad de Nueva York, pero desde 1965 dejó de trabajar con la Sonora Matancera. De ahí en adelante, ella fue identificada como la gran cantante de un ritmo: la salsa. Su gran impacto a nivel mundial —ella es seguramente la cantante más importante de música latina en el siglo XX —está expresado en los apelativos con los que se la conoce: La Reina de la Salsa, La Guarachera de Cuba y La Reina de la Música Latina.

En la década de 1970, Celia ingresó al grupo musical neoyorquino Fania All-Stars y, desde allí como solista, fue consiguiendo su fama planetaria.

Además de sus canciones alegres, contagiosas y de mucho significado, el carisma de Celia fue, sin duda, central para que su obra musical alcanzara la mayor de las repercusiones: Celia estaba dotada de un extraordinario don de gentes; su carácter sencillo y sin complicaciones nunca fallaba; contagiaba con una sonrisa muy blanca y fácil; y bailar siempre fue para ella "pan comido" (*a piece of cake*).

La recordamos hoy con una de sus canciones más famosas: "Sazón". ¡Déjate contagiar por la música de Celia Cruz!

Pasos para traducir "Sazón" al inglés:

1   Sin ver el video de Celia Cruz, lee primero en voz alta, varias veces, la canción.
2   Sin ayuda del diccionario, trata de hacer una primera traducción completa de la canción, mientras vas identificando y separando las palabras que no lograste comprender.
3   Vuelve a leer en voz alta la canción.
4   Oye un par de veces el video de Celia Cruz y trata de ayudarte con las imágenes para traducir las palabras que todavía no has podido traducir.
5   Usa el diccionario, al igual que recursos que te ofrece Internet, para confirmar las traducciones de cada palabra, buscando también allí las palabras que hasta ahora no has podido traducir.
6   Fonética: ¿qué puedes decir de los fenómenos fonéticos que están expresados en las palabras *pa'* y *co'quillita'*?

Te copiamos a continuación una parte de la letra de la canción:

> Todo el mundo me pregunta:
> ¿Celia, cuál es el secreto
> de estar unida tanto tiempo
> al hombre de tu corazón?

Y yo siempre le respondo
que yo tengo mi receta,
y aunque sea muy discreta,
sé triunfar en el amor:

Una taza de cariño,
un chin chin de pimentón,
revolverlo con ternura,
y dar besitos un montón.

Una pizca de alegría,
un costal de comprensión,
con salero y santería
yo conquisté su corazón:

Y todas las noches . . .
se infarta . . .

Yo le pongo sazón, zon, zon,
le pongo sazón,
yo le pongo sazón,
a mi negrito pongo sazón.

Yo le pongo sazón, zon, zon,
le pongo sazón.
yo le pongo sazón,
a mi negrito pongo sazón.

Lo mantengo entretenido
siempre dándole algo nuevo:
me cambio de color de pelo,
como cambiar de pantalón.

Tacón alto, falda corta,
todo por mi cariñito,
siempre le digo, *mi amorcito*,
¡Papi!, tú eres el mejor.

Yo me siento muy dichosa
de tenerlo tantos años,
se va un minuto y ya lo extraño
y le doy gracias al Señor.

Y a mi Virgencita Santa
yo le prendo tres velitas,
te aseguro muchachita
que no me puede ir mejor.

Pero todas las noches . . .:

Yo le pongo sazón, zon, zon,
le pongo sazón,
yo le pongo sazón,
a mi negrito pongo sazón . . .

Le lavo la camisa,
le hago su comidita,
y por eso mi negrito
siempre está sabrosón, son, son.

(Yo le pongo sazón, zon, zon)
(le pongo sazón).
Con amor y pasión
le doy mi corazón, ¡negro lindo!

Yo le pongo sazón,
a mi negrón le pongo sazón.

Que le doy mi corazón
a mi negrito, santón, santón.

¡Azúcar, qué rico, caballero!
Otra vez.
¡Azúcar!

(Le pongo sazón, zon, zon)
(le pongo sazón)

Él me trae cafecito,
luego me da un besito.
¡Yo le pongo el azúcar,
pa' que sepa mejor, sazón!

(Yo le pongo sazón, zon, zon)
(le pongo sazón)

¡Ay, qué rico son,
son *co'quillita'* en el corazón! . . .

Puedes escuchar la canción en Spotify o ver el video en www.youtube.com/watch?v= BCkuLCsHJQY

Información léxica:

sazón.
(Del lat. *satĭo, -ōnis,* acción de sembrar, sementera).

1   f. Punto o madurez de las cosas, o estado de perfección en su línea.
2   f. Ocasión, tiempo oportuno o coyuntura.
3   f. Gusto y sabor que se percibe en los alimentos.

a la ~.
  1. loc. adv. En aquel tiempo u ocasión.
  en ~.
  1. loc. adv. Oportunamente, a tiempo, a ocasión.
  Fuente: *Diccionario de la Lengua Española*

Escritura de una redacción

En una redacción de una página (350 palabras aproximadamente), escribe sobre alguno de los temas siguientes referidos a "Sazón":

1   ¿Qué nos dice la canción sobre el uso del diminuto en español, y cuáles serían los usos más comunes del diminutivo en español?
2   La palabra "negro" y sus variantes en la canción tienen equivalente en inglés. ¿Cuáles son los sentidos en contraste de la palabra "negro" en español y en inglés? Investiga en algún diccionario de etimología cultural y de semántica histórica sobre los cambios de sentido de "negro" en español y en inglés.
3   En la canción, la palabra "sazón" es una metáfora para referirse a . . .
4   Si es posible criticar culturalmente la imagen de la mujer y de la relación hombre/mujer, ¿cuáles serían esas críticas? Si es posible, sin embargo, defender la canción de esas críticas, ¿cuáles serían esas defensas?
5   Identifica y desarrolla los temas religiosos que aparecen en la canción.
6   En tus propias palabras, ¿cuáles serían los ingredientes que da Celia Cruz para que dure el amor de pareja?

Bibliografía

"Un buen moro dominicano". *Listín Diario*, 27 ene. 2012, listindiario.com/la-vida/2012/1/26/219498/un-buen-moro-dominicano.

Cássia Vieira Cardoso, Ryzia de, et al., editores. *Street Food: Culture, Economy, Health and Governance*. Routledge, 2014.

"Constitución de la República, proclamada el 10 de abril de 2019". *Gaceta Oficial de la República de Cuba*, www.vanguardia.cu/images/materiales/gobierno/constitucion/constitucion-de-la-republica-de-cuba.pdf, acceso 12 ago. 2019.

Cruz, Celia. "Sazón", www.youtube.com/watch?v=BCkuLCsHJQY, acceso 3 dic. 2018.

Diccionario de la Lengua Española, lema.rae.es/drae/, acceso 29 ago. 2019.

"Dieta DASH: Consejos para comer fuera de casa". *Mayo Clinic*, www.mayoclinic.org/es-es/healthy-lifestyle/nutrition-and-healthy-eating/in-depth/dash-diet/art-20044759, acceso 13 ago. 2019.

Díez Losada, Fernando. *La tribuna del idioma*. Editorial Tecnológica de Costa Rica, 2004.

Engber, Daniel. "Who Made That Food Truck?". *The New York Times*, 2 may. 2014, www.nytimes.com/2014/05/04/magazine/who-made-that-food-truck.html.

Ferreira, Rui. "El verdadero sandwich cubano enfrenta a Tampa contra Miami". *El Mundo.es*, 19 may. 2012, www.elmundo.es/america/2012/04/18/estados_unidos/1334782698.html.

"Fiesta de moros y cristianos". *Rtve.es*, 24 abr. 2012, www.rtve.es/alacarta/videos/la-mañana/manana-1-fiestas-moros-cristianos/1385005/.

Fresa y chocolate. Dirigida por Tomás Gutiérrez Alea y Juan Carlos Tabío. Avalón, 2010.

Gelt, Jessica. "Kogi Korean BBQ, a Taco Truck Brought to You by Twitter". *Los Angeles Times*, 11 feb. 2009, www.latimes.com/style/la-fo-kogi11-2009feb11-story.html.

Henríquez Ureña, Pedro. *Historia de la cultura en la América Hispánica*. Fondo de Cultura Económica, 1947.

Hertel, Patricia. "Juegos de identidad: Las fiestas de moros y cristianos como difusoras de una narrativa histórica nacional". *Didáctica de las Ciencias Experimentales y Sociales*, vol. 35, 2018, pp. 45–58.

Hunter, Samantha. "Everything You Need to Know about Jamaican Rum". *Esquire*, vol. 6, jul. 2019, www.esquire.com/food-drink/drinks/a28265582/jamaican-rum/.

Huyke, Giovanna. "En la cocina con la chef Giovanna: Tembleque puertorriqueño". *Ahora News*, 10 dic. 2017, ahoranews.net/la-cocina-la-chef-giovanna-tembleque-puertorriqueno/.

Lambert, David. "An Introduction to the Caribbean, Empire and Slavery". *British Library*, 16 nov. 2017, www.bl.uk/west-india-regiment/articles/an-introduction-to-the-caribbean-empire-and-slavery#authorBlock1.

Lezama Lima, José. *Paradiso*. Era, 1976.

Mikić, Aleksandar. *Lexicon of Pulse Crops*. Taylor & Francis, 2018.

"Mixto Cubano: The Origin of the Cuban Sandwich". *Vimeo*. vimeo.com/268122142, acceso 11 ago. 2019.

Orgun, Güler, et al. *Diksionaryo de ladino a espanyol*, www1.dpz.es/dipu/areas/presidencia/sefarad/NUEVO/ESP/actividades/2004/publicaciones/diccionario.pdf, acceso 3 dic. 2018.

Pill, Alejandra. "Changing Food Landscapes Understanding the Food Truck Movement in Atlanta, Georgia, USA". *Street Food: Culture, Economy, Health and Governance*. Editado por Ryzia de Cássia Vieira Cardoso et al., Routledge, 2014, pp. 119–32.

Ponce Herrero, Gabino. "Las fiestas de Moros y Cristianos: Patrimonio de la humanidad". *MYC La Revista*, vol. 72, 2016, pp. 200–2.

Presilla, Maricel E. *Gran cocina latina: The Food of America Latina*. W. W. Norton, 2012.

"Receta de tembleque de coco", www.recetaspuertorico.com/2016/12/21/tembleque/, acceso 3 dic. 2018.

Rodríguez, José Ángel. *La historia de la caña: Azúcares, aguardientes y rones en Venezuela*. Alfadil, 2005.

Romero Castelló, Elena. "El olor del sábado: La adafina, del Arcipreste de Hita a las versiones 'light'". *La mesa puesta: Leyes, costumbres y recetas judías*. Editado por Uriel Macías Kapón y Ricardo Izquierdo Benito, U de Castilla-La Mancha, pp. 215–40.

Salas, Roger. *Ahora que me voy*. Alma, 1998.

Triay, José E. *Nuevo manual de cocina del cocinero criollo cubano*. La Moderna Poesía, 1914.

Vega "Biscayenne", Ana. "El sándwich cubano de la película Chef". *El País*, 18 feb. 2016, elcomidista. elpais.com/elcomidista/2016/02/10/receta/1455139456_747220.html.

IMAGEN 5.9   Carla Rivera–Matos ofrece su tembleque puertorriqueño durante la cuarta *Grand Tasting Holiday Feast*, en el Departamento de Lenguas Modernas. University of Colorado Denver, 5 de diciembre de 2018.

Source: © Cortesía de Holly Vesco.

6

CUCHARÓN Y CUCHARITA

Colombia de sopa y de café

Aperitivo | El refranero

Gallina vieja da buen caldo.
Se las da de café con leche.

Con un compañero/a y con la ayuda de un diccionario busca el significado de los refranes anteriores.

El primer refrán se refiere a la sopa y el segundo al café. ¿Cuáles otros refranes de Colombia incluyen comidas y bebidas? Busca al menos tres comidas o bebidas típicamente colombianas que aparezcan en algún refrán.

Entrada | El mejor café del mundo

En el imaginario mundial, Colombia despierta diversas representaciones. Una de esas representaciones, exquisita y aromática, tiene que ver con el café de Colombia. El arbusto del café no tuvo su origen en el actual territorio de Colombia —eso ocurrió muy probablemente en las regiones que hoy llevan por nombre estos dos países: Etiopía y Yemen. Tampoco Colombia es el mayor exportador mundial del café: este protagonismo lo ejerce Brasil. Colombia, en el ranking de los más importantes países exportadores de café, ocuparía o la posición tercera —o la cuarta. Así como no hay un consenso total sobre el origen del arbusto del café (cafeto arábigo, con el nombre científico de *Coffea arabica*), la palabra "café" está también rodeada de versiones diferentes sobre su origen —las etimologías, lo sabemos muy bien desde Platón (428/427 o 424/423–348/347 a. C.) y con Martin Heidegger (1889–1976), son terrenos inestables, imaginativos y muy manipulables. Hay una posición que defiende una etimología vinculada con monjes coptos cristianos quienes, en Etiopía, habrían consumido y preparado la bebida que encontraron allí, la cual les permitía luchar contra el cansancio y contra la necesidad de sueño. Etíopes locales, del Reino de Kaffa, convidarían la bebida del café a esos monjes visitantes en tiempos de la Edad Media. Estos monjes, a su turno, habrían conectado la palabra "Kaffa", que apuntaría hacia la palabra árabe "*qahwah*" (bebida de bayas) con la palabra italiana "*caffè*". En *El Diccionario de la Real Academia de Lengua Española*, se asegura sin duda alguna: "Del italiano *caffè* (*sic*), este del turco *kahve*, y este del árabe clásico *qahwah*". Por nuestra parte, nosotros apostamos más bien por mantener cierto espacio de incertidumbre en las etimologías.

Históricamente, hacia el siglo XIII, y muy seguramente en razón de la prohibición de bebidas alcohólicas en territorios de religión musulmana, el café habría alcanzado un interés inusitado. Con la llegada de europeos a América, desde 1492, llegan también a América las semillas del café y, desde el Nuevo Mundo el café empieza a cultivarse masivamente con el fin de responder a la demanda que hay en Europa de esa bebida.

En todo caso, hay, eso sí, y aunque *de gustibus et coloribus non disputandum*, una certidumbre que nadie pone en duda: la calidad del café de Colombia. Según muchos *connaisseurs* y a pesar de las diversas preferencias personales, esa calidad del café colombiano proviene de su sabor, de su aroma y, en general, de una exquisitez mayor por su suavidad, en relación con el café de otros lugares de América, como Honduras, El Salvador, Brasil, Guatemala, México, Perú y Costa Rica, o de países como Vietnam, India, Indonesia, Tanzania, Hawaii, Sumatra, Kenia, Yemen o Etiopía. En el planeta, es Colombia el más importante exportador de café suave.

Países de la Unión Europea (2007), al igual que Ecuador, Bolivia y Perú, incluso reconocen que el café de Colombia es un producto con denominación protegida de origen, y la expresión "café de Colombia" es una marca registrada en Canadá (1990) y en Estados Unidos (1981). En

IMAGEN 6.1 Pueblo de Salento, en una de las más importantes regiones cafeteras de Colombia. Un jeep Willys de mediados del siglo XX y bultos de café con el logo de la Federación Nacional de Cafeteros de Colombia: Juan Valdez y Conchita.

Source: © Cortesía de Markpittimages y de Dreamstime.com.

el propio territorio de Colombia, hay asimismo denominaciones de origen, de acuerdo con el nombre de algunos departamentos colombianos donde el café se cultiva: Cauca, Santander, Huila y Antioquia.

Dos embajadores del café colombiano: Juan Valdez y la mula Conchita

Si bien no puede competir todavía con la masividad de Starbucks —las bebidas de café, los *coffeeshops*, la venta de otros productos—, las cafeterías y los diferentes artículos que llevan el logo-imagen de Juan Valdez y de su mula Conchita son reconocidos ya en muchos lugares del mundo. Hay sitios para tomar café con la franquicia *Juan Valdez* en Miami, en Nueva York y en Washington, D. C., entre otras ciudades. En países de lengua española, deberías encontrar a Juan Valdez y a Conchita en estas ciudades: Guayaquil, La Paz, Madrid, San José, Panamá, Lima, Quito y Santiago. Y, en caso de que no visites ninguna de esas ciudades y que sigas con ganas de consumir productos de la tienda "Juan Valdez", te será fácil encontrarla *online*.

El diario argentino *La Nación*, en su edición del 3 de octubre de 2004, informa a sus lectores sobre Juan Valdez:

> Colombiano más famoso que Juan Valdez no existe. Ni García Márquez ni Pablo Escobar. El hombre, con bigoticos, sombrero, poncho y su inseparable mula Conchita, tiene la función de promocionar el café 100 % colombiano en el mundo. Técnicamente, Juan Valdez es un vocero del café. Esta figura que hoy es tan popular nació, en 1959, como una estrategia publicitaria. Por aquellos años, la Federación de Cafeteros de Colombia le encargó a la agencia Doyle Dane Bernbach una campaña para posicionar el café colombiano en el mundo. Los creativos inventaron un personaje, Juan Valdez, que representaría a los cientos de miles de campesinos cafeteros.

El hombre de piel blanca, de gran bigote negro, de sombrero también blanco, de camisa azul, de poncho, de carriel —tipo de cartera que han usado hombres de las zonas cafeteras de Colombia—, de tapapinche —delantal que va desde la cintura hasta un poco más debajo de las rodillas—, de machete, de alpargatas y de una suave sonrisa amable: ese es Juan Valdez.

El primer Juan Valdez lo encarnó José Duval, un actor cubano que vivía en Estados Unidos. Luego vendría Carlos Sánchez Jaramillo. Sánchez Jaramillo sí era colombiano y sí tenía que ver con el café en Colombia: había nacido en Fredonia, una pequeña ciudad en el departamento de Antioquia y su oficio era el de cultivar café —"caficultor". Durante treinta y siete años, Sánchez Jaramillo viajó por el mundo entero, llegando incluso a compartir la alfombra roja con grandes actores, en Hollywood, en la ceremonia anual de los Oscar, y tuvo un pequeñísimo papel, o cameo memorable, en el filme *Bruce Almighty* (*Como Dios*, 2003). Con las primeras luces del alba, Juan Valdez pasa en compañía de Conchita junto a la ventana de la vivienda de Bruce Nolan. Interpretado por el famoso comediante Jim Carrey, Bruce ha deseado un café, la bebida que lo "energizará", para que así emprenda con éxito sus enloquecidas tareas del día. Juan Valdez es reconocido por Bruce. Y, sin que nadie los presente, Juan Valdez le llena una gran taza de café al aún adormitado Bruce. Las actividades frenéticas de Bruce empezarán tan pronto bebe un delicioso sorbo de café colombiano.

Carlos Sánchez Jaramillo será reemplazado por Carlos Castañeda Ceballos, también caficultor y también de Antioquia: del municipio de Andes. El 29 de diciembre de 2018, muere

Sánchez Jaramillo, luego de una labor realmente extraordinaria: durante casi cuatro décadas, Sánchez Jaramillo y su entrañable personaje Juan Valdez encantaron al mundo, representando el café suave de Colombia. Frente a esa muerte, escribe estas palabras la periodista Adriana Andrade Zambrano, del periódico colombiano *La Nación: Noticia Independiente*: "Las reacciones en las redes sociales [por la muerte de Carlos Sánchez] no dieron espera y no era para menos, pues este hombre logró que Colombia fuera conocida cuando solo el 4 % de los estadounidenses identificaban al país como productor de café".

Busca la foto de Juan Valdez y de la mula Conchita. ¿Por qué crees que tuvieron tanto éxito? Después, busca el logo de las cafeterías Juan Valdez. ¿Qué logo prefieres, el de Juan Valdez o el de Starbucks? ¿Por qué?

También se come y es sabrosísimo

¡Esta bebida del Diablo es tan deliciosa
que deberíamos engañarlo, bautizándola!
Es tan exquisita, ¡que sería un pecado
permitir que solamente la bebieran los infieles!
Palabras atribuidas al Papa Clemente VIII (1536–1605)

(Wagner 22)

Las oraciones anteriores, atribuidas a un importante papa del Renacimiento italiano, son encantadoras —si bien su autenticidad no hemos podido confirmar. Nos importa ahora mismo subrayar este hecho que todavía es usual: al pensar en el café, pensamos únicamente en una bebida. Incluso Seattle con Starbucks, la ciudad de los Estados Unidos que exportó masivamente el consumo del café con sus *drive-thrus* o en la cafetería como sitio de encuentro social —al estilo europeo—, ha liderado desde 1971 una cultura del café, sin duda de calidad y cuyos orígenes son internacionales. De todos modos, en la cadena Starbucks se sigue privilegiando el café como bebida.

También son las bebidas a base de café las maneras que predominan cuando es reconstruida, con incertidumbres, la historia del café. Como escribíamos atrás, no hay certeza ni sobre el lugar de nacimiento del arbusto de café, ni sobre cómo apareció la bebida. Hay cuentos muy imaginativos que reportan el asombro de un cabrero etíope, de nombre Kaldi, quien habría visto que, luego de haberse alimentado con las cerezas rojas del cafeto, sus cabras manifestaron una animación y una energía inusuales. También mencionábamos antes que, además de Etiopía, Sudán, la península arábiga y Yemen ocupan los territorios donde quizás se originó el cafeto. Fue la ciudad yemení de Moca la que tuvo el honor de convertirse en la gran ciudad del comercio del café, entre los siglos XV y XVIII. Su estratégica localización, en la costa sobre el Mar Rojo y cercana al encuentro del ese mar con el Golfo de Adén, fue central para que monopolizara buena parte de los intercambios comerciales cafeteros.

Para el Public Broadcasting Service (PBS), Tori Avey reporta:

Durante el siglo XIII el café era una bebida muy popular entre la comunidad islámica en razón de los poderes estimulantes de la bebida, lo que era bastante útil para soportar mejor las largas sesiones de oración. Debido a que tostar y hervir el café causa que sus granos sean infértiles, los árabes lograron por bastante tiempo monopolizar el mercado del café. En 1616, los neerlandeses fundaron en Sri Lanka el primer latifundio cafetero de dueños europeos. Luego, harían lo mismo en Ceilán y, más tarde, en 1969, en Java. Primero los franceses cultivaron café en islas del Caribe, y después sería el turno para los españoles —en Centro América— y para los portugueses —en Brasil.

Con todo, es importante insistir en que el café también se come. Aun en Colombia, *comer* café no es algo común. Por ejemplo, el investigador culinario Carlos Ordoñez Caicedo asegura esto sobre el departamento colombiano de Caldas: "Caldas, poblada por antioqueños en el siglo pasado, aporta muy poco a una nueva cocina y, a pesar de producir el mejor café del mundo, no lo utiliza sino como bebida y algo en sus postres" (73). Ahora es posible conseguir, en tiendas especializadas, supermercados estadounidenses o por Internet, granos tostados de café cubiertos de chocolate, *Coffee Cake Cupcakes*, *Walnut Mocha Torte*, *Vietnamese Coffee Popsicles*, o *Grilled Coffee Balsamic Flank Steak*, entre muchas otras delicias.

¿Por qué crees que Seattle es la ciudad del café? ¿Cuál sería la ciudad del té? ¿Y la del chocolate?

Lean este artículo de Peter Day para la BBC y luego, en clase, preséntalo oralmente a sus compañeros/as: "¿Es Colombia el hogar de la taza perfecta de café?" *BBC News Mundo*. 15 abr. 2015.

IMAGEN 6.2 Granos de café y una taza de café humeante —sin duda, hay alguna exageración con el fin de subrayar cuán crucial es, para esta bebida, su aroma.

Source: © Cortesía de Ercan Senkaya y de Dreamstime.com.

Un tema muy musical: "Moliendo café"

El café es el tema de varias canciones. "Moliendo café", canción ampliamente popular en el mundo hispano, es un ejemplo de ello. Tal es la popularidad de esta canción, que se dice que "Moliendo café" ha sido objeto de más de ochocientas versiones —con sutiles variantes según los intérpretes. Fue compuesta a finales de los cincuenta o por José Manzo o por Hugo Blanco, ambos músicos venezolanos. Escucha esa conocida y pegadiza canción. También, completa las palabras que le faltan a la letra. Puedes escuchar la canción en Spotify o en You-Tube. Aquí tienes una de las muchas versiones de "Moliendo café", interpretada por el grupo Classico Latino and Friends: www.youtube.com/watch?v=dqZE35usJwI

Cuando la tarde _____ renacen las sombras,
en la quietud los _____ vuelven a sentir,
esa triste canción de amor de la vieja molienda,
que en el _____ de la noche parece decir.

Cuando la tarde _____ renacen las sombras,
y en la quietud los _____ vuelven a sentir,
esa triste canción de amor de la vieja molienda,
que en el _____ de la noche parece decir:

Una pena de amor, una tristeza
lleva el zambo Manuel en su _____,
pasa _____ la noche moliendo café.

Cuando la tarde _____ renacen las sombras,
y en la quietud los _____ vuelven a sentir,
esa triste canción de amor de la vieja molienda,
que en el _____ de la noche parece decir:

Una pena de amor, una tristeza
lleva el zambo Manuel en su _____,
pasa _____ la noche moliendo café.

Moliendo café, moliendo café, moliendo café,
moliendo café, moliendo café, moliendo café,
moliendo café, moliendo café, moliendo café,
moliendo café, moliendo café.

Cuando la tarde _____ renacen las sombras,
en la quietud los _____ vuelven a sentir,
esa triste canción de amor de la vieja molienda,
que en el _____ de la noche parece decir:

Una pena de amor, una tristeza
lleva el zambo Manuel en su _____,
pasa _____ la noche moliendo café.

Has escuchado dos canciones muy diferentes sobre el café. ¿Qué similitudes y qué contrastes puedes establecer entre esas dos canciones? ¿Conoces otras canciones sobre el café? ¿Qué otras bebidas pueden tener canciones? ¿Por qué?

A la carta | San Sancocho

"San" Sancocho: la popularidad de este plato nacional ha convocado el simpático deseo de su santificación simbólica. La arepa —aunque muy seguramente sean los venezolanos los verdaderos maestros de la arepa— acompaña al sancocho en la "hagiografía" culinaria de Colombia. En toda casa, y dejando las bromas aparte, el plato bandera de Colombia lleva a pensar en platos de otras regiones del mundo europeo y del continente americano: el ajiaco taíno (de la isla que comparten Haití y República Dominicana), así como la olla podrida y el cocido —dos platos de España.

En razón de que es un plato de cantidades generosas, por lo general en Colombia se lo consume a mediodía, para el almuerzo. Pero no todos los días y máxime si es un día duro de trabajo, porque después de un poderoso sancocho el cuerpo de los comensales pide descanso, reposo e, idealmente, una pequeña siesta. En los días de semana, si hay sancocho para el almuerzo, las cantidades servidas son menores. Es con ocasión de los fines de semana o para eventos especiales, cuando el sancocho muestra sus mayores atributos y su abundancia proverbial. Aun cuando muchas veces no todos los ingredientes están disponibles para un sancocho "trifásico" —esta palabra significa aquí con tres carnes (cerdo, pollo/gallina, res) y es una metáfora para la potencia o fuerza alimenticia del plato y está tomada del contexto eléctrico: poder eléctrico de tres fases.

Si el trifásico es muy común en el departamento colombiano de Antioquia, en los departamentos del Valle del Cauca, Nariño y en la región caribe hay variaciones. En Valle y en Nariño predomina, para las carnes utilizadas, el pollo o la gallina, aunque también la cola de res; en zonas junto al mar Caribe o al océano Pacífico es el pescado en muchas de sus especies (tilapia, pargo rojo, bocachico, nicuro, capaz, sábalo o róbalo, por ejemplo). Según los ingredientes de más fácil acceso en un lugar específico, así también es establecido el tipo de sancocho más popular que será preparado.

Para los otros ingredientes, si bien no es necesario que todos estén siempre en cada preparación del sancocho, es usual incluir pedazo de mazorca, papas amarillas, plato verde ("biche" es el término regional), yuca, tomates y cebollas. Para la condimentación, junto con la sal, comúnmente son usados el ajo, tomillo, laurel, el cilantro —no el perejil— y, algo muy importante: una salsa o vinagreta no muy picante. ¡En Colombia, generalmente no esperes comidas picantes! Esa vinagreta es llamada "ajipique" o "ají", acompaña el plato del sancocho o las empanadas, y es muy apreciada por los colombianos.

Para quien crea que es ya suficiente con lo que trae el sancocho propiamente dicho, viene la sorpresa: esta sopa multicolor se acompaña con patacones o plátanos fritos —los exquisitos "tostones" como los llaman en Puerto Rico y en República Dominicana—, con arroz blanco y con aguacate. A veces, también es posible recibir algo más que viene con el sancocho: una ensalada pequeña y sencilla hecha con repollo y con zanahoria cortados en tiras delgadas y aderezos de vinagreta: (mayonesa, cebolla, mostaza, sal, pimienta, comino en polvo, aceite de oliva).

El sancocho tiene un nombre peculiar. Busca información sobre el nombre de esta sopa.

IMAGEN 6.3 Tostones, o patacones, o patacón pisao (Venezuela), con el profesor Devin Jenkins. De hecho, aquí en *Food Metaphors: Ibero-American Cuisine and Cultures*, los estudiantes preparan con plátanos verdes lo que los colombianos denominan "moneditas" o "tajaditas"; en Cuba, "mariqui-tas". University of Colorado Denver, otoño de 2017.

Source: © Cortesía de Andrés Lema-Hincapié.

Investiga en Internet la receta (ingredientes y preparación) del ajipique. ¡Es muy fácil de preparar, riquísimo y no solo te servirá para el sancocho! Puedes usarlo también como vinagreta para tus ensaladas o para darle sabor a una carne asada de res —a modo de chimichurri.

La sopa en la pantalla grande: Tortilla Soup

En Colombia estamos en el país de las sopas. Hay más que sancocho en Colombia. Y para continuar con el tema culinario de las sopas, veamos un poco de cine. *Tortilla Soup* (2011) es una película estadounidense cuya directora es María Ripoll. Se trata de una adaptación de una película taiwanesa: *Comer, beber, amar* (1994), de Ang Lee. *Tortilla Soup* retrata la vida de Martín Naranjo, un chef viudo de origen mexicano interpretado por el actor estadounidense Héctor Elizondo, y de sus tres hijas adultas: Maribel (Tamara Mello), Leticia (Elizabeth Peña) y Carmen (Jaqueline Obradors). Las tres hijas ya adultas tienen vidas y preocupaciones muy diferentes y, como regla familiar no escrita, el almuerzo de los domingos con su padre es un rito que debe respetarse. La famosa actriz Raquel Welch, quien interpreta a Hortensia, está románticamente interesada en Martín. Si bien que con toda sus energías y sus técnicas culinar-ias Martín trata de impresionar a sus tres hijas y a los invitados que llegan a casa, Maribel, Leti-cia y Carmen no valoran como deberían las tareas de su padre en la cocina y las exquisiteces que preparara. Más les importan sus propios proyectos y sus propias turbulencias en el amor.

Tortilla Soup recuerda que las comidas en familia son también una tradición del mundo hispanoamericano y que hay un anhelo fuerte por conservarla, al igual que una nostalgia triste cuando esa tradición se pierde —porque no hay tiempo, porque los compromisos agobian, porque es tiempo de gimnasio, porque los celulares y las redes sociales reclaman nuestra atención o, simplemente, porque hemos dormido muy poco y estamos verdaderamente muy cansados.

Muchos son los filmes sobre la cocina y las comidas que reactivan a su modo la estructura nuclear de la familia. Incluso, hay alimentos, sabores, bebidas o incluso ciertas normas de etiqueta al comer que causan en nuestras memorias el recuerdo de ciertos miembros de la familia o de amigos especiales.

Puedes ver la película *Tortilla Soup* en YouTube: www.youtube.com/watch?v=y7CTf0VFLpM

Una sopa al óleo: La cena *de Fernando Botero*

Fernando Botero (1932–) es un gran pintor y un escultor nacido en Colombia, reconocido internacionalmente y cuyas obras se subastan por sumas inimaginables. Botero vive, durante el año, entre París (Francia) y Pietrasanta (Italia). Botero nació en Medellín y su estilo en el arte pictórico y en arte de la escultura lleva su propio nombre: *Boterismo*. Las obras de Botero dialogan, fundamentalmente, con la pintura mundial y con tradiciones colombianas. Y, con la pintura y con esas tradiciones, Botero imprime su sello propio: personas, objetos domésticos o públicos, espacios, animales y plantas en sus cuadros y en sus esculturas son agrandadas —o, más precisamente, *engordadas.*

La presencia de Botero es planetaria: en el Museo de Antioquia (Colombia) y en otros museos del planeta está conservada una buena parte de producción artística, pero también hay obras de él en espacios abiertos del mundo: el Performing Art Complex en Denver, los Campos Elíseos en París, la Plaza Botero en Medellín, la Rambla del Raval de Barcelona, en el MOMA de Nueva York, en el Museo Ho-am en Seúl, o el Parque de Thays en Buenos Aires —por solo mencionar algunos lugares.

El tema de la comida y de los alimentos ha inspirado varias pinturas de Botero. Búscalas en Internet. ¿Incluye el artista comida típicamente colombiana en sus cuadros? ¿Qué comidas abundan en sus pinturas?

Menú | La sancochería

Hay muchos tipos de sancochos y, quienes, venidos de otros lugares del mundo, los prueben por primera vez, encontrarán resonancias de otros platos —porque no existe, humanamente, la absoluta originalidad: ya hablamos de la olla podrida o del cocido español, pero asimismo el sancocho lleva a pensar en el *pot-au-feu* o en *la petite marmite* de Francia, en el hervido de Venezuela, en el *bouillon* haitiano, en el *pho* vietnamita, en el locro argentino o en el ajiaco de Cuba.

Con todo, en la ciudad colombiana de Ginebra tiene ya gran fama internacional el sancocho valluno; atrás mencionamos el sancocho trifásico de Antioquia; y, también, con el toque exclusivo que le entrega la leche de coco, hay que volver a recordar los sancochos del Pacífico y del Caribe colombianos —según la especie de pescado o de mariscos que se usen en la preparación.

En el *Gran libro de la cocina colombiana* hay recetas para los siguientes sancochos: sancocho bonguero, sancocho de cola, sancocho de gallina, sancocho santandereano, sancocho de chivo, sancocho de sábalo (o bocachico), el quebrao o sancocho de carne serrana, sancocho de pataló, sancocho paisa y, finalmente en la lista, sancocho de mulata paseadora.

IMAGEN 6.4 Menú en blanco para tu sancochería.

Source: © Cortesía de Igor Korets y de Dreamstime.com.

Incluye para tu sancochería los sancochos que más te gusten —pueden ser tradicionales o de cosecha propia. Crea tu sancochería ideal con sancochos sabrosos, con ingredientes frescos y, eso sí, de precios razonables y de nombre original.

Consejos de la abuela Leonor | La sopa perfecta

¿A quién no le gusta una deliciosa, caliente y sustanciosa sopa? Es eso lo que comunica la expresión en inglés *soup for the soul* y, en español, la expresión "sopa revive muertos". A continuación, leerás algunas recomendaciones de la abuela Leonor para que tus sopas queden exquisitas y, además, para que cocinar sea para ti cada vez más fácil. No podemos asegurar la "cientificidad" de sus recomendaciones. Sin embargo, la abuela Leonor estaba segura de la eficacia de esas recomendaciones. Con todo, y para la mayoría de los humanos, la cocina es un arte —no una ciencia.

- Ten paciencia con los tiempos de la cocción y no te apresures. La rapidez y los fuegos altos no te aseguran los mismos y buenos efectos de una cocción a fuego medio o medio bajo. La liberación de los sabores toma tiempo y esto exige que no te excedas en la intensidad del fuego.
- No uses agua caliente en la preparación de tus sopas, sino agua fría. La intensidad de los sabores es liberada en el agua fría, no en la caliente.
- Consigue mayor cremosidad en tus sopas agregándoles papas. Para conseguir el almidón de las papas, antes de que las eches a la sopa, conviene cortarlas con un cuchillo y, ¡atención!, antes de terminar el corte quiebra la papa también con ayuda del cuchillo. Verás que este procedimiento liberará el jugo transparente de la papa.
- Goza de las verduras en tus sopas, como la cebolla —las largas, por ejemplo—, el apio, las habichuelas, los tomates, el ajo y los champiñones.
- No olvides la maravilla de las hierbas: laurel, cilantro, perejil, tomillo, orégano, albahaca, entre otras. Todo dependerá de tu receta.
- Piensa, si no eres vegetariano/a, en las carnes como fuente de proteínas para tus sopas: res, pescado, pollo, mariscos, cerdo. Si las carnes de res, de pollo y de cerdo vienen con pedazos de huesos, los puedes conservar y también cocinarlos. Los huesos le darán más sustancia a la sopa y luego podrás desechar.
- Disfruta de las especias en tu sopa, como la pimienta, la paprika, el jengibre, la cúrcuma, el comino.
- Persigue la espuma y retírala. Si usas carnes y verduras en tu sopa, seguramente aparecerá espuma en la superficie de tu sopa, mientras dura el proceso de cocción. Con un cucharón, deberás ir retirándola, con el fin de que no haya espuma en la sopa que sirvas.
- Controla bien la cantidad de sal que pondrás en tu sopa. La abuela Leonor recomienda ser moderado en la sal al inicio de la cocción. Durante la cocción, podrás ir probando tu sopa e irás decidiendo si necesitas agregar más sal. En caso de que te hayas en excedido en la cantidad de sal, puedes agregar un poco de agua adicional, pero no demasiada. Si agregas demasiada, la sopa perderás mucho de sus sabores.
- Congela la sopa en un recipiente plástico si lo que sobró de la preparación no vas a tomártelo horas después o al día siguiente. E, incluso si te vas a tomar la sopa al día siguiente, deberás guardarla en la nevera.

Las notas del escritor | El realismo mágico

En los capítulos anteriores incluimos las notas del filósofo —o las notas del director en el capítulo 5—, pero en este las hemos cambiado por una sola nota: la nota del escritor. La razón del cambio tiene que ver con autor colombiano Gabriel García Márquez (1927–2014), uno de los más grandes autores del siglo XX, Premio Nobel de Literatura (1982) y el representante indiscutido del realismo mágico —aunque él no lo considerara así.

El realismo mágico

El realismo mágico es una corriente literaria —con efectos sobre otras artes como la pintura y como el cine. Esa corriente aparece a mediados del siglo XX y se caracterizaría por la narración de hechos insólitos, fantásticos e irracionales en un contexto fuertemente realista.

El término se le debe al crítico de arte e historiador alemán Franz Roh (1890–1965) en su libro *Nach Expressionismus. Magischer Realismus: Probleme der neusten europäischen Malerei* (*Después del expresionismo. Realismo mágico: Asuntos de la más nueva pintura europea*). En ese libro, de 1925, Roh inventa el término "realismo mágico" para caracterizar un movimiento pictórico nuevo: el post-expresionismo. Roh encuentra en esa nueva pintura la integración de elementos mágicos con elementos realistas.

Hacia la década de los cincuenta, gracias al estudioso puertorriqueño de la literatura Ángel Flores (1900–92), el término de realismo mágico empezó a circular para la crítica en castellano. Y, esto, fue gracias a su ensayo de 1955 "Magical Realism in Spanish American Fiction". No obstante, debemos empezar por estar de acuerdo con estas palabras de Gustavo Guerrero, para quien la equivocidad o imprecisión del término es enorme: "Herramienta analítica, instrumento ideológico, cómoda etiqueta o incluso signo de una cultura y de un tiempo, las múltiples definiciones del realismo mágico constituyen los capítulos de una larga historia que no parece agotarse tras medio siglo de intenso laboreo" (53). En un ensayo de 1948 titulado "El cuento venezolano", de Arturo Uslar Pietri, habría aparecido por primera vez el concepto, pero usado por Uslar Pietri en relación con cuentistas contemporáneos de Venezuela.

García Márquez, por su parte, utiliza el término con excesiva moderación y, muy probablemente, con cierta alergia. Es posible confirmar el uso de la expresión "realismo mágico" en un relato periodístico de García Márquez cuyo título es "Un domingo de delirio" (1981). Allí, la expresión aparece un par de veces. Ahora bien: el escritor colombiano evitó la expresión y prefirió otra: *pararrealidad*. En palabras de García Márquez a Ernesto González Bermejo, en 1971: "Yo he llegado a creer que hay algo que podemos llamar pararrealidad, que no es ni mucho menos metafísica, ni obedece a supersticiones, ni a especulaciones imaginativas, sino que existe como consecuencia de deficiencias o limitaciones de las investigaciones científicas y por eso no podemos llamarla todavía realidad real" (24). De todos modos, en obras literarias de narrativa —novelas y cuentos— pertenecientes al realismo mágico, los lectores descubren un universo imaginado realista, esto es, donde las coordenadas del espacio y del tiempo siguen la causalidad más rigurosa. En palabras de un principio latino, para el realismo *natura non saltus datur* (en la naturaleza no hay brincos). En ese universo realista las causas y los efectos no presentan distorsión. Allí, en ese universo de rigores físicos, el cual el lector comparte con los personajes de la narración, acontecen eventos inusuales. El carácter inusual presenta esos eventos con características del sueño, de ausencia de la lógica, de violación de las leyes causales, y, asimismo, para el mayor asombro del lector "realista", el narrador y los personajes viven, sin el menor asombro, esos mismos eventos inusuales.

Hay resonancias y hay distancias en esta tendencia artística o corriente literaria: por una parte, en el realismo mágico resuenan el movimiento de la psicología llamado psicoanálisis, así como algunas de las vanguardias artísticas de Europa. Ese movimiento y esas vanguardias —el surrealismo, en especial—, a principios del siglo XX, se empeñaron en revelar aspectos inéditos de la realidad, fuera o no fuera humana esa realidad. Se defendió la irracionalidad o, al menos, la racionalidad no simplista o cartesiana, y también se valoraron leyendas y mitos de las culturas indígenas —en ellas hay verdades y no deben ser calificadas de culturas "primitivas". Por otra parte, sin negarlos completamente los escritores del realismo mágico quisieron tomar distancia de movimientos artísticos como el naturalismo, el criollismo, el indigenismo, el telurismo, el regionalismo, o la literatura de protesta. Por ejemplo: se hallan fortísimas denuncias políticas y sociales en *Cien años de soledad* (1967), novela de Gabriel García Márquez, si bien, al mismo tiempo, esta obra sería la gran ilustración del realismo mágico.

Hay otros escritores de América Hispánica que, debido a algunas de sus obras —que no todas—, pertenecen también al realismo mágico en cuanto corriente: el guatemalteco Miguel Ángel Asturias (1899–1974), el cubano Alejo Carpentier (1904–1980), el venezolano Arturo Uslar Pietri (1906–2001) y el argentino Julio Cortázar (1914–1984).

IMAGEN 6.5 Arepas venezolanas. Y, como acompañamiento, carne mechada y caraotas negras. Chefs invitadas: Carol Cloues y Brittany Frysinger.

Source: © Cortesía de Andrés Lema Hincapié.

Los autores mencionados del realismo mágico son todos hombres. Busca una autora en cuya obra aparezca el realismo mágico.

Ahora que ya han trabajado en un ejemplo del realismo mágico, con un grupo de tres o cuatro personas busquen tres ejemplos más de realismo mágico (que no sean de la obra de García Márquez). Los ejemplos pueden ser de los autores mencionados anteriormente —Miguel Ángel Asturias, Julio Cortázar y Arturo Uslar Pietri—, de autores no mencionados/as o, incluso ejemplos tomados del cine o de la pintura. Después, compartirán esos ejemplos con toda la clase y explicarán que elementos del realismo mágico han encontrado allí.

Plato principal | La arepa: Símbolo gastronómico nacional

La vida es como la arepa: sabe a lo que uno la rellene.

¿Qué es una arepa?

Colombia y Venezuela se disputan la maestría de la arepa. Se trata de un tipo de torta pequeña, más o menos del tamaño de una mano adulta, tiene forma de círculo y viene aplanada —el espesor de las arepas depende de las regiones y de aquello para lo que sirva en la práctica alimenticia.

Puede afirmarse que, así como el pan acompaña las comidas en España y en Argentina, y las tortillas son inevitables en México y en otras regiones de Centroamérica, la arepa constituye el plato principal o el plato acompañante en Venezuela y en Colombia. Siempre puede haber ocasión para disfrutar de una arepa, aunque se la acostumbra con mayor frecuencia durante el desayuno o en la colación de las medias tardes.

La historia de la arepa

Dos importantes cronistas de Indias reportan la existencia de las arepas. El primero, recurre a la palabra regional en sentido figurado, con el fin de expresar la idea de algo aplanado y aplastado; el segundo, usa la palabra en el sentido de un tipo de alimento. En *Noticias historiales de las conquistas de tierra firme en las Indias Occidentales* (1627), Fray Pedro Simón (1574–1627) escribe: "y que él diera un salto con tanta velocidad como fué menester para que en un instante la gruesa viga no los hiciera a ambos arepa (lenguaje de la tierra), pues cayó la viga en el mismo puesto que ambos tenían" (273). Por su parte, en *Historia del Nuevo mundo* (1653), Bernabé Cobo (1580–1657) establece una analogía y menciona al territorio que lleva hoy el nombre de Colombia. Merece la pena citar, *in extenso*, el pasaje del Padre Cobo:

> hacen unas tortillas delgadas, que se tuestan o cuecen en unas cazuelas de barro puestas al fuego; y éste es el pan más regalado que los indios hacen de *Maíz*, el cual, en el Perú, se llama *Tanta*, y en la Nueva España, *Tlascale*. No son en todas partes de una manera estas tortillas: en la Nueva España las hacen delgadas, del canto de una herradura; en Tierra Firme, tan gruesas como un dedo, que llaman *Arepas*; las que se hacían en el Perú eran como las de Nueva España; y las unas y las otras se han de comer calientes, porque, en enfriándose, se ponen correosas como cuero mojado y son desabridas . . . . hacen de su harina [la de *Quínua*] pan como las *Arepas de Maíz*.

(343–44, 350)

Así, pues, es posible imaginar que, mucho antes del siglo XVII cuando los cronistas hablan de la arepa, este exquisito plato ya formaba parte de la dieta de los habitantes de las actuales Colombia y Venezuela.

La palabra "arepa" no presentaría hasta ahora un origen etimológico cierto. De acuerdo con las investigaciones reportadas por Patricia Sulbarán Lovera para *BBC Mundo*, la palabra puede acaso estar conectada con esta otra: "erepa". Es este un vocablo usado por la tribu caribe de los cumanagotos, pobladores de la región nororiental de Venezuela a la llegada de los españoles. Los cumanagotos habrían designado el maíz con la palabra "erepa". De todas formas, es importante recordar que la arepa "no es la única masa redonda hecha con harina de maíz que se consume en América Latina. De hecho, existen más variedades que reciben otros nombres, como las gorditas en México o las pupusas en El Salvador" (Sulbarán Lovera).

¡A preparar arepas!

Tiempo de preparación: 15 minutos
Tiempo de cocción: 25 minutos
Número de porciones: De 6 a 8

Cantidades e ingredientes de las arepas

2 tazas	Harina de maíz precocida
2 tazas	Agua tibia (o 1 taza de agua y una taza de leche)
2 tazas	Queso rallado (mozzarella, queso fresco, queso panela o queso costeño)
Al gusto	Sal
2 cucharitas	Mantequilla con sal
Al gusto	Queso en rodajas o rallado para poner encima

Preparación de las arepas

1 En un recipiente grande mezclarás la harina de maíz (puede ser de maíz amarillo o de maíz blanco), el agua tibia (o el agua y la leche), el queso rallado, la sal al gusto y la mantequilla. Hay marcas de harina de maíz que ya puedes conseguir en los supermercados por Internet: Harina P.A.N o Doñarepa.

2 Amasa la mezcla con tus manos hasta que logres una masa consistente y suave. Unta un poco de aceite vegetal sobre las palmas de tus manos y la parte interior de tus dedos.

3 Primero formarás una bola de masa del tamaño de un puño y luego irás aplastando la bola de masa mientras vas dándole, al mismo tiempo, movimientos circulares. Con tu palma asegura que la bola se vuelva plana y con una de tus manos ajustarás los bordes de la masa para que vayas redondeando la arepa. También puedes ayudarte con un plato plano y una superficie plana. En la superficie plana puedes poner un pedazo de plástico untado de un poco de aceite y la superficie del plato también debes untarlo con aceite vegetal.

4   Vas ahora a asar tus arepas. Pon mantequilla o algo de aceite vegetal en una sartén, una plancha eléctrica o una parrilla. A fuego medio derrite la mantequilla o el aceite.

5   Acomoda las arepas en el utensilio de calor, poniendo mucha atención de que una de las caras de la arepa toca todo ese utensilio. Irás levantado la arepa de vez en cuando para evitar que se queme. Cuando una de las caras esté ya dorada, voltea la arepa con una espátula o cuchara plana de cocina. Repetirás el procedimiento de asado con esta segunda cara. La temperatura del fuego será medio o moderado y asarás las arepas hasta cuando ambas caras estén doradas y tostadas.

6   Segundos antes de servir tus arepas y mientras todavía están en el utensilio de asado, puedes cubrirlas con rodajas de queso.

7   Tan pronto como el queso en rodajas esté derretido, ya será el tiempo de servir tus arepas.

Una arepa en forma de chiste

Terminamos la sección de las arepas con un chiste y con los concursos de belleza. Tomamos este chiste de Alexandra Poradowska (88).

El papá manda a su hijo a la tienda para que le compre unas arepas. Al llegar a la tienda el niño vio que en el televisor estaban pasando un reinado de belleza. Pasó Miss Colombia, Miss Ecuador, Miss Venezuela . . . Inmediatamente el niño fue a contarle a su

padre:

— Papá, papá, en el televisor están pasando un reinado de belleza. Pasó Miss Colombia, Miss Ecuador, Miss Venezuela . . .

Su padre le pregunta: —¿Y mis arepas?

El niño contesta: —No papá, esa no concursó.

¡Vamos a reírnos! Cada estudiante buscará un chiste de comida y lo contará a la clase.

Carta de bebidas | Agua de panela con limón

La panela, que se consigue a partir del jugo de la caña de azúcar, es un edulcorante natural y sano —no contiene sacarosa como el azúcar. Hay varios nombres para la panela: piloncillo, raspadura, panocha o papelón. Usualmente, en las grandes cadenas de supermercados, podrás encontrar la panela en forma de pequeños ladrillos o en forma circular. La hallarás en las góndolas del supermercado donde hay alimentos latinos o en los estantes cercanos al azúcar. en la mayoría de las grandes cadenas de supermercados, bien en los alimentos latinos o donde está el azúcar.

Además de servir para endulzar, con la panela es posible preparar una miel —el melado o *mela'o*— con la que puedes enriquecer el sabor de frutas, quesos, galletas, en fin . . ., postres en general. En su artículo de prensa "Panela: Recetas rápidas y deliciosas", Andrea Baquero anota: "En Sudamérica es común endulzar los postres con miel de piloncillo. Esta miel es tan popular en Colombia y sus alrededores como la salsa de tomate en Estados Unidos".

O fría o caliente, el agua de panela —o aguapanela— es una bebida refrescante y reconstituyente que goza de gran popularidad entre los colombianos. En las zonas frías del centro del país, como los departamentos de Cundinamarca y de Boyacá, se la puede tomar caliente; en las calientes, como en zonas bajas o cercanas al mar, la bebida es fría.

Al aguapanela se le puede añadir zumo de limón y puede maridarse con un buen pedazo de queso fresco o queso campesino. Beber aguapanela fría o caliente tiene sus equivalentes fuera de Colombia: el té y el café también pueden prepararse y beberse según temperaturas muy diferentes.

¡A preparar agua de panela con limón!

Tiempo de preparación: 10 minutos
Número de personas: 4 persona

Cantidades e ingredientes para el agua de panela con limón

1 bloque	Panela (aproximadamente 3,5 onzas)
4 tazas	Agua
5	Limones
Al gusto y opcional	Cubos de hielo

Preparación de agua de panela con limón

1   Pon el agua y el bloque de panela en la olla. Hierve el agua y la panela a fuego alto. Si en lugar de poner el bloque de panela en el agua, lo rayas o lo partes en trozos, el proceso será más rápido.
2   Después del primer hervor, ajusta el fuego a temperatura media. Mantén la cocción hasta cuando el bloque de panela esté disuelto y solo quede un líquido amarillo oscuro.
3   Apaga el fuego y, en la misma olla, añade el jugo de limón. Puedes revolver un poco la nueva mezcla de agua, panela derretida y jugo de limón.
4   Cuando la mezcla se enfríe un poco, para que no te quemes ni la lengua ni los labios, ya está lista tu bebida de aguapanela con limón. Si la dejas un par de horas en el refrigerador; o si fabricas cubos de aguapanela congelada con limón —usando la cubetera para el hielo—; o si prefieres agregar cubos de hielo a tu bebida; de cualquier manera y en todo caso, verás lo rica y lo refrescante que es tu aguapanela.

Miss Panela: ¡La panela también tiene reina de belleza!

Después de la India, Colombia sería el segundo país productor mundial de panela. Según Natalia García Cruz, exreina nacional de la panela y, en 2017, directora del Instituto Municipal para el Turismo, la Cultura, la Recreación y el Deporte de Villeta (municipio de Cundinamarca), "la producción de panela es una actividad que viene de nuestros ancestros. Nosotros en Villeta y en sus veredas, que son 25, nos sentimos orgullosos de decir que fuimos criados con panela, con aguapanela sola o con aguapanela con leche" ("Villeta").

En las fincas paneleras de Villeta (a una media hora de Bogotá), se celebra cada año el Reinado Nacional de la Panela. Durante este reinado, que cumplió en 2019 cuarenta y dos años, más o menos veinticinco reinas de belleza compiten por la corona de Miss Panela. Para conseguir esa corona tan dulce, cada candidata sabe que, si es elegida ganadora, se convertirá en una embajadora de Colombia, mostrando de la panela sus bondades para la salud humana y dando a conocer que la panela es un producto central para la economía colombiana.

Ruta panelera y cafetera

Aun cuando el Reinado Nacional de la Panela ocurre en la tercera semana del mes de enero, Villeta recibe en cualquier momento del año a sus visitantes. Allí puedes ver el proceso de la panela, que empieza desde la siembra y la cosecha de la caña de azúcar, hasta la elaboración de los bloques o ladrillos de panela en el trapiche. Hay varias fincas paneleras que dan a conocer los pasos del proceso, incluida la confección de miel de panela —o mela'o— y granizados con hielos y frutas.

Al igual que en las regiones francesas de Alsacia y de Borgoña hay recorridos para la cata de vino y para conocer detalles sobre la cultura del vino, además de la ruta de la panela hay también otra ruta más larga y compleja: la ruta del café. En la ciudad de Montenegro, en el departamento colombiano de Quindío, existe la reserva natural del Parque Nacional del Café. Esta reserva incluye un parque temático e interactivo, donde los visitantes son invitados a experiencias únicas propias de la zona: cosechar las cerezas del café directamente de los cafetos, usar ropas tradicionales como la que lleva Juan Valdez, visitar el beneficiadero —lugar donde la cereza de café es procesada—, aprender sobre tipos diferentes de café, participar en la etiqueta del café y, por supuesto, disfrutar con la cata de varios cafés cultivados en Colombia.

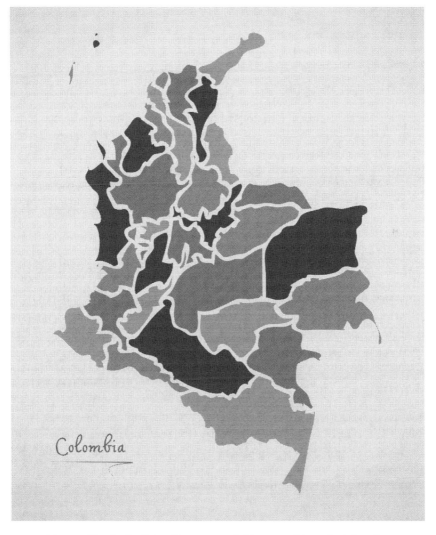

IMAGEN 6.6 Mapa estilizado de Colombia con sus divisiones político–administrativas.

Source: © Cortesía de Ingo Menhard y de Dreamstime.com.

Te animamos a viajar a Colombia para que hagas la muy sabrosa ruta del café. Sesenta y dos municipios en la región centro-occidental de los Andes constituyen la zona cafetera. Esa zona está repartida en tres departamentos: Caldas, Risaralda y Quindío, cuyas capitales son, respectivamente, Manizales, Pereira y Armenia.

En el siguiente mapa de Colombia, sitúa los tres departamentos nombrados antes y sus capitales. También coloca todas las ciudades o departamentos que aparecen en el capítulo: Villeta, Bogotá, Barranquilla, Magdalena, César, Cauca, Santander, Huila, Antioquia, Nariño, Medellín, Ginebra, Cartagena de Indias, San Basilio de Palenque y, por supuesto, Cali —¡la ciudad de uno de los autores de este libro y quizás la mejor del mundo para bailar salsa!

Postre | Caballitos: La dulzura silenciada de San Basilio de Palenque

Ni siquiera los manuales de historia para los colegios mencionan la absoluta importancia de San Basilio de Palenque, un pequeño pueblo a hora y media de Cartagena de Indias. Este silencio dentro del propio país y, por supuesto, en la memoria colectiva de la humanidad, apunta al signo claro de los tiempos: el olvido de las negritudes en la construcción de América, más ampliamente del planeta, y, sin lugar a dudas, en los ideales humanos de la libertad. La palabra "palenque" vendría del catalán palenc: empalizada. En castellano, tomará el sentido de un lugar con encerramiento de vallas de madera. El palenque, en Colombia, significa los sitios de asociación de negros fugitivos, los cuales lograban cercar o aislar una zona para vivir allí —libres de la esclavitud blanca. San Basilio nació a partir de una comunidad creada a partir de negros cimarrones, es decir, de negros que ingresaban a la ilegalidad por haber huido de sus "amos" legítimos —españoles o criollos. Aquellos que escapan del hecho de ser una simple posesión del amo fueron llamados cimarrones —tal vez "cimarrones" por la palabra "cima" de una montaña, o simplemente las montañas donde los fugitivos encontraban refugio y protección.

El palenque de San Basilio es considerado, hasta ahora, como "el primer pueblo libre de América" (Maglia 164). Reunidos negros de distintas etnias de África y con lenguas tan diversas que la comunicación era imposible, en San Basilio surgió un idioma propio, construido con palabras de muchas lenguas del África, más vocablos adaptados provenientes del castellano. La unidad territorial, la unidad en la experiencia mortal y traumática de la esclavitud, la unidad frente a un enemigo común, la unidad del color de las pieles, la unidad del exilio forzoso y, muy en especial, la unidad en una abominable pérdida compartida —la pérdida de sus propias vidas en África— fueron catalizadas por un líder negro, rey africano y fundador de San Basilio: Benkos Biohó (finales del siglo XVI–1621) había nacido en el seno de la familia real reinante. Sus sangrientas luchas por la libertad de los negros tuvieron reconocimiento real: el rey Carlos II de España aceptó la independencia de San Basilio. Víctor Menco Haeckermann, para el diario colombiano *El País*, escribió en 2017 sobre quien fuera llamado el Rey de Arcabuco:

> La rebelión se dio a finales de 1599 liderada por Benkos Biohó, natural de la región de Biohó de la actual Guinea-Bissau. El guerrero africano organizó una revuelta en las que fueron de vital importancia las mujeres, quienes, sin que lo sospecharan los esclavistas, tejieron con sus trenzas los mapas de las sendas a la libertad, hoy recubiertas de asfalto. España reconoció la independencia de Palenque solo hasta 1713, pero, más allá de esta institucionalización, históricamente vivió largos periodos de poco contacto con las dinámicas sociales de las urbes, tanto por voluntad propia como por desidia de gobernantes colombianos. Esto les ha permitido [a los habitantes de San Basilio de Palenque]

la cocción a fuego lento de una cultura con rasgos distintivos en cuanto a idioma, música, danza, medicina, organización social, ritos.

Un nuevo gran reconocimiento ocurrió en 2005: la UNESCO proclamó a San Basilio de Palenque como una de las Obras Maestras del Patrimonio Oral e Intangible de la Humanidad.

Y, más recientemente, en 2014 y en Pekín (Beijing), la única y original gastronomía de San Basilio de Palenque recibe el primer premio al mejor libro de cocina en los *Gourmand World Cookbook Awards*. Con el título *Kumina ri Palenge pa tó paraje / Cocina palenquera para el mundo*, el libro de los palenqueros colombianos hechizó y cautivó los paladares del jurado en Pekín. En palabras de Édouard Cointreau, presidente del Comité de los *Gourmand Cookbook Awards*: "Cuando los palenqueros decidieron el título del libro 'para el mundo', tuvieron una gran visión y espíritu. Estar entre los diez mejores del mundo es un merecido tributo a su herencia, a su historia y a sus héroes, tanto como a los autores y editores del libro y en Pekín van a tener la oportunidad de mostrarle al mundo toda su cultura" ("Libro de cocina").

Los dulces palenqueros son, especialmente, maravillosos. Entre los más típicos se encuentran las cocadas y las alegrías. El autor colombiano de este libro certifica, porque las ha preparado, que las cocadas —según el recetario palenquero— están fuera de todo concurso. El nombre de la receta en palenquero reza así: *Koka ri koko mu paneula y piña* (cocada de coco con panela y piña).

Te presentamos aquí abajo otra receta, común para la Semana Santa —pero también para todo el año— y que los habitantes de San Basilio de Palenque cocinan con gran arte: los caballitos de papaya biche (o verde). Sus ingredientes son la papaya, el azúcar, la canela y los clavos de olor. Este dulce y muchísimos más encontrarás en San Basilio y en Cartagena de Indias, en pequeños puestos callejeros, cuando recorras esa bella región del Caribe de Colombia. Con todo, te picamos la curiosidad para que navegues un poco en algunas páginas del libro multilingüe de los palenqueros, si vas a este vínculo. El libro está escrito en palenquero, en francés, en inglés y en castellano. Asimismo, lo puedes consultar en unesdoc.unesco.org/ark:/48223/pf0000245015.

¡A preparar caballitos!

Tiempo de preparación: 1 hora 30 minutos
Número de personas: 4 personas

Cantidades e ingredientes para los caballitos

1	Papaya verde de 2 kg aproximadamente (4½ onzas), sin la piel y sin las semillas, cortada en julianas (tiras largas y delgadas)
3 litros (4,2 tazas)	Agua hirviendo
1 cucharadita	Bicarbonato
1 kg (2,2 onzas)	Azúcar morena, o de panela cortada en trozos
10	Clavos de olor
4 o 5	Trocitos de canela
3	Hojas de naranja (si las tienes a mano)

Preparación de los caballitos

1   Hierve en una olla los 2 litros de agua, a los que previamente has añadido la papaya en julianas y el bicarbonato. Mantén la mezcla hirviendo a fuego alto 5 minutos.

2   Apaga el fuego y saca de la olla las julianas. Utiliza un colador para este procedimiento y lava las julianas en el agua fría mientras están en el colador. Reserva las julianas de papaya.

3   Vierte el azúcar moreno en ½ litro de agua en una olla limpia 20 minutos aproximadamente.

4   Ahora es tiempo de que eches las julianas de papaya verde, los clavos de olor, trocitos de canela y las hojas de naranja.

5   Cocina una hora a fuego medio y, si ves que la mezcla está secándose, agrega el otro ½ litro de agua.

6   Tu cocción deberá llegar a "punto de almíbar", esto es, cuando has conseguido convertir espesar el líquido de tu receta, a un punto similar al de la consistencia que tiene la miel. Así, si sacas algo del líquido con una cuchara, en lugar de gotas o un líquido aguado, tienes un hilo meloso o almibarado —como un sirope.

7   Las julianas de papaya no deben derretirse, sino conservar cierta dureza mínima, esto es, que puedas masticarlas.

8   Apaga el fuego, retirando con cuidado todos las hojas de naranja y los clavos de olor.

9   Deja enfriar completamente tu papaya cristalizada en almíbar y, después, transfiere tus caballitos a un recipiente de vidrio o de plástico. Refrigera al menos una hora.

10   Ya puedes servir los caballitos con un buen pedazo de queso fresco o de queso campesino.

IMAGEN 6.7   San Basilio de Palenque (2017), Colombia. Restaurante, droguería y algunos lugareños en sus rutinas del día.

Source: © Cortesía de Ingo Menhard y de Dreamstime.com.

Sobremesa | Sabores literarios

Fragmentos culinarios: La comida de Gabo

Leer a Gabriel García Márquez puede darnos hambre. Y, más específicamente: hambre por los antojos hipnóticos del Caribe sobre el paladar. En buena parte de las historias del escritor colombiano desfilan, en proporciones desmesuradas, diferentes platillos preparados con los frutos del mar o extraídos de otras regiones de Colombia: plantaciones de bananos o ciénagas. Es así como un lector de Gabo, al imaginar sus mundos literarios, puede querer saborear las caribañolas de yuca que solía desayunar Santiago Nasar con su novia Flora Miguel en *Crónica de una muerte anunciada* (1981), o probar el chocolate espeso y caliente y milagroso que hacía levitar al padre Nicanor Reyna en *Cien años de soledad*, o morder las berenjenas al amor que les preparó Fermina Daza a Florentino Ariza y a la tripulación del buque Nueva Felicidad en *El amor en los tiempos del cólera* (1985).

Vamos a realizar diferentes actividades con fragmentos de *Cien años de soledad* de García Márquez. Todos los fragmentos están relacionados con la comida.

Primer fragmento

Van a leer el fragmento en español en voz alta y, después, lo van a traducir al inglés.

" —Los niños también están despiertos —dijo la india con su convicción fatalista—. Una vez que entra en la casa, nadie escapa a la peste.

Habían contraído, en efecto, la enfermedad del insomnio. Úrsula, que había aprendido de su madre el valor medicinal de las plantas, preparó e hizo beber a todos un brebaje de acónito, pero no consiguieron dormir, sino que estuvieron todo el día soñando despiertos. En ese estado de alucinada lucidez no sólo veían las imágenes de sus propios sueños, sino que los unos veían las imágenes soñadas por los otros. Era como si la casa se hubiera llenado de visitantes. Sentada en su mecedor en un rincón de la cocina, Rebeca soñó que un hombre muy parecido a ella, vestido de lino blanco y con el cuello de la camisa cerrado por un botón de oro, le llevaba un ramo de rosas. Lo acompañaba una mujer de manos delicadas que separó una rosa y se la puso a la niña en el pelo. Úrsula comprendió que el hombre y la mujer eran los padres de Rebeca, pero aunque hizo un grande esfuerzo por reconocerlos, confirmó su certidumbre de que nunca los había visto. Mientras tanto, por un descuido que José Arcadio Buendía no se perdonó jamás, los animalitos de caramelo fabricados en la casa seguían siendo vendidos en el pueblo. Niños y adultos chupaban encantados los deliciosos gallitos verdes del insomnio, los exquisitos peces rosados del insomnio y los tiernos caballitos amarillos del insomnio, de modo que el alba del lunes sorprendió despierto a todo el pueblo. Al principio nadie se alarmó. Al contrario, se

alegraron de no dormir, porque entonces había tanto que hacer en Macondo que el tiempo apenas alcanzaba. Trabajaron tanto, que pronto no tuvieron nada más que hacer, y se encontraron a las tres de la madrugada con los brazos cruzados, contando el número de notas que tenía el valse de los relojes. Los que querían dormir, no por cansancio sino por nostalgia de los sueños, recurrieron a toda clase de métodos agotadores. Se reunían a conversar sin tregua, a repetirse durante horas y horas los mismos chistes, a complicar hasta los límites de la exasperación el cuento del gallo capón".

(45–46)

Segundo fragmento

Los estudiantes van a construir todas las preguntas posibles sobre el fragmento. Ahí va un ejemplo: ¿Cómo son los gustos?

"Esos gustos secretos, derrotados en otro tiempo por las naranjas con ruibarbo, estallaron en un anhelo irreprimible cuando empezó a llorar. Volvió a comer tierra. La primera vez lo hizo casi por curiosidad, segura de que el mal sabor sería el mejor remedio contra la tentación. Y en efecto no pudo soportar la tierra en la boca. Pero insistió, vencida por el ansia creciente, y poco a poco fue rescatando el apetito ancestral, el gusto de los minerales primarios, la satisfacción sin resquicios del alimento original. Se echaba puñados de tierra en los bolsillos, y los comía a granitos sin ser vista, con un confuso sentimiento de dicha y de rabia, mientras adiestraba a sus amigas en las puntadas más difíciles y conversaba de otros hombres que no merecían el sacrificio de que se comiera por ellos la cal de las paredes. Los puñados de tierra hacían menos remoto y más cierto al único hombre que merecía aquella degradación, como si el suelo que él pisaba con sus finas botas de charol en otro lugar del mundo le transmitiera, a ella el peso y la temperatura de su sangre en un sabor mineral que dejaba un rescoldo áspero en la boca y un sedimento de paz en el corazón".

(61)

Tercer fragmento

En el siguiente párrafo hay muchos errores de ortografía. Corrígelos.

"Se yamaba Nigromanta. Por esa epoca, Aureliano bivía de vender cubiertos, palmatorias y otros chécheres de la casa. Cuando handaba sin un centimo, que era lo mas frequente, consegía que en las fondas del mercado le regalarán las cabesas de gallo que ivan a tirar en la basura, y se las llevava a Nigromanta para que le iciera sus sopas augmentadas con verdolaga y perfumadas con yierbabuena. Al morir el bisabuelo, Aureliano dejo de frecuentar la casa, pero se encontraba a Nigromanta baje los hoscuros almendros del plaza, cautivando con sus silvos de animal montuno a los escasos trasnochadores. Muchas veces la acompañó, hablando en papiamento de las sopas de cabesas de gallo y otras esquisiteces de la miseria, y hubiera seguido haciendolo si ella no lo hubiera echo caer en la cuenta de que su compañía le ahuyentaba el clientela".

(325)

Escritura de un relato ficticio

Te vamos a dar un título y a partir de ese título vas a escribir un relato creativo de una página (350 palabras aproximadamente). Escoge el título que más te guste o inventa uno parecido.

1   El olor de la guayaba
2   Un café con sal

3   Las arepas se me queman
4   Un sancocho con el diablo
5   Un chocolate que se derrite junto al mar
6   ¿Qué hay para cenar?

Leer con la cuchara: La poesía de Rafael Pombo

Lee el poema infantil titulado "La pobre viejecita" del poeta colombiano Rafael Pombo (1833–1912). Después, escucha y lee conjuntamente el poema en www.youtube.com/watch?v=U1J4gdOGVJM.
    Ahí va el poema:

Érase una viejecita
Sin nadita qué comer
Sino carnes, frutas, dulces,
Tortas, huevos, pan y pez.

Bebía caldo, chocolate,
Leche, vino, té y café,
Y la pobre no encontraba
Qué comer ni qué beber.

Y esta vieja no tenía
Ni un ranchito en que vivir
Fuera de una casa grande
con su huerta y su jardín.

Nadie, nadie la cuidaba
Sino Andrés y Juan y Gil
Y ocho criadas y dos pajes
De librea y corbatín.

Nunca tuvo en que sentarse
Sino sillas y sofás
Con banquitos y cojines
Y resorte al espaldar.

Ni otra cama que una grande
Más dorada que un altar,
Con colchón de blanda pluma,
Mucha seda y mucho olán.

Y esta pobre viejecita
Cada año, hasta su fin,
Tuvo un año más de vieja
Y uno menos que vivir.

Y al mirarse en el espejo
La espantaba siempre allí
Otra vieja de antiparras,
Papalina y peluquín.

Y esta pobre viejecita
No tenía qué vestir
Sino trajes de mil cortes
Y de telas mil y mil.

Y a no ser por sus zapatos,
Chanclas, botas y escarpín,
Descalcita por el suelo
Anduviera la infeliz.

Apetito nunca tuvo
Acabando de comer,
Ni gozó salud completa
Cuando no se hallaba bien.

Se murió de mal de arrugas,
Ya encorvada como un 3,
Y jamás volvió a quejarse
Ni de hambre ni de sed.

Y esta pobre viejecita
Al morir no dejó más
Que onzas, joyas, tierras, casas,
Ocho gatos y un turpial.

Duerma en paz, y Dios permita
Que logremos disfrutar
Las pobrezas de esa pobre
Y morir del mismo mal.

                    (13–16)

Una vez estés bien familiarizado con el poema, analízalo. Para un buen análisis necesitas:

1   Ubicar con precisión al poeta, identificando la época y el momento histórico del poema.
2   Comprender la temática y el motivo o intención central del poema.
3   Descubrir al menos cuatro ideas que no están relacionadas directamente con la idea principal, pero que ayudan a conocer el propósito del poema.
4   Establecer la estructura del poema, es decir, su forma, explicando al menos cuatro recursos estilísticos que utiliza el poeta —como la adjetivación, la métrica, el léxico, la rima, entre otros.

Traducción | Tiempo de buscar palabras, saboreándolas

Con la ayuda de uno/a de tus compañeros/as de clase, traduce, primero, al inglés, y, luego, al español los siguientes párrafos. Cuando hayan terminado de traducir, revisa la traducción en compañía de tu profesor/a.

"Descubrí, durante mi primer desayuno en Colombia, el lulo (*Solanum quitoense*). Lo he encontrado creciendo de forma silvestre por casi todos los Andes colombianos: hasta en los escombros bombardeados de la casa donde murió el excomandante de las FARC, Alfonso Cano. De sabor ácido, casi cítrico del lulo sirve para preparar uno de los jugos más populares del país".

"En fotos: Las frutas que descubrí en Colombia. ¿Y las suyas?" *BBC News Mundo*.

Bibliografía

Andrade Zambrano, Adriana. "Adiós a Carlos Sánchez Jaramillo". *La Nación: Noticia Independiente*, 30 dic. 2018, www.lanacion.com.co/2018/12/30/adios-a-carlos-sanchez-jaramillo/.

Ardila Cuesta Rodolfo, editor. *Kumina ri Palenge pa tó paraje / Cocina palenquera para el mundo*. Bogotá: Fundación para el Desarrollo Social Transformemos, 2014.

Baquero, Andrea. "Panela: Recetas rápidas y deliciosas". *La Opinión*, 7 ene. 2014, laopinion.com/2014/01/07/panela-recetas-rapidas-y-deliciosas/.

Cobo, Bernabé. *Historia del Nuevo mundo*. Vol. 1, editado por Marcos Jiménez de la Espada, E. Rasco, 1890.

Day, Peter. "¿Es Colombia el hogar de la taza perfecta de café?". *BBC News Mundo*, 15 abr. 2015, www.bbc.com/mundo/noticias/2015/04/150413_cultura_colombia_cafe_mundo_egn.

"En fotos: Las frutas que descubrí en Colombia. ¿Y las suyas?". *BBC News Mundo*, 1 sep. 2014, www.bbc.com/mundo/video_fotos/2014/09/140825_galeria_frutas_colombia_aw.

Flores, Ángel. "Magical Realism in Spanish American Fiction". *Hispania*, vol. 38, no. 2, 1955, pp. 187–92.

García Márquez, Gabriel. *Cien años de soledad*. Sudamericana, 1967.

———. "Un domingo de delirio". *El País*, 10 mar. 1981, www.elpais.com/diario/1981/03/10/opinion/353026809_850215.html.

González Bermejo, Ernesto. "Con Gabriel García Márquez: Ahora doscientos años de soledad". *Cosas de escritores: Gabriel García Márquez, Mario Vargas Llosa, Julio Cortázar*. Biblioteca de Marcha, 1971, pp. 11–51.

Guerra, Juan Luis. "Ojalá que llueva café del campo", www.youtube.com/watch?v=uJimpth-yNs, acceso 22 feb. 2019.

Guerrero, Gustavo. "Uslar Pietri, cronista del realismo mestizo". *Cuadernos Hispanoamericanos*, vol. 605, 2000, pp. 53–62.

Leer es mi cuento. "La pobre viejecita", www.youtube.com/watch?v=U1J4gdOGVJM, acceso 22 feb. 2019.

"Libro de cocina de Palenque, entre los 10 mejores del mundo". *El Heraldo*, 20 mar. 2014, www.elheraldo.co/tendencias/libro-de-cocina-de-palenque-entre-los-10-mejores-del-mundo-146675.

Maglia, Graciela. "Cultural Text, Aesthetic, Resistance, and Oral Literature in San Basilio de Palenque (Colombia)". *Orality, Identity, and Resistance in Palenque (Colombia)*. Editado por Armin Schwegler et al., John Benjamins, 2017.

Menco Haeckermann, Víctor. "El sabor de una lengua afrocolombiana". *El País*, 4 jul. 2017, elpais.com/elpais/2017/06/22/planeta_futuro/1498144380_211622.html.

"Moliendo café", www.youtube.com/watch?v=dqZE35usJwI, acceso 22 feb. 2019.

Pombo, Rafael. *El gato bandido y otros poemas*. Editado por Liliana Viola, Colihue, 2007.

Poradowska, Alexandra. "Actividades para desarrollar la competencia intercultural en la clase de ELE". Centro Virtual Cervantes, cvc.cervantes.es/ensenanza/biblioteca_ele/publicaciones_centros/PDF/manchester_2015-2016/09_poradowska.pdf, acceso 25 mar. 2019.

Simón, Pedro. *Noticias historiales de las conquistas de tierra firme en las Indias Occidentales*. Vol. 4, Medardo Rivas, 1892.

Sulbarán Lovera, Patricia. "¿De dónde es la arepa realmente: venezolana o colombiana?". *BBC Mundo*, 26 ene. 2017, www.bbc.com/mundo/noticias-america-latina-38698394.

Tortilla Soup. Dirigida por María Ripoll, Samuel Goldwyn Films, 2001.

"La verdadera historia de Juan Valdez". *La Nación*, 3 oct. 2004, www.lanacion.com.ar/641421-la-verdadera-historia-de-juan-valdez.

"Villeta y su fiesta que honra la panela". *El Tiempo*, www.eltiempo.com/cultura/musica-y-libros/festival-de-la-panela-en-villeta-39437, acceso 22 feb. 2019.

Wagner, Regina. *Historia del café de Guatemala*. Villegas, 2001.

IMAGEN 6.8 Bandeja paisa: un plato colombiano tradicional de los departamentos de Antioquia, Risaralda y Caldas. Los ingredientes son muchos y considerablemente "energéticos". Allí aparecen los frijoles rojos, la morcilla, el chorizo de cerdo, el aguacate, la carne molida, el arroz blanco, el chicharrón, el huevo frito y el plátano maduro. Para enfrentar este *desafío gastronómico*, hay dos acompañantes al fondo: el ajipique y una cerveza bien fría.

Source: © Cortesía de Josecaos y de Dreamstime.com.

7

PALADARES EN PERÚ

Un imperio del ceviche

Aperitivo | El refranero

Estás más perdido que huevo en ceviche.
¡Entre Pisco y Nazca!

Estos dos dichos están relacionados, respectivamente, con la comida y con la bebida típicas del Perú. Sin duda, el primero está relacionado con el ceviche. Y, ¿con qué está relacionado el segundo? Este segundo dicho lleva consigo toda una historia. Búsquenla y coméntenla con la clase. ¿En cuáles contextos serían utilizados ambos dichos?

Entrada | Patrimonio Cultural de la Nación Peruana: El ceviche

Ceviche, orgullo nacional

¿Queréis que mi Musa cante,
O por lo menos decante,
En un oportuno espiche,
Las delicias del picante
Y del peruano seviche?
"Brindis en el cercado"

Juan de Arona,
seudónimo de Pedro Paz-Soldán y Unanue (230)

En los tiempos de la preconquista, los pueblos andinos (especialmente los de la costa) preparaban el pescado de cuatro maneras. La primera era la "kanka", o cocción directamente al fuego; la segunda consistía en asar el pescado envuelto en hierbas o en algas, sobre las brasas o piedras calientes; la tercera hervía el pescado en agua con hierbas, sistema llamado "chilkano", y la cuarta, se preparaba en chicha con ají y papas (algunas fuentes afirman que esta preparación era llamada "locro"). Sin embargo, no hay registros históricos de la preparación y del consumo de cebiche antes de la llegada de los españoles. De hecho, el producto básico mediante el cual

IMAGEN 7.1 Ceviche peruano de langostino. Acompañamiento: granos de maíz, cebolla morada, lechuga y rodajas de limón. Al fondo: rodajas de camote (*sweet potato*) y rocotos (*hot red bell peppers*). A la izquierda, el famoso cóctel peruano: Pisco Sour.

Source: © Cortesía de Ildipapp y de Dreamstime.com.

se "cocina" el pescado, el limón, es introducido en los Andes por los españoles a mediados del siglo XVI. En consecuencia, el cebiche es una preparación del periodo colonial, fusión de los pescados del Pacífico con el limón traído por los españoles (155–56).

Debemos las anteriores precisiones a dos investigadores de la gastronomía: Agustina Vence Conti y Eduardo Martín Cuesta, autores de *El gusto de los otros: Un recorrido histórico por las gastronomías de Asia y América* (155–56), y cuya primera edición es de 2010.

La etimología, el primer registro y las variantes ortográficas del cebiche

Para el *Diccionario de la Real Academia de la Lengua Española*, el cebiche es una palabra con cuatro modalidades en la ortografía, a saber: "cebiche", "ceviche", "sebiche" o "seviche". Ahora bien, la modalidad ortográfica más común es *cebiche*.

Esta etimología de la palabra no solamente no es definitiva, sino que, asimismo, envía a varias versiones cuyas historias o cuentos son realmente bellos, pero no por ello necesariamente verdaderos. Las siguientes tres historias posibles implican, en primer lugar, varias palabras de origen persa y árabe, y, por último, cuatro palabras de origen inglés. Vayamos primero con las posibles resonancias del árabe y del persa en la palabra cebiche: En su libro *The Language of Food: A Linguist Reads the Menu* (2014), Dan Jurafsky atribuye al historiador peruano Juan José Vega Bello (1932–2003), la creencia de que "cebiche" deriva de la palabra "escabeche". Jurafsky se estaría refiriendo a "La influencia morisca y mora: Tres casos específicos", de Vega Bello, para quien esclavas mozárabes en la época de los Reyes Católicos habrían denominado con el vocablo árabe *sibech* (comida ácida) al pescado crudo marinado en naranjas agrias —nosotros, infortunadamente, no pudimos identificar la palabra *sibech* en lengua árabe.

Otra palabra árabe, y más precisamente persa, replicaría en la palabra castellana *escabeche*, la cual, a su vez, según las pesquisas lingüísticas de Jurafsky, causaría ecos en la palabra que nos ocupa: *cebiche*. En la ciudad ya hoy desaparecida de Ctesiphon, a orillas del río Tigris y a unos 35 kilómetros al sudeste del actual Bagdad, era consumido con gran placer un estofado agridulce de res llamado *sikbāj* (جابكس) —de las palabras *sik*, vinagre, y *bā*, caldo. ¿Por qué pasar de un plato de carne de res a un plato con carne de pescado en el escabeche, palabra del castellano que en tierras de América llegaría a ser "cebiche"? Jurafsky lanza esta hipótesis en su blog *Language of Food*. Si bien aún en regiones musulmanas el *sikbāj* es un estofado de carne con vinagre, a lo largo del Mediterráneo en el contexto de las lenguas romances *sikbāj*, es decir, *escabeche* —persa castellanizado u otras variantes romances—, los hablantes de esas lenguas eran cristianos. Para aquellas épocas, como en el primer cuarto del siglo XIV y según un recetario de cocina medieval valenciana, *El Llibre de Sent Soví* (1324), los cristianos no consumían carne de res durante la Cuaresma, y tampoco ni los miércoles, ni los viernes. Libros de cocina como el anterior incluían secciones con recetas para preparar pescados en períodos de abstinencia.

Hay una conjetura más, divertida, que involucra vocablos *non sancti* del inglés. De nuevo, Vence Conti y Martín Cuesta son quienes registran esta conjetura. No hay, tristemente, ni información sobre el lugar ni sobre las fechas posibles para el origen de la historia. En todo caso, escriben los dos autores: "cuando los marineros ingleses probaron el plato podrían haber gritado "*son of a bitch!*" (o sus contracciones "*somabitch*" o "*sonfabitch*"), debido a lo picante de la combinación de ají y de limón. Luego esta exclamación habría sido transformada en 'cebiche' por los vendedores" (52). Algunos detalles más de esta historia los consigna el diario *El Comercio*, de Lima, en un artículo titulado "El Cebiche: Un plato que une a todos los peruanos". Para *El Comercio*, el diario más antiguo de Perú —fundado en 1839—, la redacción del diario comunica el 16 de abril de 2014:

> El "seviche" fue declarado Patrimonio Cultural de la Nación por Resolución Directoral Nacional N.º 241 del 23 de marzo del 2004; que fue publicado el 17 de abril del mismo año en el *Diario El Peruano*. El Instituto Nacional de Cultura también fijó la verdadera ortografía del "seviche" con "s" y "v", haciendo referencia a Ricardo Palma y Juan de Arona, fundadores de la Academia Peruana de la Lengua (1887), y a los literatos Manuel Atanasio Fuentes y Carlos Prince quienes escribieron "seviche". Así se probaría como la única forma ortográfica históricamente correcta y documentada. Sin embargo, es aceptable escribirlo también como 'Cebiche'.

En su libro *Dios es peruano*, Daniel Titinger, cuenta que una leyenda atribuida al estudioso de la gastronomía peruana Jaime Ariansen. Según Ariansen, a inicios del siglo XIX un barco inglés echaba amarras y anclaba en lo que ahora es la costa norte del Perú. De esa nave, bajó un marinero, llegó a la playa y vio a un hombre oscuro comiendo pescado crudo con sal y mucho ají. Pidió un bocado por curiosidad, lo masticó y sintió un ardor en la garganta. Esto le provocó que espetara este insulto: "*Son of a bitch!*".

¿De cuál barco inglés y de cuál "marino inglés" y de cuáles "vendedores" estamos hablando aquí? ¿Cuándo y en qué lugar específico ocurrió ese evento? No es nada plausible que una sola persona, expresando su emoción gastronómica y sin medios suficientes de propaganda, pueda causar la instalación de una palabra. En todo caso, no hay registro que nos provean respuestas a estos interrogantes . . . Sin embargo, los dos autores sí consignan con seguridad el siguiente dato importante: en la edición de 1925 de su diccionario, la Real Academia de la Lengua Española incluye la palabra cebiche y la define en estos términos: "guisado común, hecho de pescado con ají. Vocablo del Perú" (52).

En tonalidad revolucionaria con intenciones independentista, existen la canción "La chicha", de 1820. Si bien incompleta, porque solo son cantadas las cuatro primeras estrofas, te animamos a que escuches esa composición musical en YouTube. Baste con que sepas que la Biblioteca Nacional del Perú se expresa en estos términos sobre "La chicha": "En esta composición José Bernardo Alzedo (1798–1878) plantea la identidad peruana a través del arte culinario, y fue la primera canción que se le interpretó a José de San Martín a su llegada a Lima" (Colección José Bernardo Alzedo).

Sí habría consenso, al menos, en el sentido de la palabra *cebiche*. La palabra denomina un plato que propone una técnica específica para la cocción de la carne. Esta carne, la mayoría de las veces, es pescado o mariscos —frutos del mar—, los cuales son marinados en los jugos ácidos de cítricos como la naranja, la lima y el limón agrios, junto con sal, así como con algún tipo de ají o chile y de cebollas en rodajas o en julianas. En este contexto, el proceso de *marinar* —palabra que resuena de su étimo, es decir, el mar— significa dejar remojar durante un tiempo la carne cruda de algún tipo de pescado o de los mariscos. Hay también cebiche de otras carnes, e incluso de vegetales, pero sus preparaciones están menos extendidas y han sido objeto de menor propaganda internacional.

Hay un consenso más, y este de suma importancia política y cultura. *El Comercio* comunica así el importante consenso: mediante Resolución Ministerial 708/2008 del Ministerio de la Producción de la República del Perú, publicada el 18 de septiembre de 2008 en el *Diario Oficial El Peruano*, se declaró el 28 de junio de cada año como el Día del Cebiche a nivel nacional.

Si bien, en la imaginación, es habitual conectar de inmediato el cebiche con el Perú, también este es un platillo que se prepara en los países hispanoamericanos que gozan de costas sobre el Pacífico. Esto significa que, en sus variantes regionales establecidas por los ingredientes de la zona (tipos de pescados y de alimentos acompañantes) y por determinadas prácticas culinarias, también podrás encontrar cebiche —o más bien *cebiches*, en plural— en Chile, Colombia, Costa Rica, Ecuador, El Salvador, Guatemala, Honduras, México, Nicaragua y Panamá.

Un documental gastronómico: El ADN del ceviche

El ADN del ceviche (2015) es una película de Orlando Arriagada, productor y documentalista canadiense de origen chileno, y el guion le pertenece a Louis-François Grenier, también canadiense. El documental es un viaje gastronómico, con muchísimo color del país y entrevistas. Y, en ese viaje con imágenes sonoras y móviles el director nos hace descubrir la milenaria historia de Perú y su rica cultura, utilizando como hilo conductor uno de sus platos más emblemáticos y más conocidos en todo el mundo: el ceviche.

Abajo hemos copiado algunos de los comentarios o de las afirmaciones sobre el ceviche relacionados el documental. Te animamos a visitar este sitio web, donde hay una importante entrevista a Orlando Arriaga, realizada por Radio Canadá Internacional y cuyo título es "El ADN del ceviche, un documental de Orlando Arriagada".

- "La cocina peruana no se ha marinado en un solo día. Los primeros ceviches fueron cocinados por la cultura moche o mochica hace más de dos mil años".
- "El ceviche siempre fue un plato emblemático por el recurso marino. Lo que pasa es que como había antes un montón [de recursos], no se apreciaba. Pero pasa el tiempo y cada vez hay menos recursos. Y, por ende, escasea el recurso y aumenta el precio. Aumenta el precio y, por oferta y demanda, se vuelve un lujo. Lo mismo fue con la historia de las langostas, que se las daban a los presos. Y pasa el tiempo y es un lujo. El caviar es lo mismo. Y hay muchos productos así".
- "El ceviche es la perfección de la simpleza".
- "El rodaje de la película fue un placer. Si no hay placer en el proyecto, no lo voy a hacer, porque un documental como El ADN del Ceviche nos vas a hacerlo por dinero".
- "Soy guardián de las tradiciones, más que cocinero".

Escribe otras frases que te hayan gustado del documental. Si no lo puedes ver todo, por lo menos mira y escucha el tráiler de la película que encontrarás fácilmente en Internet. Es muy corto, así que puedes verlo varias veces y apuntar algunas frases sobre el ceviche.

Menú | Chifa: Fusiones gastronómicas transcontinentales

La criollización o la instalación de prácticas culinarias de China en el Perú lleva este nombre: cocina *chifa*. Esta cocina es una buena ilustración de lo que sería la fusión de dos fuertes tradiciones de sabores: jengibre, salsa de soja y cebolla larga, y té de jazmín como bebida (China) y salsas de ají y aguardiente de uva o pisco, junto con la gaseosa peruana Inka Kola como maridaje de bebida no alcohólica (Perú). *Chifa*, también, es la palabra para denominar los restaurantes chinos-peruanos. La palabra *chifa* en castellano podría recordar estos vocablos cantoneses: chi (comer) y fann (arroz) (饎飯). Incluso para las expresiones "¡A comer!", "*A tabola!*" o "*À table!*", se usa la palabra "chifan". José Carlos Capel, para el diario *El País*, se anima a establecer lo que él mismo llama un *Diccionario incompleto de la cocina chifa tradicional*.

Sobre los orígenes de la presencia de chinos en Perú conviene consultar, de Humberto Rodríguez Pastor, su libro de 2000 titulado *Herederos del dragón: Historia de la comunidad china en el Perú*. El historiador Rodríguez Pastor se concentra en un período de veinticinco años: de 1849 a 1874. Rodríguez Pastor caracteriza ese período con esta expresión: "semiesclavitud a contrato" (citado por Percy Cayo Córdova 341). Durante ese período habrían llegado a Perú unos cien mil chinos, en especial hombres, y gracias a legislación gubernamental que fomentaba su emigración hacia Perú. Las haciendas costeras de Perú, en particular, recibieron el duro trabajo chino, el cual se unía a otra comunidad maltratada: los afroperuanos. Ambos grupos trabajaron duramente en tareas para el cultivo y recolección del algodón y del azúcar. Rodríguez Pastor defiende esta tesis: "si no hubiera habido chinos en las haciendas costeñas en el siglo XIX, posiblemente no habrían logrado la riqueza, la ubicación social y el poder político que tuvieron los latifundistas costeños, y diferente hubiera sido nuestra historia republicana decimonónica" (citado por Percy Cayo Córdova 341).

Industriosos y constantes, hubo chinos que igualmente emigraron a principios del siglo XX. Se instalaron en Perú, muchos en Lima, donde trabajaron como empleados o como dueños de negocios en calidad de lavanderos, aguateros, peluqueros, zapateros, bodegueros y en fondas —es decir, restaurantes populares. Muy en especial en las fondas, los chinos mantuvieron sus prácticas ancestrales de cocina y proveyeron de comida barata a muchísimos peruanos de clases bajas. En contraste, las clases altas y medias de Lima, por ejemplo, despreciaron en un principio la comida china, por considerarla de mala calidad y demasiado popular. Sin embargo, esto cambiaría radicalmente décadas después.

Se considera que Kuong Tong —es decir, "Cantón"— sería el primer restaurante chifa o de comida chino-peruana, fundando en Lima en 1921 y estaba situado en la Capón, una calle principal del barrio chino. En 2018, los Premios Culinarios Summum establecieron que estos eran los cincos mejores restaurantes de comida chifa en Lima: Titi —el ganador indiscutido—, Hou Wha, Madam Tusán, O-Mei y Wa Lok.

¿Por qué crees que hay tantos restaurantes chinos en el mundo? Cuenta detalles de tus experiencias gastronómicas en algún restaurante chino que hayas visitado. ¿Qué tipo de restaurantes abundan más en tu ciudad o en tu pueblo? ¿A qué podría deberse la fuerte presencia de ese tipo de restaurantes?

Las notas del filósofo | Sentir es aprender: Olfato, vista, oído, gusto, tacto

En 1999, Carolyn Korsmeyer publicó esta obra: *Making Sense of Taste: Food and Philosophy*. Muy recientemente, la misma autora escribió un artículo sobre los cinco sentidos y que está titulado "A Tour of Senses", publicado por *The British Journal of Aesthetics* en 2019. Las citas que encontrarás a continuación provienen de ese artículo y son nuestras las traducciones.

Un *caveat*: hay discusiones contemporáneas que ponen en duda el número y la naturaleza de los sentidos. Serían más de cinco y los cinco sentidos "tradicionales" revelarían más características de las que usualmente se les han atribuido. Ahora bien: este tema escapa al campo de nuestro libro. Puedes consultar, si este tema te atrae, esta obra: *Great Myths of the Brain* (2014) de Christian Jarrett.

El olfato

Este sentido posee una fuerza evocadora impresionante. Memorias del pasado reciente o del pasado distante son despertadas, incluso involuntariamente, cuando olores agradables o desagradables llegan a nuestro olfato. En la necesidad de comunicar con palabras olores tenemos la tendencia a utilizar comparaciones con sensaciones propias del gusto. Así, si bien los olores no son ni dulces, ni agrios, ni amargos, ni picantes —adjetivación para sensaciones del gusto—, expresamos las sensaciones olfativas caracterizándolas con palabras como "dulzura", "agrura", "amargura" o "picor". Si afirmas que un perfume es agrio o que una sopa tiene un olor picante, estás estableciendo una metáfora, lo cual es una similitud directa entre dos cosas que, en principio, no estarían conectadas en la realidad —salvo en tu imaginación o en la escritura. Korsmeyer escribe:

> El sentido del olfato es el que, rutinariamente, comanda la conciencia de objetos que estarían fuera de nosotros mismos —una botella de perfume, carne en mal estado, un escape de gas. Hay historias personales que pueden ser ampliamente compartidas, como es el caso de comunidades de refugiados que anhelan sus cocinas nativas. Hay también olores que son rápidamente reconocidos por un público muy amplio: de ahí que un

chef recurra a la práctica de dispersar aromas con el fin de despertar recuerdos congruentes con los alimentos que acaban de ser servidos —quemar hojas de otoño intensifica el olor de papas asadas. (5, 8)

La vista

En Occidente hay un protagonismo fortísimo del sentido de la vista. Es posible que los griegos antiguos con su filosofía y con sus obras de arte y que la sensibilidad anclada en el judeocristianismo sean en buena parte responsables de ese protagonismo de los ojos. Hagamos un poco de excursión por Grecia y por el pensamiento religioso. La palabra griega ἰδέα (idea), central para nuestra concepción del pensamiento, de los sentimientos y del discurso, significó en sus orígenes "apariencia visual de algo", y el verbo griego ἰδεῖν (idein) significa "ver", y teoría (θεωρία), una palabra tan cotidiana ya para nosotros, significaba en griego antiguo "mirar" (*to look at*) en el contexto de ver lo que tiene lugar en el escenario, y el verbo "teorizar" (theorein, θεωρεῖν) sería una palabra compuesta: θεῖον y ὁράω = "ver lo divino".

Es tan protagónico el sentido de la vista que, en contextos judeocristianos, los creyentes de esas sensibilidades religiosas piensan, primero y fácilmente, que Dios "ve" todo y, en segundo lugar, que Dios "oye" todo. Sin embargo, chocaría pensar que Dios "toca" o "saborea" o "huele" cada una de las realidades de su creación. Korsmeyer asegura que "la visión es tan dominante de nuestra experiencia que la activación de otros sentidos podría no llegar a ser conscientemente notada, incluso a pesar de que la experiencia en general involucra e implica una estimulación multimodal y multitransversal" (13).

El oído

El lenguaje hablado recurre a las onomatopeyas para buscar reproducir, un poco y de algún modo, sonidos de la vida: si comunicamos a otra persona algo, hablando en bajo volumen y al oído, estamos susurrando o murmurando (¡puedes pronunciar en alta voz ambas palabras, ponimiento menos atención a su significado que a los sonidos que salen de tu boca). Korsmeyer anota lo siguiente sobre el sentido de la audición:

> Aun cuando la audición no es frecuentemente activada por obras de naturaleza visual, es posible que esto sea así por la relativa "distancia" entre el oído y esas obras, y porque las respuestas corporales son estimuladas con mayor facilidad por medio de excitaciones emocionales. Asimismo, escuchar música a menudo despierta imágenes visuales, cambios en el pulso cardíaco y tensión muscular, y de esta manera son altamente permeables las fronteras donde tienen lugar las experiencias multimodales y transmodales.
>
> *(15)*

El gusto

Todos vivimos personalmente la experiencia de utilizar nuestra boca para descubrir el mundo. Lo seguimos llevando a cabo, pero con mucha mayor moderación que cuando éramos bebés o niños. Un bebé o una bebita conocen o saben del nuevo mundo en el que viven saboreándolo. El humano en sus primeros años de vida valora en alto grado el sentido del gusto como método de conocimiento. Esta evidencia humana está integrada profundamente a las lenguas romances, las cuales, desde el latín vinculan íntimamente saber con "sabor" o "gusto". En San Agustín, el santo de Hipona y uno de los pilares filosófico-teológicos del pensamiento cristiano entendía el verbo *sapere* tanto saber como probar o degustar. En castellano, puedes decir "Juana sabe conducir" y, también, "La sopa que preparó Juana sabe muy bien". *Saber/saber* en castellano, *savoir/saveur* en francés y *sapere/sapore* en italiano permiten constatar que en las tres lenguas *sabiduría* y *gusto* están enraizados como experiencia humana fundamental para la interpretación del mundo. Es esta proximidad semántica la que nos ha permitido el juego de palabras que aparecen en el título de nuestro libro: *Saberes con sabor*. En inglés, este juego no es posible, porque *to taste* y *to know* son dos verbos que no se hallan conectados etimológicamente.

El lenguaje de los afectos y del erotismo recurre a la verbalización de experiencia gustativas. En este caso, hay un tipo de sinestesia buscada: la sinestesia gustativa. Decimos, para referirnos a personas: "eres un dulce" o "eres un bombón". O para caracterizar una situación difícil utilizamos la expresión metafórica "tuve que pasar un trago amargo".

El tacto

El contacto de nuestra piel con personas o con objetos es uno de los métodos a los que le asignamos una profunda intimidad. Dependiendo de los contextos culturales tocamos o no tocamos con nuestras manos algunos alimentos y otros no; nos acercamos mucho o poco a otras personas; besamos o no besamos a los demás —el beso, práctica que combina el tacto, el gusto y el oído— podía tener tres formas para los romanos: el *suavium* (beso de amantes), el *osculum* (beso en la mejilla) y el *basium* (beso en los labios, sin el erotismo del *suavium* y para expresar fidelidad). Hay, también, en países como Argentina y Colombia, el beso "al aire", donde las mejillas de los besadores se tocan ligeramente y las bocas de cada uno comunican un brevísimo chasquido. Korsmeyer nos comenta:

> Por rutina, el tacto está coordinado con la visión para determinar que una experiencia sea cierta. Es usual tocar con las manos para confirmar que el objeto percibido está realmente presente, o si más bien se trata de un truco que ha engañado al ojo. Además, no hay otro sentido que sea más "sentido en el cuerpo" que el tacto, sea para registrar las propiedades táctiles de un objeto, sea para experimentar el dolor, la tibieza, el frío o la presión. Este sentido esta tanto "la piedra de toque" (esta expresión no es accidental) de la realidad objetiva como un paradigma de la sensación subjetiva.
>
> *(4)*

El cocinero o la cocinera recurren al tacto constantemente, no únicamente mientras cortan alimentos o los salan o los pelan. Ellos y ellas determinan, por ejemplo, si una fruta está o no está lista para ser comida o para ser integrada en una receta; establecen las texturas requeridas para preparaciones con procedimientos que requieren amasar; "prueban" el estado de cocción de un alimento, tocando con los labios, o presionándolo entre la lengua y el paladar.

Haz una lista de sinestesias uniendo un sustantivo a un adjetivo.

Por ejemplo: Gusto + olfato = El agrio olor de las tabernas

Gusto + vista =
Olfato + tacto =
Oído + gusto =

Gusto + tacto =

Tacto + vista =

Ahora, recolecta algunos cuantos ingredientes u objetos que tengas a tu disposición. Por ejemplo,

- *para el gusto*: alimentos salados, dulces, ácidos, amargos.
- *para el tacto*: materiales que impliquen diversos aspectos en el espectro de texturas, como ciruelas, apios, zanahorias, piñas, papas, lechugas.
- *para el olfato*: la piel interior y exterior de naranjas y de limones, pedazos canela en rama, ajos con piel y ajos sin piel, amoniaco, salsas y *dressings* diferentes (soja, Worcestershire, tomate, pico de gallo, guacamole).
- *para el oído*: el agua en ebullición, la caída de un líquido en el lavaplatos, el corte de vegetales con tijeras de cocina, la llama de una hornalla de gas, la caída de cubos de hielo en líquidos a distintas temperaturas, el golpeteo constante del cuchillo sobre la tabla de maderas donde cortas alimentos.

Después, y con los ojos cerrados, huelan, saboreen, toquen y oigan cada objeto, e intenten transmitir con palabras, por medio de imágenes, comparaciones y metáforas, las sensaciones que están experimentado. De entre las imágenes verbalizadas, elijan las que evoquen de

IMAGEN 7.2 Mujer peruana de seculares ancestros indígenas vende diferentes tipos de papas en el Mercado de Vino Canchón. Este mercado se encuentra en San Jerónimo, uno de los ocho distritos en los que está divida la provincia de Cuzco (Perú).

Source: © Cortesía de Morganeborzee y de Dreamstime.com.

forma más precisa esas sensaciones. Para terminar, describan por escrito un espacio en el que se incluyan las imágenes elegidas. El texto no tiene porqué ser largo, pero sí debe estar sensorialmente vivo.

Plato principal | La causa limeña

Un platillo para la causa

Para *Bon Viveur*, magazín de gastronomía, el escritor y *gourmet* Alfredo Álamo
describe así la causa limeña o causa a la limeña:

> la causa limeña está compuesta por una serie de ingredientes básicos —aunque existen algunas variantes— que serían la papa amarilla peruana, limón, ají, huevo cocido, palta, aceitunas negras y lechuga. Se monta como un clásico pastel de patata y se suele preparar en una fuente para varios comensales, aunque también se puede servir de manera individual como aperitivo sencillo.

Antes de presentar dos hipótesis sobre la etimología de la palabra "causa", queremos recordar al escritor, periodista y político peruano Ricardo Palma (1833–1919) autor de las prestigiosas *Tradiciones peruanas* (1872). En el volumen 2 de su *Epistolario General: 1892–1904*, Palma menciona tres ciudades de Perú y tres platos por las que son conocidas. Allí aparece referida la causa, pero Palma no se la atribuye a la ciudad de Lima, sino a la de Trujillo —también famosa en Perú por sus exquisitas causas: "Chiclayo para el arroz con pato; Trujillo para la causa, y Lima para los tamales" (223).

Y ahora las hipótesis. En quechua, la palabra *kawsay* significa "vida". Para muchas tradiciones del mundo, el pan es una metáfora para hablar de la vida, en calidad de necesario sustento de ella. Es posible pensar que, con *kawsay* ("causa") tengamos tipificada una metonimia, es decir, una figura literaria donde se toma el efecto por causa, o viceversa. El pan, y en general el alimento, es causa de la vida —la vida es efecto de consumir alimentos. El tropo literario consiste en, simplemente, pensar en el pan por medio de aquello que causa: la vida. La causa, un platillo en calidad de efecto y que tiene como su ingrediente central la papa, sería fuente de vida y, al extremo —metafóricamente hablando—, la vida misma.

La segunda hipótesis tiene que ver con las luchas de independencia del dominio español en el actual territorio de Perú o con un conflicto bélico. En la Lima de inicios del siglo XIX, habrían aparecido ventas o puestos de comida con el propósito de recoger fondos para el ejército independentista liderado por el general José de San Martín. En los puestos pudieron haberse ofrecidos platos en favor de la *causa de la independencia*. Entre esos platos, aún sin nombre, estaría el plato con papa que hoy conocemos con el nombre de "causa". Otra posibilidad: durante la Guerra del Pacífico (1879–84), la cual enfrentó a Chile y a Perú. Mujeres peruanas, comprometidas en suministrar alimentos para los soldados, colaborando con la causa de vencer a Chile, ellas combinaron papas y ají, con limón, con sal y con pimienta. Una nueva metonimia: el efecto de alimentar a los soldados causaría, entre otro número indefinido de condiciones, el éxito de la causa bélica contra Chile. Las papas y los demás ingredientes podrían colaborar en ser "causa" del triunfo militar.

¡A preparar causa limeña con atún!

Tiempo de preparación: 20 minutos
Tiempo de cocción: 25 minutos
Número de personas: 6 personas

Cantidades e ingredientes de la causa limeña

10	Papas amarillas grandes
3	Papas blancas
4 latas	Atún en agua
2	Cebollinas grandes (y no cebolla morada, que sería más "original")
3 ramas	Apio
3	Huevos grandes
12	Lechuga verde común (francesa o romana)
1 frasco	Aceitunas negras, sin hueso (Kalamata)
4 cucharadas	Mayonesa (1 cucharada grande por cada lata de atún)
3	Aguacates
Al gusto	Hojitas y tallo de cilantro o de perejil
Al gusto	Sal y pimienta
Al gusto	Ají amarillo peruano (u otro tipo de ají, como el ají Chipotle)
2 cucharadas	Aceite vegetal
3	Limones

Utensilios adicionales

1 par de guantes plásticos
1 macerador de papas para puré
1 aro grande de plástico o de metal

Ahora que tienes los ingredientes para la causa limeña, lee con todo detalle las instrucciones para la preparación. Finalmente, tanto con la lista de ingredientes como con esas instrucciones a mano, podrás pasar a *crear* —que no únicamente "cocinar"— la causa limeña. Así, entonces, experimentarás *el arte de la cocina*, lugar de una belleza nacida en olores, en imágenes visuales, en sabores, en gustos, en sonidos y en sensaciones táctiles (¡pero no te cortes!).

Preparación de la causa limeña

1   Pela todas las papas, lávalas muy bien y pártelas en dos o tres pedazos grandes. Esto hará posible que se cocinen más rápidamente. Ponlas en agua con sal, asegurándote de que el agua las cubra completamente. También puedes poner los tres huevos en la misma olla, junto con las papas. Hierve todo a fuego medio–alto hasta que las papas estén listas. Sabrás que las papas están listas si puedes perforarlas sin dificultad con un cuchillo.

2   Abre las latas de atún y escurre lo más posible el aceite vegetal o el agua en el que viene el atún. Puedes incluso usar un colador después de que saques el atún de las latas.

3   Parte en trozos muy, muy pequeños las cebollinas y resérvalas en agua fría. Las dejarás allí hasta el final, cuando prepararás el atún. El agua fría les quitará a las cebollinas algo de su sabor invasivo y agresivo.

4   Saca las papas de la olla y ponlas en un recipiente grande. Deberás macerarlas, primero con un macerador de papás para puré o con un tenedor. Es importante que no haya pedazos pequeños de papas y que la masa que estás creando sea suave.

5   Ponte ahora los guantes plásticos. Amasa muy bien la masa y agrega, mientras vas amasando, dos cucharadas grandes de aceite vegetal. También puedes probar la masa. Si le hace falta sal, agrega, con cuidado, más sal a la masa.

6   Incorpora a la masa el jugo de un limón.

7   Si logras encontrar el ají amarillo de Perú, que por lo general se consigue en forma de pasta o de crema muy espesa, empieza a añadir lentamente el ají mientras sigues amasando. A falta del ají amarillo de Perú, puedes usar otro tipo de ají que te guste, como ají Chipotle, por ejemplo. Importa mucho que el ají se integre uniformemente a la masa de las papas.

8   Para la preparación con el atún, revuélvelo con cuatro cucharadas grandes de mayonesa (una cucharada por lata), mientras agregas sal y pimienta al gusto, así como los pedacitos muy pequeños de cebollina y el jugo restante de los dos limones. En lugar de cebollina, puedes usar ramas de apio finamente picado.

9   Toma un aro grande de plástico o de metal. Comienza por construir dentro del aro una base con la masa de la papa, de más o menos dos dedos de ancha. Sobre ella, esparce pedacitos no muy gruesos de palta o aguacate.

10 Encima de la papa, pon pedazos de huevo duro. Habrás cortado el huevo, previamente, de manera longitudinal.

11 Es tiempo de que esparzas el atún en este momento, como capa para tu relleno.

12 Y, ahora, cierra el aro con una nueva capa de masa de papa, del mismo grosor que la base o primera capa. Luego, con cuidado, retira el aro. ¡Ya tienes tu causa limeña! Es una suerte de sándwich de papa con atún.

13 Procede a la decoración de tu causa limeña. Tienes a tu disposición parte del huevo duro, así como varias aceitunas, más pedazos de aguacate, dos hojas pequeñas de lechuga y, por último, un par de hojitas de perejil o de cilantro.

   Atención: Este plato se come frío y es una entrada. Los aros pueden ser más pequeños y el grosor de las capas de masa de papa también puede ser menor.

   Salsa: Hay una salsa muy apreciada en Perú, la cual puedes agregar como un toque final de sabor y de belleza visual para tu platillo de causa limeña. Esta salsa lleva por nombre Salsa a la Huancaína. Anímate a prepararla con ayuda de buenos videos didácticos que puedes encontrar en YouTube. Seguir tutoriales de cocina en YouTube tiene una ventaja más: no solo perfeccionarás tus habilidades culinarias, sino que igualmente te ayudará a seguir ajustando tu comprensión oral del castellano —pues encontrarás tutoriales con cocineros que hablan según muchas variedades melódicas del castellano.

Variantes: Si quieres disfrutar del placer y de cierto "vértigo" al crear tus propios platos, también puedes usar pollo o de diferentes tipos de pescados o diversos mariscos. Utiliza pedazos pequeños de pollo. Y, en lugar de dos capas de masa de papa y una de carne (atún o pollo), puedes tener tres capas más delgadas de masa de papa. En este último caso, tendrás la base, sobre la que pondrás pedazos de aguacate. Cubrirás el aguacate con una capa de masa. Los pasos siguientes ya los sabes, pues repetirás las instrucciones de la receta anterior.

No hay causa limeña sin papa: ¡Viva la papa!

En el mercado del consumo mundial, hay una hortaliza que ocupa el primer lugar: es la papa. Y, la papa, también, ocupa el cuarto lugar de consumo global luego del trigo, el arroz y el maíz.

El altiplano andino compartido por Perú, Bolivia —específicamente en las proximidades del lago Titicaca— y Chile se considera el lugar originario de la papa, aun cuando sigue todavía persistiendo discusión sobre dónde la papa tiene su certificado específico de nacimiento, es decir, ¿efectivamente en cuál país de esos tres países la papa "vio la luz" primera —cuando esos tres países no habían sido bautizados aún? En todo caso, ese certificado de nacimiento fue "expedido" aproximadamente ocho mil años atrás cuando habría tenido lugar la domesticación de la papa. Y, en el caso de Europa, este continente no conocería la papa hasta que los conquistadores españoles no empezaran a llegar a tierras de América, en 1492. Es muy posible que los españoles hayan encontrado tierras cultivadas en papa únicamente en 1543, en una región de la actual Colombia: el valle de la Grita, en la provincia de Vélez. Esta información viene consignada por uno de los más importantes cronistas de Indias, el historiador y conquistador español Pedro Cieza de León (1520–54). En su obra *Crónica del Perú: El Señorío de los Incas* (1553), aparecida en Sevilla, Cieza de León escribió que vio también cultivos de papas en Popayán, en Pasto y en Quito. Cieza de León describió la papa con estas palabras:

> De los mantenimientos naturales fuera del maíz, hay otros dos que se tienen por principal bastimento entre los indios. Al uno llaman papas, que es a manera de turmas de tierra, el cual después de cocido, queda tan tierno por dentro como castaña cocida, no tiene cáscara ni cuesco más que los tiene la turma de la tierra porque también nace debajo de tierra, como ella. Produce esta fruta una hierba ni más ni menos que la amapola.
>
> *(115)*

No obstante, la papa no alcanzaría de inmediato, en el siglo XVI europeo, un masivo interés para su cultivo y para su consumo. ¿Por qué fue esto así? La pregunta exige varias y complejas respuestas. Solo avanzaremos una, y la escogemos por su carácter pintoresco y muy simpático. El 28 de febrero de 2010, el programa radial *Acércate al Quijote*, de la periodista Nieves Concostrina, fue titulado "Pan y cebolla". La situación de hambre en España por aquel siglo no había sido mitigada todavía por productos americanos como el tomate o las patatas (*papa*, en América hispánica, en las Islas Canarias y en el occidente de Andalucía). Esto nos cuenta

Concostrina los tomates, los pimientos, el pepino y, muy en especial, de las papas en España durante los inicios del siglo XVII:

> De los tomates, ni hablar, porque hasta el siglo XVIII se consideraron venenosos. El pimiento había llegado también de América, pero nadie le encontraba utilidad. Y el pepino era una hortaliza a la que no se le sacaba el gusto. Queda descartado, por tanto, el gazpacho. Ni siquiera las patatas pudieron paliar el hambre. Y eso que en la época en que Sancho y Don Quijote iniciaron sus correrías las patatas ya habían venido también de América. ¿Por qué no se consumían? Pues la culpa fue de Felipe II. Le enviaron desde las Indias el tubérculo, porque se consideraba alimento muy nutritivo, y al rey no se le ocurrió otra cosa que enviársela al Papa Pío V a ver qué le parecía. Al pontífice no le supieron a nada, y así se lo hizo saber al rey. Como la crítica venía directamente de Roma, ¿para qué queremos más? El tubérculo quedó en España como planta ornamental y para echar de comer a los cerdos. Ya ven: ¡con lo que hubiera disfrutado Sancho con una buena tortilla de patatas!

La papa —técnicamente un tubérculo, esto es, un tallo que crece bajo tierra — es prolífica en variedades en la región andina. Hay cinco especies de papa y, en esa región, hay algo así como cinco mil variedades. La civilización inca mostró admirables desarrollos en la selección, en el cultivo, en la distribución y en el almacenamiento de la papa. El "chuño", alimento preparado con papas deshidratadas y papas congeladas, no únicamente ayudó como producto alimenticio para el personal militar y para esclavos, sino que, asimismo, el almacenamiento de chuño habría de servir como reserva alimenticia de emergencia en tiempos de climas adversos, o cuando había cosechas completas arruinadas.

La Organización de las Naciones Unidas para la Agricultura y la Alimentación (FAO) consagró el año 2008 como el Año Internacional de la Papa. Las ONU para la Agricultura y la Alimentación enfatiza continuamente el vínculo necesario entre la papa y las comunidades andinas —actuales o prehispánicas. De ahí que, en su sitio web dedicado a la papa, informe a los lectores del mundo que existen elementos centrales, y todavía hoy en día, vinculados con la papa, los cuales continúan siendo parte esencial en aspectos de la cosmovisión para territorios andinos. Para la FAO, la papa

> ha desempeñado un papel central en la perspectiva andina del mundo (el tiempo, por ejemplo, se medía por el que era necesario para cocinar las papas). Los campesinos de algunas partes de los altos de los Andes siguen midiendo la tierra en "topos", la superficie necesaria para que una familia cultive las papas que necesita, y los topos son más extensos a mayor altura, donde necesitan dejarse en barbecho por más tiempo. Clasifican las papas no solo por su especie y variedad, sino también por el nicho ecológico donde se producen mejor, y no es raro encontrar cuatro o cinco especies cultivadas en una misma parcela pequeña. El cultivo de los tubérculos sigue siendo la actividad más importante de la temporada agrícola cerca del lago Titicaca, donde la papa es denominada "Mamá Jatha", o madre del crecimiento. La papa sigue siendo la semilla de la sociedad andina.
>
> *("Orígenes")*

Los incas comían papas

Aunque contamos con fuentes insuficientes para saber en lo que en realidad consistía la dieta del Inca o de la nobleza, Felipe Guamán Poma de Ayala (1534–1615) enumera algunos de los productos que consumía el Inca, incluida la papa. En su libro *El primer nueva corónica y buen gobierno* (circa 1615), ese noble quechua y cronista de su época escribe:

> El Inca . . . comía maíz muy seleccionado el cual es [*capya utco sara*] así como papas manay [las primeras cosechadas] y llama de las llamadas *cuyro* blanca, así como *chiche* [pescados pequeños]; *cuy* blanco; mucha fruta y patos; así como chicha muy suave, de la se lleva todo un mes para madurar y a la que se daba el nombre de *yamor aca*; comía además cosas que estaban prohibidas al resto de los indios bajo pena de muerte.
>
> *(306)*

Guamán Poma de Ayala también nos presenta dos listas de alimentos esenciales para las tierras altas y para las bajas andinas. Entre los alimentos que se consumían en las tierras altas se incluyen seis tipos de maíz, tres clases de papas, **oco**, **ullucu** y **año**, tanto frescos como conservados, quínoa y **altramuces**, tres tipos de hongos y por lo menos nueve verduras, de las cuales da el nombre. La carne que se consumía ocasionalmente era de los cuatro tipos de camélidos de la tierra, dos clases de venados, cuy, patos, "perdices", **moscas de agua**, pescados, camarones y cangrejos, supuestamente de agua dulce o bien traídos —frescos o secos— de la cosa. En lo que respecta a la

IMAGEN 7.3 Pimiento piquillo, producido en Navarra (España). Si bien esta variedad de pimiento fue desarrollada en España, el género pimiento o *capsicum* es considerado como originario de América, y más precisamente en tierras de América del Sur, en el actual Perú —pero antes de los incas.

Source: © Cortesía de Ivan de Santiago.

comida de las tierras bajas comienza citando el maíz de tierra caliente, los **camotes**, la **racacha**, las calabazas, la **achira**, el **llacón**, la yuca, los frijoles, la **cayúa** (*cyclanthera pedata*), los cacahuates, las **jícamas**, cuatro variedades de chile, pepinos, **lúcumas**, **pacayas** y aguacates, más una categoría general que incluye varias hierbas y cosas pequeñas. No menciona la carne ni el pescado.

Busca definiciones y/o imágenes de las palabras que están en negrita.

El primer nueva corónica y buen gobierno constituye un libro imprescindible para entender el periodo colonial en los Andes. En la crónica, Guamán Poma de Ayala presenta asuntos tan diversos como las usanzas en vestidos y en religión, y, por supuesto, detalles pertinentes para nuestro libro: alimentos y prácticas culinarias. El libro despliega una exquisitez gráfica impresionante, y los magníficos dibujos son el contrapunto perfecto a las descripciones consignadas por escrito. Puedes encontrar el libro y las imágenes en la Biblioteca Real de Dinamarca: www.kb.dk/permalink/2006/poma/info/en/frontpage.htm.

Busquen las imágenes de *El primer nueva corónica y buen gobierno* relacionadas con la comida y dividan la clase en grupos de tres o cuatro personas. Cada grupo presentará a la clase una de las imágenes y analizará todos los detalles presentes.

Carta de bebidas | Pisco

El pisco es un licor, es decir, en el proceso de su elaboración entran en juego dos procesos diferentes: primero, la destilación del mosto de uva, y, después, la fermentación. La cerveza, la sidra, el vino o el sake no son técnicamente licores, pues no involucran el proceso de destilación, lo que causa en estas bebidas que, por lo general, su contenido de alcohol no supere el 15 % de ABV (*Alcohol by Volume*, o alcohol por volumen). En razón de que el pisco sí es un licor, esto lo emparenta en cierto modo con otras bebidas que sí incluyen destilación, como el brandy, el ron, el tequila, el vodka y el whisky.

Desde 1991, en función de decisiones gubernamentales, únicamente cinco departamentos de Perú están autorizados para la elaboración de pisco y, por ello, el pisco producido allí está certificado con Denominación de Origen —lo cual garantiza que los procesos de cultivo, cosecha, procesamiento, embotellado y almacenamiento sean de alta calidad en los estándares. Esos departamentos son Arequipa, Ica, Lima, Moquegua y Tacna.

Busquen todos estos departamentos en un mapa del Perú. ¿Dónde están situados? ¿Están situados en una misma área?

El pisco: Una bebida ancestral

El investigador Gonzalo Gutiérrez muestra cómo en el origen de la palabra *pisco* ocurre la confluencia de cuatro aspectos diferente: la zoología, toponimia, la etnicidad y la industria. En su artículo especializado con el título de "El pisco, denominación de origen peruana" (2003), Gutiérrez explora primero el significado ornitológico de la palabra, refiriéndola a la lengua quechua y fundamentándose en varios cronistas de Indias y algunos lexicógrafos, entre lo que están Cieza de León, el Inca Garcilaso de la Vega (1539–1616), Juan de Arona (1839–95) y Martha Hildebrandt (1925–). A partir de estas fuentes, es posible afirmar que, en primer lugar, para la zona costera del Perú, *pisku, pisccm, phishgo* o *pichim* eran palabras quechuas para denominar las aves de la zona y que, luego, sería un sustantivo común para cualquier tipo de ave. Gutiérrez escribe: "inicialmente, el vocablo fue aplicado únicamente al cóndor, pero que, con posterioridad, los indios yungas costeños de la zona, bajo la influencia inca en su idioma quechua, empezaron a hacer extensiva la denominación a todo tipo de pájaros" (246–47).

La palabra siguió su historia y, desde la designación ornitológica llegó más tarde a su designación toponímica. Con la llegada de los españoles a esta zona costera de Perú, se empieza a hablar de la Bahía de Pisco, del Valle de Pisco, de una villa y también de un puerto. Por ejemplo, en el segundo volumen de los *Comentarios reales de los incas* (1609), del Inca Garcilaso de la Vega, el lector encuentra la expresión "los del valle de Pisco" (41). Y, continúa Gutiérrez: "El primer mapa conocido del Perú fue elaborado por el geógrafo Diego Méndez en 1574. A pesar de lo impreciso de la cartografía de la época, ya en ese momento él identifica claramente el puerto de Pisco y lo ubica al sur de la Ciudad de los Reyes, en lo que designa 'Golfo de Lima'" (247).

En relación con la significación étnica de la palabra pisco, esta denomina una casta de alfareros, los "piskos", que existieron durante el reinado del Inca Pachucútec entre los años 1438–71/72. Estos alfareros, recuerda Gutiérrez, eran maestros en la elaboración de utensilios fabricados en arcilla, recubiertos interiormente con cera de abejas y "utilizados para almacenar todo tipo de líquidos, particularmente chicha y otras bebidas con contenido alcohólico y preparadas a base de molle o cañigua" (248). Más tarde, sería común el almacenamiento del reputado aguardiente en vasijas de la casta de los indios piscos. Las hipótesis apuntan a que el nombre de la casta de los piscos se transfirió a los recipientes de su creación —del nombre del alfarero a la vasija en arcilla, o del creador a lo creado— y, más adelante, de la vasija de pisco se denominó el contendido de esa vasija con el nombre "pisco" —otra sinécdoque más: esta vez del continente al contenido.

Este último paso en la larga historia de la palabra lo considera Gutiérrez como el aspecto "industrial" de la palabra (249). Gutiérrez cita al respecto unas líneas muy significativas del libro *Los aguardientes de Ica* (1936). Esas líneas merecen ser transcritas:

> posteriormente, el nombre de "pisco" del envase, pasó al aguardiente de uva corriente, contenido en él. Pero aún hay más. El caserío donde habitaban los piscos fue considerado con el carácter de villa, dándole el nombre de Pisco, tanto por dicha razón como por ser el centro de fabricación y comercio de los "piscos" para el envase de los aguardientes. La salida al mar de la población era la caleta de San Gallán, vecina del caserío de San Andrés; y, como a esta caleta venían los barcos a embarcar los "piscos" de aguardientes, la costumbre le fue dando el nombre de "pisco", para poder diferenciarla de otras caletas existentes.
>
> *(Citado por Gutiérrez 249)*

Las condiciones de tierras y de climas favorables para el cultivo de la uva en el valle de Ica, donde está localizada la ciudad de Pisco, fueron necesarias para que la bebida alcohólica del pisco floreciera en esa región. Las uvas habrían llegado al Perú en 1553 y únicamente a finales del siglo XVI habría empezado la producción industrial de pisco. Sobre la introducción de la uva de España en el Virreinato del Perú, también hay líneas de mucho valor en el segundo volumen de los *Comentarios reales de los Incas*, donde el Inca Garcilaso de la Vega vincula el nombre de un noble español con la llegada de la uva a tierras del actual Perú. En el Capítulo XXV de la obra, titulado "De la vida, y del primero que metió uvas en el Cuzco", el Inca Garcilaso de la Vega anota:

> De la planta de Noé dan la honra a Francisco de Caravantes, antiguo conquistador de los primeros del Perú, natural de Toledo, hombre noble. Este caballero, viendo la tierra con algún asiento y quietud, envió a España por planta, y el que vino por ella, por llevarla más fresca, la llevó de las islas Canarias, de uva prieta, y así salió casi toda la uva tinta, y el vino en todo aloque, no del todo tinto; y aunque han llevado ya otras muchas plantas, hasta la moscatel, mas con todo eso aún no hay vino blanco.
>
> *(261)*

La calidad del pisco peruano alcanzó notoriedad, pues ya a finales del siglo XVI y a principios del XVII el Virreinato de Perú exportó pisco a tierras de la metrópoli —España—, y, al menos, también en Guatemala, el Nuevo Reino de Granada —la actual Colombia— y en Panamá. La calidad y buena recepción del pisco peruano preocupó muchísimo a los productores locales en tierras de ultramar y en los dos territorios de América mencionados atrás. De ahí que productores de vino en España ejercieran presión sobre la corona española. Esta, finalmente, y, aun cuando las gestiones de *lobby* de esos productores habrían empezado durante el reinado de Felipe II (1527–1598), según establecen la corona española en cabeza de Felipe III (1578–1621) y de Felipe IV (1605–1665) por disposiciones del 18 de mayo de 1615 y, once años más tarde, del 19 de junio, quedaban prohibidas las exportaciones de Pisco fuera del territorio de ese virreinato.

En consecuencia, la prohibición sobre las exportaciones causó el crecimiento de la producción local de pisco. Comunidades religiosas como la de los Padres de la Compañía de Jesús —más conocidos como "jesuitas"— colaboraron con el éxito en el cultivo y en la producción del vino de uva, pues era vendido por ellos en Lima, Cuzco, Ayacucho y Potosí y, así, desde 1617, el pisco fue convirtiéndose en una bebida muy popular, la cual era, asimismo, un gran atractivo para los viajeros que visitaban la zona. Basándose en estudios de Brown W. Kendall, autor de *Bourbons and Brandy: Imperial Reform in Eighteenth-Century Arequipa* (1986), Lorenzo Huertas Vallejos, historiador peruano de la Universidad Ricardo Palma, insiste en que "la expansión del mercado del vino y el aguardiente se produjo en el último tercio del siglo XVI, y logró límites inusitados en el siglo XVII para declinar paulatinamente en el XVIII" ("Historia de la producción" 51).

Principales variedades de pisco

El pisco tiene variantes y tú mismo/a puedes saber cuáles son. Busca en Internet al menos cinco diferentes tipos de pisco y comparte esta información con tu clase.

¡A preparar pisco sour peruano!

Como esta bebida contiene alcohol, no se recomienda que se prepare en la clase. También es importantísimo que no la preparen ni la beban los estudiantes que no tienen la edad legal que los autorizaría para beber bebidas alcohólicas.

Tiempo de preparación: 10 minutos
Número de personas: 2 personas (1 vaso por persona)

Cantidades e ingredientes del pisco sour peruano

2 tazas (13 onzas)	Pisco (lo hallarás en una licorería grande de tu ciudad)
4 onzas	Sirope de goma (o almíbar de azúcar)
4 onzas	Jugo de limón recién exprimido
1 onza	Clara de huevo recientemente separada de la yema
8 cubos	Hielo
4 gotas	Amargo de angostura
2 rodajas	Limón, para decorar las copas

Preparación del pisco

1   Según los expertos, es importante que repliques el orden siguiente al poner estos ingredientes en tu coctelera o en tu licuadora: el pisco, en primer lugar; después el sirope; en tercer lugar, el jugo de limón; y, por último, la clara de huevo.
2   Ahora agrega todos los cubos de hielo.
3   Necesitarás diez segundos si, para el batido, vas a usar una coctelera; cinco segundos, para una licuadora.
4   Procede a servir en dos momentos: en un primer momento, vierte la mezcla hasta la mitad de la copa, sirve la copa hasta la mitad, pausa y, luego, completa llenando la otra mitad.
5   Y ahora la decoración: echa, por copa, dos gotas de Amargo de Angostura y termina de embellecer cada copa con una rodaja de limón recién cortado.

Caveat: La moderación es una virtud necesaria cuando se trata de consumir bebidas alcohólicas.

Atención

a)   el sirope puedes prepararlo tú mismo/a o comprarlo. Si decides comprarlo, en tiendas o por Internet, te recomendamos estas marcas posibles: Canadou, Monin, Torani y Tate & Lyle. La preparación es simple: por dos cantidades de agua, añadirás dos cantidades de azúcar. Pon a hervir el agua y echa el azúcar. Revuelve constantemente hasta que el agua se reduzca y quede una crema transparente acaramelada. Deja enfriar este sirope o almíbar, y después úsalo en la preparación del pisco sour.
b)   Amargo de Angostura es una bebida alcohólica común en prácticas de coctelería. Es una mezcla hecha de flores de genciana, hierbas y especias. Con facilidad encontrarás este producto en licorerías o por Internet.

Postre | Queso que te quiero dulce: Quesillo con miel de chancaca

Este postre es también muy común en otras regiones del mundo hispánico. No obstante, cuando los peruanos piensan en postres representativos del departamento peruano de Cajamarca, se imaginan el quesillo con miel de chancaca. Este postre es una verdadera delicia para el paladar y, como verás, es muy fácil de preparar. Por ser una región ganadera, los productos lácteos están integrados en la repostería del norte peruano.

¡A preparar quesillo con miel de chancaca!

Tiempo de preparación: 10 minutos
Tiempo de cocción: 15 minutos
Número de personas: 4 personas

Cantidades e ingredientes

250–300 gramos (16 onzas)	Queso frescos o queso de cabra
125–50 gramos (8 onzas)	Chancaca (otros nombres: piloncillo o panela)
¼ litro (16 onzas)	Agua

Preparación

1 En una olla pequeña, pon a derretir a fuego medido la chancaca en el agua, sin que olvides estar revolviendo constantemente.
2 Corta el queso en pequeños rectángulos no muy gruesos.
3 Cuando hayas derretido la chancaca a punto de miel, algunos cocineros peruanos acostumbran a agregar los pedazos de queso fresco o queso de cabra. Deberás seguir revolviendo; otros, simplemente ponen varios rectángulos de queso en un plato y los bañan con la miel de la chancaca.

Consejos

El proceso de derretir la miel en el agua con ayuda del fuego medio causa que el agua suba en forma de espuma, mientras estás revolviendo la mezcla. Ten mucho cuidado de no quemarte.

El sabor fuerte del queso de cabra permite que combine muy bien con el dulzor de la miel de chancaca.

En caso de que no consigas queso de cabra, puedes remplazarlo por queso fresco. Hay varias marcas que puedes conseguir en supermercados de grandes cadenas o en tiendas de comidas hispanas. Hay varias marcas conocidas para el queso fresco: Cacique, El Mexicano o Rancho Grande.

En esas tiendas es común que encuentres la chancaca bajo el nombre de "panela" o de "piloncito". También es muy fácil de comprarla por Internet, y de la marca Goya, si buscas bajo "piloncito", "panela" o "*brown sugar cane*". Hay también panela en polvo, cuyo nombre en inglés es *Turbinado Brown Sugar*.

Sobremesa | Analizar y escribir

Ricardo Palma y sus tradiciones peruanas

En *Tradiciones en salsa verde* (1860), Ricardo Palma incluye un relato titulado "Pato con arroz" (61–62). Léelo para que después puedas analizarlo. Las itálicas pertenecen al cuento.

Conocí a don Macario; era un honrado barbero que tuvo tienda pública en Malambo, allá cuando Echenique y Castilla nos hacían turumba a los peruanos.

Vecina a la tienda había una casita habitada por Chomba (Gerónima), consorte del barbero y su hija Manonga (Manuela), que era una chica de muy buen mirar, vista de proa, y de mucho culebreo de cintura y nalgas, vista de popa.

Don Macario, sin ser borracho habitual, nunca hizo ascos a una copa de moscorrofio; y así sus amigos, como los galancetes o enamorados de la muchacha, solían ir a la casa para remojar una aceitunita. El barbero que, aunque pobre, era obsequioso para los amigos que a su domicilio honraban, condenaba a muerte una gallina o a un pavo

del corral y entre la madre y la hija, improvisaban una sabrosa merienda o cuchipanda.

En estas y otras, sucedió que, una noche, sorprendiera el barbero a Manonguita, que se escapaba de la casa paterna, en amor y compañía de cierto mozo muy *cunda*.

Después de las exclamaciones, gritos y barullo del caso, dijo el padre:

• Usted se casa con la muchacha o le muelo las costillas con este garrote.
• No puedo casarme —contestó el mocito.

- ¡Cómo que no puede casarse, so canalla! —exclamó el viejo, enarbolando el leño—; ¿es decir que se proponía usted culear a la muchacha, así . . . de bobilis, bobilis . . . de cuenta de buen mozo y después . . . ahí queda el queso para que se lo coman los ratones? No señor, no me venga con *cumbiangas*, porque o se casa usted, o lo hago *charquicán*.
- Hombre, no sea usted *súpito*, don Macario, ni se suba tanto al cerezo; óigame usted, con flema, pero en secreto.

Y apartándose, un poco, padre y raptor, dijo éste, al oído, a aquél:

- Sepa usted, y no lo cuente a nadie, que no puedo casarme, porque . . . soy *capón*; pregúntele al doctor Alcarraz, si no es cierto que, hace dos años, para curarme de una purgación de garrotillo, tuvo que sacarme el huevo izquierdo, dejándome en condición de eunuco.
- ¿Y entonces, para qué se la llevaba usted a mi hija? —arguyó el barbero, amainando su exaltación.
- ¡Hombre, maestrito! Yo me la llevaba para cocinera, porque las veces que he comido en casa de usted, me han probado que Manonga hace un arroz con pato delicioso y de chuparse los dedos.

Al analizar el relato ten en cuenta la biografía del autor, el contexto histórico en el que vivió y las siguientes preguntas sobre el relato:

¿Qué comunica el título?
¿Cuáles son los vocablos regionales y qué significado tienen en castellano estándar?
¿Es fidedigno el narrador? ¿Por qué sí o por qué no?
¿Cuáles son las características del lenguaje?
¿Cuáles son las características del diálogo?
¿Cuáles son las características de las descripciones?
¿Qué simboliza el platillo de comida en el cuento?
¿Cuáles serían los temas implícitos y explícitos, si los hay?
¿Qué impresión te causó la lectura sobre asuntos de sexualidad, género, de profesiones y
    de edades?

Escritura de una redacción

En una redacción de una página (350 palabras aproximadamente), escribe sobre alguno de los temas siguientes referidos a la cocina peruana:

1   El sabor de África en la cocina peruana. La influencia de la llegada de los africanos en el siglo XVIII para trabajar en las haciendas algodoneras del sur de Perú. Hoy se les atribuye a ellos la gran influencia de la comida criolla, con platos como el tacu-tacu o el cau-cau.
2   El chef Gastón Acurio y sus restaurantes: El descubridor de la alta gastronomía peruana.
3   Tour gastronómico para vacaciones: conocer una ciudad, por ejemplo, Lima a través de sus restaurantes; o clases de cocina mientras exploras el Perú.
4   Historia y características de la cocina *nikkei* en Perú, juntos con algunos contrastes básicos entre la cocina *nikkei* y la cocina chifa.

IMAGEN 7.4   Lomo saltado, receta de Perú. Chef peruana Tania Carter, primavera de 2014 para *Food Metaphors: Ibero-American Cuisine and Cultures*. Departamento de Lenguas Modernas, University of Colorado Denver. La receta integra carne de res (lomo), cebollas moradas, tomates perita (*Roma tomatoes*), perejil picado, sillao (*soy sauce*), jugo de limón, sal, pimienta y dientes de ajo.

Source: © Cortesía de Andrés Lema-Hincapié.

Bibliografía

El ADN del ceviche. Dirigida por Orlando Arriagada, Pimiento, 2015.

Álamo, Alfredo. "Causa limeña, delicioso plato peruano". *Bon Viveur*, 17 may. 2017, www.bonviveur.es/gastroteca/causa-limena-delicioso-plato-peruano.

Alzedo, José Bernado. "La chicha". *Colección José Bernardo Alzedo*, www.bnp.gob.pe//documentos/colecciones_partituras/coleccion-alzedo.pdf, acceso 25 jul. 2019.

Arona, Juan de. "Brindis en el cercado". *Poesías peruanas*. Imprenta Calle del Melchormalo, 1867.

Capel, José Carlos. "Cocina chifa, un reto del futuro". *El País*, 14 jul. 2014, elpais.com/elpais/2014/07/14/gastronotas_de_capel/1405370936_140537.html.

"Causa limeña: ¿Cuál es el origen de este plato típico peruano?". *Viajar por Perú*, blog.redbus.pe/gastronomia/origen-causa-limena-plato-tipico-peruano/, acceso 5 mar. 2019.

Cayo Córdova, Percy. "Reseña de *Herederos del dragón: Historia de la comunidad china en el Perú*. Fondo Editorial del Congreso del Perú, 2000". *Histórica*, vol. 25, no. 2, 2001, pp. 341–3.

"El Cebiche: un plato que une a todos los peruanos". *El Comercio*, 16 abr. 2014, elcomercio.pe/blog/huellasdigitales/2014/04/el-cebiche-un-plato-que-une-a-todos-los-peruanos.

Cieza de León, Pedro. *Crónica del Perú: El Señorío de los Incas*. Editado por Franklin Pease G. Y., Biblioteca Ayacucho, 2005.

Concostrina, Nieves. "Pan y cebolla". *Acércate al Quijote*. Radio, 28 feb. 2010, www.rtve.es/alacarta/audios/acercate-al-quijote/acercate-quijote-asi-nacio-quijote-20-02-10/703807/.

Diccionario de la Real Academia de la Lengua Española. dle.rae.es/?w=diccionario, acceso 5 mar. 2019.

Gómez Barrios, Pablo. "El ADN del ceviche, un documental de Orlando Arriagada". *Radio Canadá Internacional*, 3 abr. 2017, www.rcinet.ca/es/2017/04/03/el-adn-del-ceviche-un-documental-de-orlando-arriagada/.

Guamán Poma de Ayala, Felipe. *El primer nueva corónica y buen gobierno*. Siglo XXI, 1980.

Gutiérrez, Gonzalo. "El pisco, denominación de origen peruana". *Agenda Internacional*, vol. 19, 2003, pp. 245–98.

Huertas Vallejos, Lorenzo. "Historia de la producción de vinos y piscos en el Perú". *Revista Universum*, vol. 19, no. 2, 2004, pp. 44–61.

Jurafsky, Dan. "Ceviche and Fish & Chips". *The Language of Food*, 26 nov. 2009, blogspot.com/2009/11/ceviche-and-fish-chips.html.

———. *The Language of Food: A Linguist Reads the Menu*. W. W. Norton, 2014.

Korsmeyer, Carolyn. "A Tour of the Senses". *The British Journal of Aesthetics*, 11 jul. 2019, pp. 1–15.

Nuevo cocinero americano: En forma de diccionario. Rosa y Bouret, 1868.

"Orígenes". *FAO: La papa*, www.fao.org/potato-2008/es/lapapa/origenes.html, acceso 2 ago. 2019.

Palma, Ricardo. *Epistolario General: 1892—1904*. Vol. 2, U Ricardo Palma, 2006.

———. *Tradiciones de salsa verde y otros textos*. Biblioteca Ayacucho, 2007.

Paz-Soldán y Unanue, Pedro. *Cuadros y episodios peruanos y otras poesías, nacionales y diversas*. Calle del Melchormalo, 1867.

"El suspiro de limeña suave y dulce como el suspiro de una mujer". *Qué tal sabor*, quetalsaborweb.wordpress.com/2017/05/20/el-suspiro-de-limena-suave-y-dulce-como-el-suspiro-de-una-mujer/, acceso 5 mar. 2019.

Vega, Inca Garcilaso de la. *Comentarios Reales de los Incas*. Editado por Ricardo Rojas, Emecé, 1943.

Vence Conti, Agustina, y Eduardo Martín Cuesta. *El gusto de los otros: Un recorrido histórico por las gastronomías de Asia y América*. Temas, 2011.

Zanutelli Rosas, Manuel. *Crónicas y relaciones que se refieren al origen y virtudes del pisco: Bebida tradicional y patrimonio del Perú*. Peisa, 1990.

8

YA SU NOMBRE ES PICANTE

Chile, mar y vino

IMAGEN 8.1 Los hechizos sensoriales del vino. El gran poder cultural de esta bebida está expresado en estos dos proverbios de origen latino: *In vino veritas* [En el vino está la verdad] y *Bonum vinum laetificat cor hominis* [El buen vino alegra el corazón humano]. Chile, país de vinos.

Source: © Cortesía de Pixabay.

Aperitivo | El refranero

Más chileno que los porotos.
Calentar el agua para que otro tome mate.

Los dos refranes anteriores incluyen productos que se consumen en abundancia en Chile. Probablemente has visto o has probado el mate, pero ¿has oído la palabra "poroto" con anterioridad? ¿Cómo se llaman los porotos en Colombia, en México o en España?

¿Habría algún equivalente en inglés de los dos refranes anteriores?

Haz tú un refranero con algunos de los países en los que se habla español y con sus productos típicos (comida y bebida). Completa las frases:

Más mexicano que . . .

Más español que . . .

Más argentino que . . .

Más cubano que . . .

Más estadounidense que . . .

Más peruano que . . .

Más colombiano que . . .

Entrada | Anticuchos

> Los japoneses tienen el yakitori, que tiene un puntito dulce.
> Los tailandeses, el satai, con su punto de maní.
> Los franceses, sus brochettes.
> Los turcos, el kebab, con sus especias típicas.
> Los españoles tienen los pinchos morunos.
> . . . Ningún palito nos conmueve más que nuestro querido anticucho.

Gastón Acurio

La historia de don Anticucho

En las Fiestas Patrias de Chile, toma protagonismo una comida de la cocina criolla de Chile. Su nombre: el anticucho. Lo que en otros países lleva el nombre de pinchos (castellano estándar) o de chuzos (Colombia). Se trata de una vara delgada de madera (esto es: "palito" o "palillo") o de hierro en la que se han ensartado varios pedazos de carne. Las carnes pueden variar: cerdo, res, pollo, por ejemplo.

En su libro *Sabores del Perú: La cocina peruana desde los incas hasta nuestros días* (2004), Erika Fetzer anota que fue carne de llama la que era usada en épocas precolombinas en la preparación de anticuchos. Más tarde, al llegar los europeos a tierras del imperio incaico, recurrieron a la carne de res. Los trozos de res eran marinados en vino rojo y condimentados con otros ingredientes. Fetzer informa también que los trozos de carne, antes de ser ensartados, eran fritos. Los trozos de carne atravesados por palitos es lo que en otros países se conoce como de brochetas o broquetas (del francés *brochette*) (78).

También en el caso del anticucho la etimología es inestable. Sería una palabra compuesta a partir de dos vocablos quechuas: "*antikuchu*" —"anti", "Andes o montaña" y "*kuchu*", "corte". Así, pues, literalmente, anticucho significaría "corte montañés o de montaña". Para Steven Raichlen, en su *Planet Barbecue!* (2010), uchu también podría ser entendido como "mezcla" (39). El *Diccionario de la Real Academia de la Lengua Española* le asigna a la palabra dos países: Bolivia y Perú, y la define en estos términos: "comida consistente en trozos pequeños de carne, vísceras, etc., sazonados con distintos tipos de salsa, ensartados en palitos y asados a la parrilla".

Como seguramente toda comida, el anticucho desborda fronteras nacionales. Es, por esta razón, que argentinos, bolivianos y peruanos también comen anticuchos.

Atención: "Fiestas Patrias" aquí no son todos los feriados religiosos o nacionales en Chile. La expresión nombra, desde 1811, los días 18 y 19 de septiembre —si bien, en caso de que esos días caigan el sábado y el domingo, las Fiestas Patrias serán celebradas el 17 y el 20 de septiembre. En la Fiestas Patrias, Chile conmemora el proceso de independencia de la monarquía española, así como el hecho de la formación de Chile cuanto nación y Estado.

Los anticuchos chilenos

En Chile, su tamaño y la variedad de carne utilizada determinan el nombre de cada anticucho. Según las preferencias del comensal, la carne será asada en término medio, tres cuartos o bien asada.

El **anticucho tradicional chileno** consiste en pedazos de carne de res, ensartados en un palito, pero divididos por pedazos de cebolla. El largo de este anticucho es, más o menos, cuarenta centímetros y, a la vez que se lo condimenta con sal gruesa, es asado a las brasas. En la punta del pincho se ensarta, asimismo, un pedazo de un pan llamado "marraqueta". Puedes consultar en Internet sobre este típico pan que consumen los chilenos. Verán su forma y las características de su composición.

El **anticucho común** incluye estos ingredientes y la siguiente preparación: diversos cortes pequeños de carne de res y de carne de cerdo, un poco menos de carne de pollo, los cuales son unidos, atravesándolos con barra de hierro cuya medida no debe sobrepasar los cuarenta centímetros. Entre los pedazos de carne, son ensartados también pedazos de otras carnes —como la longaniza, las salchichas vienesas, o el chorizo— y, asimismo, entre los trozos de carnes, hay verduras trinchadas: zanahorias, pimentones de varios colores, cebolla o champiñones. Ahora, crudas las carnes y crudos de igual manera los vegetales, el pincho completo es asado en una parrilla —como el asado argentino. Para los condimentos, es usual recurrir a estos tres ingredientes, al gusto —los tres, dos, o solamente uno de ellos: sal gruesa, vinagre y jugo de limón. Es posible, además, que los comensales degusten una salsa, esparcida sobre cada anticucho con la ayuda de ramas de perejil, a modo de brocha: ajo picado o macerado, cilantro picado, jugo de limón, algún tipo de cerveza, cebolla y vinagre.

La brocheta de carne constituye el anticucho de menor tamaño. Se usan, en esta ocasión, palitos de madera de unos quince centímetros y es muy popular la venta de brochetas de carne en carritos o puestos callejeros.

Los anticuchos de Violeta Parra

Proferir el nombre de Violeta Parra (1917–1967) obliga a pensar en la cultura de Chile y América Latina es heredera de su obra. El Día de la Música en Chile se celebra el 4 de octubre, día cuando nació Violeta Parra. Por tierras de América Latina son repetidas sin cansancio los acordes de una de sus canciones: "Gracias a la vida". Esta canción, compuesta e interpretada por primera vez por Violeta Parra en La Paz, capital de Bolivia, en 1966, expresa el gozo por las pequeñas cosas que trae la vida a cualquier persona —pequeñas, pero copiosas. Entre los muchos cantantes que han interpretado "Gracias a la vida" hay que mencionar estos nombres famosos: Shakira y Juanes, de Colombia; Miguel Bosé y Alejandro Sanz, de España; Laura Pausini, de Italia; y Juan Luis Guerra, de la República Dominicana.

La vida multifacética de Violeta Parra está llena de color. Junto al arte musical, ella fue escultura, pintora y tejedora. Y, asimismo, enloquecida de pasión por el folclor, ella no podía dejar de considerar, como elemento esencial del folclor, las artes culinarias y los placeres de la gastronomía.

Cuando regresa a Chile, desde Europa, en 1965, Violeta Parra planea un gran proyecto cultural: la creación de una Universidad Nacional del Folclor. Con el fin de sentar alguna de las bases para ese proyecto, y con la ayuda de Fernando Castillo Velasco, alcalde por aquel entonces de la comuna de La Reina, en el nororiente de la ciudad de Santiago de Chile. En esa área metropolitana de la capital chilena, Violeta Parra monta un espacio cultural para el arte popular campesino. El espacio cultura tiene por hogar una gran carpa de circo y estaba ubicada en la calle La Cañada 7200. Hoy, en el lugar de la carpa y de árboles, existe un centro comercial —el consumo vence esta vez sobre las expresiones del arte popular. Yenny Ariz Castillo comenta en su diálogo con Natalia Messer: "En la carpa se exhibían las arpilleras y los óleos. También se cocinaba. Todo el lugar era una especie de performance del campo chileno" ("Las otras caras de su obra artística").

En ese último hogar de Violeta Parra, antes de su suicidio en 1967, vivió una de sus mayores ilusiones: entre talleres de artes plásticas y de música, entre presentaciones y exhibiciones, entre clases de folclor y entre los sueños de Violeta Parra por valorizar las manifestaciones populares de las artes, la comida era una práctica necesaria y bienvenida. Violeta Parra entendía que la cultura es "alimento" para las clases populares y campesinas. Ese alimento era un alimento simbólico y también literal: artistas, estudiantes de arte y público disfrutaban juntos de comidas en las que también intervenía la "cocinera" Violeta Parra: anticuchos, asados, sopaipillas, empanadas y bebidas, por ejemplo, y otros varios platillos y bebidas que ella misma cocinaba. Allí en la Carpa, Parra preparaba y disfrutaba la comida junto con amigos y con público. Según Yenny Ariz Castillo, las expresiones artísticas de Parra eran una manera de nutrir al pueblo con cultura, y del mismo modo lo hacía al cocinar para otros. De esta manera, la visión de su mundo se encarna en la valoración de la identidad local y cómo lo artístico convive con lo cotidiano en todas las áreas, lo que incluye también la gastronomía chilena.

Puedes escuchar su canción "Gracias a la vida" y cantar, solo o con tus compañeros de clase y, por supuesto, con Violeta Parra, su famosísima canción. Ve a www.youtube.com/watch?v=w67-hlaUSIs. Aquí te dejamos una parte de la canción:

Gracias a la vida que me ha dado tanto.
Me dio dos luceros, que cuando los abro
Perfecto distingo lo negro del blanco
Y en el alto cielo su fondo estrellado,
Y en las multitudes el hombre que yo amo.

Gracias a la vida que me ha dado tanto.
Me ha dado el oído que en todo su ancho
Graba noche y día, grillos y canarios,
Martillos, turbinas, ladridos, chubascos,
Y la voz tan tierna de mi bien amado.

Gracias a la vida que me ha dado tanto.
Me ha dado el sonido y el abecedario,
Con él las palabras que pienso y declaro,
"Madre", "amigo", "hermano", y "luz alumbrando",
La ruta del alma del que estoy amando.

Gracias a la vida que me ha dado tanto.
Me ha dado la marcha de mis pies cansados,
Con ellos anduve ciudades y charcos,

Playas y desiertos, montañas y llanos,
Y la casa tuya, tu calle y tu patio.

Gracias a la vida que me ha dado tanto.
Me dio el corazón que agita su marco
Cuando miro el fruto del cerebro humano,
Cuando miro el bueno tan lejos del malo,
Cuando miro el fondo de tus ojos claros.

En la clase, vamos a escuchar una de sus canciones relacionada con la comida y titulada "¡Pastelero, a tus pasteles!", de Violeta Parra. Puedes escucharla en www.youtube.com/watch?v=qhq9K0xCKzI. Completa las palabras que faltan:

Ya me voy, ya me voy para _____,
Ya me voy, ya me voy para _____.
Sonaron, sonaron los cascabeles,
Sonaron, sonaron los cascabeles,
Diciendo, diciéndome en el _____
"¡Pastele, Pastelero a tus pasteles!"
Ya me voy, ya me voy para _____,

Como todo está _____,
¡Ayayai, comaire Nena!
A la _____ de pan,
¡Ayayai, la torta es buena!
Como todo está _____,
¡Ayayai, comaire Nena!

Comaire Nena, sí,
¡Ayayai, compaire Armando!
Más vale ave en la mano
¡Ayayaya, que cien _____!

Mi pairino Alejandro
¡Ayayai, murió _____!

Menú | El chupe está para chuparse los dedos

El *Gran Larousse de la cocina* define "chupe" como "voz quechua que designa un guisado de América del Sur realizado, en principio, con patatas (papas), carne o pescado, ají, queso, tomate, huevos, etc. Perú, Ecuador y Chile son los países que preparan las mejores variedades de chupe. En Ecuador se hace el chupe de corvina, en Perú el chupe de camarones y en Chile el chupe llamado de guatitas (callos con guindilla, pimientos rojos, queso rallado, etcétera)" (Bosch et al. 810). A su turno, la más reciente edición en línea del *Diccionario de la Real Academia de la Lengua Española* determina que la voz "chupe" de uso en Argentina, Bolivia, Colombia, Ecuador, Panamá, Perú y Venezuela. La Real Academia olvida incluir a Chile en su lista de países. De todas formas, según este diccionario, la palabra "chupe" nombra un "Guisado hecho de papas en caldo, al que se le añade carne o pescado, mariscos, huevos, ají, tomates y otros ingredientes". Por su parte, el escritor y crítico venezolano Juan Röhl (1892–1974), refiriéndose al chupe de gallina preparado en Venezuela, le asigna una importante tradición culinaria y asegura que la palabra "chupe" vendría del nórdico "zuppe": "Hace poco vine a saber, de labios de un distinguido diplomático venezolano, la etimología de la voz 'chupe', que en verdad es inesperada, sorprendente y perfectamente lógica. Según me informó mi amigo, cuando se encontraba en cierta ocasión en Estocolmo, con su familia, les sirvieron un potaje confeccionado con leche, gallina, papas y queso, y al verlo, su pequeña hija exclamó: —¡Papá, esto es chupe! Le preguntaron a la criada cómo se llamaba el plato y ella contestó: —*Zuppe, Milch Zuppe*. Lo que significa en cristiano sencillamente 'Sopa de Leche'. Debemos tener en cuenta que en los países nórdicos la 'z' se pronuncia 'ts' y por lo tanto 'zuppe' suena igual que 'chupe'" (118). *Atención*: aun cuando no hemos podido confirmar ni la etimología, ni la ortografía, ni la fonética de la que habla Röhl, sus conexiones nos parecen más bien anotaciones pintorescas que certezas objetivas.

Asimismo, habría quizás vínculos entre el chupe y una práctica religiosa, y ese mismo plato con la lengua quechua. Durante la cuaresma, y si el chupe no contiene carne de res, el guiso de papas con frutos de mar como el pescado y los camarones sería ideal para responder a la exigencia de abstener de comer carne de res durante los cuarenta días —o al menos los viernes— de la Semana Santa católica.

Tal vez "chupe" tenga por origen el vocablo quechua *chupi*, que significa "sopa de papas". Y volviendo al origen escandinavo propuesto por Röhl: en el idioma gótico de los godos, lengua germánica ya extinta y que se desplegó en dos ramas —el gótico de los ostrogodos en Italia y el gótico de los visigodos en España—, el término *suppa* (siglo XVI) denomina un pedazo de pan que ha sido bañado en algún líquido. Decimos "estoy ensopado", cuando nos mojamos muchos bajo la lluvia o en razón del sudor corporal.

El chef colombiano Yezid Castaño González consigna: "En Chile este asopado se elabora con pan remojado en leche y tiene una buena intensidad de hortalizas picadas. Generalmente se hace con frutos del mar y vino". Además de encontrar en el chupe resonancias con el ajiaco santafereño —de la ciudad de Bogotá, cuyo nombre tradición es Santa Fe de Bogotá, capital de Colombia—, Castaño González asegura que "estudiosos e investigadores peruanos coinciden en la determinación de que este plato proviene de una tradición indígena y tiene su origen en Arequipa, sur del Perú, 'como sopa contundente y emblemática'. En esa región se prepara con carne de res, de cordero, de gallina o de camarones (de río). Incluso hay chupes de despojos y carnes oreadas".

Habría, así, chupes para todos los gustos. En Chile, por ejemplo, los hay de pollo, carnes rojas como res o cordero, pescado, camarones, jaiba, de queso, de guatitas (pedazos de estómago de res), de maíz con tomate y de yuca.

Uno de los chupes más tradicionales de Chile es el chupe de locos. ¿Sabes lo que son los "locos"? Y aquí no significa personas que están mal de la cabeza. Si no sabes qué es un "loco", búscalo en Internet.

Mi chupería

Con dos de tus compañeros/as, crea un restaurante de chupes. En su *chupería*, pueden tener chupes tradicionales de Chile o de otros países y, también, chupes de su propia cosecha. Pónganle un nombre a su *chupería*, enumeren los ingredientes de cada chupe y decidan el precio.

IMAGEN 8.2 Ilustración a modo de formato para el menú de su chupería.

Source: © Cortesía de Pixabay.

Escríbanlo todo, a modo de menú, sobre la anterior ilustración. No se olviden de dar un nombre original a cada chupe.

El chupe o el caldillo de congrio

Pocos asocian a Pablo Neruda (1904–73), el laureado poeta chileno, con la gastronomía. Sin embargo, las artes de la cocina y el mundo de los alimentos fueron protagónicos en la vida y en la obra del Premio Nobel de Literatura de 1971. Poemas como "Oda al caldillo de congrio", "Oda a las papas fritas", "Oda al pan", "Oda al mar", "Oda a la alcachofa", "Oda a la castaña en el suelo", "Oda a la cebolla" y "Oda al tomate", para citar unos pocos títulos y que forman parte de sus *Odas elementales* (1954), de *Nuevas odas elementales* (1956), y de *Tercer libro de las odas* (1957), demuestran el íntimo interés de Neruda por la comida, por el mar y por los más sencillos alimentos. El mismo Neruda caracterizó de esta manera la intención de esos poemarios: "Así logré publicar una larga historia de este tiempo, de sus cosas, de los oficios, de las gentes, de las frutas, de las flores, de la vida, de mi posición, de la lucha, en fin, de todo lo que podía englobar de nuevo en un vasto impulso cíclico mi creación" (1920).

Los espectadores de la película *Neruda* (2016), de Pablo Larraín, caracterizarán al personaje de Neruda (interpretado por el actor chileno Luis Enrique Gnecco Dessy) como un sibarita de las bebidas y como un *gourmet*. Es la cercanía biográfica de Neruda con el mar y con los frutos del mar el tema poetizado en "Oda al caldillo de congrio". Por ser una oda, es decir, una composición lírica con intenciones de admiración y de elogio, la voz poética que construye Neruda revela la fascinación por la sopa de congrio. El congrio es un pez con forma de anguila, propio de las costas de Chile sobre el océano Pacífico.

Pasemos a leer este poema que forma parte del poemario de 1954, un libro donde las cebollas, las alcachofas, los pescados y las manzanas son los sabrosos actores. Neruda, en su "Oda al caldillo de congrio" llega a afirmar a través de la voz poética que, en ese caldo de origen chileno, se encuentran "las esencias de Chile".

Ahí van algunos versos de "Oda al caldillo de congrio":

En el mar
tormentoso
de Chile
vive el rosado congrio,
gigante anguila
de nevada carne.
Y en las ollas
chilenas,
en la costa,
nació el caldillo
grávido y suculento,
provechoso.
Lleven a la cocina
el congrio desollado,
su piel manchada cede
como un guante
y al descubierto queda
entonces
el racimo del mar,
el congrio tierno
reluce
ya desnudo,
preparado
para nuestro apetito.
Ahora
recoges
ajos,
acaricia primero
ese marfil
precioso,
huele
su fragancia iracunda,
entonces
deja el ajo picado
caer con la cebolla
y el tomate
hasta que la cebolla
tenga color de oro.
Mientras tanto
se cuecen

con el vapor
los regios
camarones marinos
y cuando ya llegaron
a su punto,
cuando cuajó el sabor
en una salsa
formada por el jugo
del océano
y por el agua clara
que desprendió la luz de la cebolla,
entonces
que entre el congrio
y se sumerja en gloria,
que en la olla
se aceite,
se contraiga y se impregne.
Ya sólo es necesario
dejar en el manjar
caer la crema
como una rosa espesa,
y al fuego
lentamente
entregar el tesoro
hasta que en el caldillo
se calienten
las esencias de Chile . . . .

Ahora toca analizar el poema:

¿Cuántos versos tiene el poema?
¿Cuántas palabras tiene el poema?
¿Cuántos verbos tiene el poema? Enuméralos.
¿Cuántos sustantivos tiene el poema? Enuméralos.
¿Cuántos adjetivos tiene el poema? Enuméralos.

Con la ayuda de tu profesor/a, busca las siguientes figuras literarias en el poema, dando un ejemplo de cada una:

Metáfora
Comparación
Epíteto
Sinestesia
Personificación
Metonimia
Hipérbole

IMAGEN 8.3   Casa Museo de Isla Negra, una de las tres casas de Pablo Neruda en Chile. Hoy es un museo en memoria del poeta. Está localizada en la comuna de El Quisco, una zona de balneario en la costa central del país. Desde Santiago, la capital, hay una distancia de 113 kilómetros; desde Valparaíso, unos 45 kilómetros.

Source. © Cortesía de Luca Roggero y de Dreamstime.com.

Isla Negra: Una casa con sabor a congrio y a mar

La Isla Negra no es una isla. Es una localidad del litoral central chilena que toma el nombre con el que Pablo Neruda la bautizó: "Isla Negra". Cerca de la casa de Neruda en esa localidad, el poeta vio una roca en el mar y, por la fuerza creadora de la poesía y del poeta, la roca se tornó en isla y la isla recibió el color de la roca. Entre Santiago, la capital del país, y la Isla Negra hay una distancia de 113 kilómetros. La casa de Neruda, que los peregrinos del poeta pueden visitar allí y donde él vivió con su tercera esposa Matilde Urrutia (1912–1985), es una de las tres residencias del poeta. Las otras dos están y llevan estos nombres, respectivamente: La Sebastiana, en Valparaíso, y La Chascona, en Santiago. Sería en la Isla Negra donde Neruda escribiría la gran epopeya de la naturaleza y de la historia de América: su grandioso *Canto general*, de 1950.

Hoy, la casa de Neruda en la Isla Negra es administrada por la Fundación Pablo Neruda. La casa propiamente dicha pasó a manos del poeta en 1938. Perteneció antes a un marinero español, Eladio Sobrino. El amor de Neruda por el mar y por los barcos fue trayendo modificaciones arquitectónicas a la casa original en piedra y, por supuesto, el decorado cambió. En su libro póstumo de memorias titulado *Confieso que he vivido: Memorias* (1974), Neruda vinculó su casa de la Isla Negra con el *Canto general*: "La costa salvaje de Isla Negra, con el tumultuoso movimiento oceánico, me permitía entregarme con pasión a la empresa de mi nuevo canto" (137). En su casa de Isla Negra, y por voluntad expresa del poeta, descansan los restos de él y los de su Matilde. En "Disposición", poema XXV y final del *Canto general*, el poeta escribe sus deseos *post mortem*: "Compañeros, enterradme en Isla Negra,/frente al mar que conozco, a cada área rugosa/de piedras y de olas que mis ojos perdidos/no volverán a ver". También es el *Canto general* una denuncia a las injusticas que acontecen en América. Las injusticias que nos interesan resaltar aquí competen el hambre, la falta de comida o la mala alimentación. Dos estrofas de esa obra magna nos recuerdan que la cocina no siempre es un lugar de alegría y que "cocina" puede ser una metáfora de infelicidades, de infortunios, de marginalización y de dolor físico para los hombres que cavan las minas de América y para las familias de esos hombres.

> Toda la sombra preparaba sombra.
> Era la tierra una oscura cocina,
> piedra y caldera, vapor negro,
> muro sin nombre, pesadumbre
> que te llamaba desde los nocturnos
> metales de tu patria.
>
> Una huelga más, los salarios
> no alcanzan, las mujeres lloran
> en las cocinas, los mineros
> juntan una a una sus manos
> y sus dolores.

IMAGEN 8.4 Bar "La Covacha", anexo a la Casa Museo de Isla Negra, ofrece una hermosa terraza que se proyecta al mar.

Source: © Cortesía de Jaume Juncadella y de Dreamstime.com.

En el restaurante Rincón del Poeta, anexo a la casa de Neruda, el visitante podrá degustar platillos cuyos nombres recuerdan al poeta. Allí los chefs Ingrid Weinrich y su hijo Erick Jenkin Weinrich ofrecen en el menú, entre otras delicias, estas opciones que tienen que ver con el poema transcrito anteriormente: "Caldillo de congrio nerudiano" y "Congrio de día congrio de noche".

Consejos de la abuela Leonor | Protocolo y etiqueta en un restaurante

La abuela Leonor nos dará consejos sobre comportamientos convenientes en un restaurante. Estos consejos están inspirados en un artículo de Miguel Ángel Dionicio aparecido en el diario mexicano *El Universal*, el 29 de abril de 2015.

> **Modo de dirigirse a otros**. Dionicio escribe: "Tanto para dirigirse al camarero como a cualquier otro empleado del restaurante, hágalo con educación y respeto, tratando a quien otorga el servicio de usted y empleando un tono de voz adecuado, sin utilizar gestos demasiado llamativos". No obstante, para la abuela Leonor, todo depende del tipo de restaurante, del tipo de personas, del tipo de música y del tipo de volumen que haya en el restaurante. Ella diría: "Al pueblo que fueres, haz lo que vieres", lo que en inglés sería traducido con el proverbio *"When in Rome, do as the Romans do"*.
>
> **¿Quién paga la cuenta?** En contexto anglosajones, los meseros o mozos están dispuestos a imprimir varias cuentas de cobro, bien según lo que cada comensal consumió, bien según una división equitativa para todos los que estuvieran en la mesa. En contextos hispano-americanos, el procedimiento anterior molestaría muchísimo tanto a los meseros como al encargado de la caja en el restaurante. Aquí existe, entonces, la opción de que pague quien te invitó a ti a comer, de que todos los comensales paguen en efectivo una cifra aproximada a la consumición individual, o a que uno de los comensales pida que la cuenta se le cargue a él o a ella. En esta última opción, los demás comensales le entregarán su parte en efectivo a quien asume la responsabilidad de utilizar su tarjeta de débito o de crédito.
>
> **La propina**. Es, generalmente, voluntaria y la estableces en porcentajes que crecen o decrecen de acuerdo con la mayor o la menor satisfacción que experimentaste en la visita a un restaurante. Aquí son muchos los factores en juego para el servicio: gentileza, precisión, conocimiento del menú, rapidez, respeto en las palabras y en las miradas del/a mesero/a, lugar donde está situada la mesa asignada para ti, entre otros más. Si bien no parecen conectadas estas tres palabras —*propina* (español), *pouboire* (francés) y *Trinkgeld* (alemán)—, en estas tres palabras existe la idea de que el "regalo" para quien te sirve consiste en una cifra pequeña, suficiente para que esa persona beba algo más tarde: *pourboire* (para beber), *Trinkgeld* (dinero para la bebida) y propina (del latín *propināre*: beber a la salud de otro, dejándole en la copa un poco de esa bebida y ofreciéndosela para que beba).

¿Y qué pasa, entonces, con la palabra ingles *tip*? Aquí traducimos lo que cuenta el diccionario en línea *Online Etymology Dictionary* sobre esa palabra:

> En el sentido de 'dar dinero en agradecimiento', *tip* aparece en registros que datan de 1706. Existe una leyenda popular de acuerdo con la cual la sigla T.I.P. habría aparecido hacia mediados del siglo XVIII o, en todo caso, no sería más antigua que *Inns, Ales and Drinking Customs of Old England* (1909), de Frederick W. Hackwood. Para este manual,

T.I.P. sería la abreviatura de *To Insure Promptitude* (para asegurar rapidez). Y, además, la sigla habría aparecido en una caja sobre el mostrador a la entrada de posadas o ventas — las cuales eran puntos centrales de descanso para personas y para caballos en épocas del transporte interno por regiones de Europa.

En el caso de Gran Bretaña, las posadas o *couch-inns* tienen ilustres ejemplos como The Bear Inn, de Oxford (1242) y The Black Lion in Cardigan, en Gales (1105).

Tu voz. Conviene que el tono y el volumen de tu voz expresen respeto y cordialidad, al tiempo que, acompañas tono y volumen del reconocimiento de quien te sirve con una mirada amistosa y sinceramente interesada.

Un restaurante de Oscar: El Lung Fung de Una mujer fantástica

Los medios audiovisuales funcionan a modo de autoridades que reseñan, positiva o negativamente, restaurantes, bares, platillos, licores o alimentos específicos. Una ilustración de la tesis anterior puedes hallarla en un filme chileno, galardonado con un Oscar a la mejor película extranjera: *Una mujer fantástica* (2017) del director Sebastián Lelio. Una de las secuencias centrales de la película tiene lugar en un restaurante, ahora clásico, en el centro de la capital de Chile: el Palacio Imperial Lung Fung. A partir de la información suministrada por Rodrigo Martínez, este ícono contemporáneo de la gastronomía de Santiago abrió sus puertas al público en 1969, primero en el Cerro Santa Lucía y, desde 1982, en la Calle Agustinas 715. Un palacio dominado por el kitsch y por las decoraciones de plástico y de materiales baratos, el Lung Fung, gracias al filme de Lelio, es hoy en día un lugar de peregrinación. Entre aperitivos, cócteles, carnes rojas y blancas, y una variedad de pescados y de mariscos, el restaurante afirma ofrecer más de ciento cincuenta platos.

Es por fin una gran muestra de cambio que, además de ganar el Premio Oscar en 2018, la actuación de Daniela Vega, una mujer transgénero de Chile, en el papel de Marina en *Una mujer fantástica*, anime a promover la oferta culinaria de una ciudad y no el repudio hacia una de las sexualidades más marginalizadas. En relación con la secuencia de Marina y de Orlando (Francisco Reyes) en el ya famoso restaurante, el crítico de cine Andrés Nazarala interpreta así esa secuencia:

> Uno de los mayores aciertos de *Una mujer fantástica* es la elección de locaciones exóticas que tiñen todo de cierta atmósfera de ensoñación. De todos los lugares escogidos —entre ellos La Diana y un vaporoso sauna de Santiago Centro— destaca el restaurant Lung Fung, ese palacio oriental enterrado bajo el asfalto de calle Agustinas. Ahí se desarrolla una escena fundamental dentro de la historia: Orlando (Francisco Reyes) invita a Marina (Daniela Vega) a cenar en la noche de su cumpleaños. La secuencia comienza en las escaleras. Vemos cómo bajan, revelando el letrero de neón en su descenso. Todo está teñido de una luz roja. Los recibe la recepcionista, quien los ubica en la mesa 41. Ya sentados, una pareja de orientales encienden una torta musical y le cantan a Marina el "Feliz cumpleaños" en chino. Todo el restaurant aplaude. Lo que sigue es importante: Orlando le pasa un sobre que contiene un vale por "dos pasajes para las cataratas de Iguazú". Partirían en diez días pero, como ya sabemos, el viaje no se concretará. Horas más tarde, Orlando morirá de un ataque. El Lung Fung, idealizado al calor del cine, es una zona de promesas y, al mismo tiempo, el epicentro de una tragedia que se puede intuir.
>
> *(Citado en Martínez "Lung Fung")*

Puedes ver la película *Una mujer fantástica* en Amazon Prime, YouTube, Google Play o Vudu.

Mira con atención la escena del Lung Fung en *Una mujer fantástica*. ¿Qué comen Orlando y Marina en ese restaurante? Además de la comida, describe detalladamente la decoración del restaurante.

La nota del filósofo | Jean Anthelme Brillat-Savarin: El filósofo de la gastronomía

> No importa que el aforismo sea cierto o incierto:
> Lo que importa es que sea certero.
>
> *José Bergamín*

En "Las notas del filósofo" de los capítulos anteriores y posteriores incluimos conceptos que, a modo de ventanas para la comprensión compleja, te ayudarán a entender con cierta profundidad elementos de la cocina en el contexto de las culturas hispánicas. En este capítulo, dedicamos un apartado a quien para muchos sería el fundador de los estudios gastronómicos. Así, es tiempo de un poco de historia sobre uno de los más importantes precursores de nuestro libro.

Jean Anthelme Brillat-Savarin (1755–1826), llamado a veces filósofo de la gastronomía, defiende la necesidad académica de su estudio en cuanto una de las bellas artes, en primer lugar; y, en segundo lugar, como un objeto digno de investigación y sin detrimento de su valoración frente a objetos de disciplinas abstractas o empíricas pretendidamente más respetables. Aún persisten, sin embargo, los prejuicios contra los que Brillat-Savarin luchó: en departamentos universitarios donde se enseñan filosofía, literatura, historia, lenguas, sociología, biología, química o teología —y un sinnúmero más de disciplinas— las artes culinarias siguen siendo vistas como aspectos de la llamada "baja cultura" (*low culture*).

De Brillat-Savarin hay que recordar su cuna de familia con fortuna y los vínculos de esa familia con cargos en el mundo de la política. Él también habría sido diputado en los años inmediatamente posteriores a la Revolución francesa y sería un defensor acérrimo de la pena de muerte. Sospechado por sus conexiones y por sus ideas en contacto con facciones políticas conservadoras, pierde su cargo y cae en desgracia ante líderes revolucionarios. A su cabeza se le pone precio, y por esta razón huye primero a Suiza, luego a Holanda y, finalmente, pasa a los Estados Unidos de América. A pesar de que sus estudios eran en derecho, en medicina y en química, logró sobrevivir en el país de asilo dictando clases de francés y de violín.

En su artículo "Brillat-Savarin: El gran filósofo de la Gastronomía", Antonio Montecinos consigna los siguientes datos:

> En 1796 Brillat-Savarin regresó a Francia. Cuatro meses antes de su muerte en 1826 aparece su célebre *Fisiología del gusto o meditaciones de gastronomía trascendental*: el libro más inteligente y espiritual que haya producido la gastronomía. Es uno de aquellos libros como la *Ilíada*, la *Odisea* o *La divina comedia* de los cuales todo el mundo habla, pero muy pocos leen, el cual alcanzó un éxito extraordinario y súbito. No solo por la manera como se trataba la cuestión gastronómica, sino además por un cierto primor de pedantería, de nuevo lenguaje técnico que inventó hasta cierto punto Brillat-Savarin y en el que establece veinte aforismos.

Transcribimos los "Aforismos de Catedrático" de Brillat-Savarin, siguiendo la edición castellana de la Editorial Óptima, de 2001. No disponemos de información sobre el traductor de la obra. Él asegura que incluye estos aforismos "A fin de que sirvan de prolegómenos a su obra, y de fundamento eterno para la ciencia" (15–16). Los aforismos de Brillat-Savarin son una sabrosa ocasión para reflexionar sobre la trilogía de comida-vida humana-mundo.

I	El Universo no es nada sin la vida, y cuanto vive se alimenta.
II	Los animales pacen, el hombre come; pero únicamente sabe hacerlo quien tiene talento.
III	De la manera como las naciones se alimentan, depende su destino.
IV	Dime lo que comes, y te diré quién eres.
V	Obligado el hombre a comer para vivir, la Naturaleza le convida por medio del apetito y le recompensa con deleites.
VI	La apetencia es un acto de nuestro juicio, por cuyo intermedio preferimos las cosas agradables.
VII	El placer de la mesa es propio de cualquier edad, clase, nación y época; puede combinarse con todos los demás placeres, y subsiste hasta lo último para consolarnos de la pérdida de los otros.
VIII	Durante la primera hora de la comida, la mesa es el único sitio donde jamás se fastidia uno.
IX	Más contribuye a la felicidad del género humano la invención de una vianda nueva, que el descubrimiento de un astro.
X	Los que tienen indigestiones o los que se emborrachan no saben comer ni beber.
XI	El orden que debe adoptarse para los comestibles principia por los más substanciosos y termina con los más ligeros.
XII	Para las bebidas, el orden que debe seguirse es comenzar por las más ligeras y proseguir con las más fuertes y de mayor aroma.
XIII	Es herejía sostener que no debe cambiarse de vinos; tomando de una sola clase la lengua se satura, y después de beber tres copas, aunque sea el mejor vino, produce sensaciones obtusas.
XIV	Postres sin queso son como una hermosa tuerta.
XV	A cocinero se puede llegar, empero con el don de asar bien, es preciso nacer.
XVI	La cualidad indispensable del cocinero es la exactitud; también la tendrá el convidado.
XVII	Esperar demasiado al convidado que tarda es falta de consideración para los demás que han sido puntuales.
XVIII	No es digno de tener amigos la persona que invita y no atiende personalmente a la comida que ofrece.
XIX	La dueña de la casa debe tener siempre la seguridad de que haya excelente café, y corresponde al amo cuidar que los vinos sean exquisitos.
XX	Convidar a alguien equivale a encargarse de su felicidad en tanto esté con nosotros.

Y ahora: no tenemos sino el olfato de un par de sospechas. Antes que nada, el libro de Brillat-Savarin revelaría ecos de un término central en la filosofía de Immanuel Kant (1724–1804): "trascendental". De igual manera, hablar de "fisiología" aquí sitúa la obra del gastrónomo francés en corrientes del cientismo en Europa occidental. Así como sería posible elaborar repertorios de clasificación para el mundo natural de las plantas y de los animales, la fisiología desde el siglo XVI, con Jean Fernel (1497–1558), dejaría de entender la fisiología como una ciencia de la naturaleza (φύσις = naturaleza) y pasaría a convertirse en la disciplina que estudia las funciones internas de los organismos vivos. El tratado que nos ocupa ahora mismo responde a las expectativas del pensamiento para los paradigmas científicos de su época.

Concluimos este apartado, primero, con un consejo, implicado en unas palabras del tratado *Fisiología del gusto*. Nuestro libro, tu frecuentación de las prácticas culinarias, la capacidad para abrirte a nuevas comidas —porque todos podemos ser exploradores del sabor— y tu curiosidad gastronómica gracias a lecturas y a materiales audiovisuales serios, impedirán que no se cumpla en ti este principio de Brillat-Savarin: "pues también el imperio del sabor presenta sordos y ciegos" (30). Y, en segundo lugar, citamos *in extenso* esta líneas del tratado. Todo lector podrá sentir la tonalidad de deliciosa apoteosis con la que el autor francés exulta de emoción frente a los placeres del gusto y a su lujosa escenografía.

> podemos fijar la atención acerca de los deleites del gusto, que siempre destacan y se encuentran colocados en cuadros magníficos, a lo que las ciencias todas han contribuido. De esto puede convencerse cualquiera, sin violentar la imaginación, al asistir a banquetes suntuosos, en estancias ricamente adornadas, cubiertas de espejos, pinturas, esculturas y flores; con la atmósfera embalsamada de aromas y fragancias, el aire inundado por torrentes de armonía y sonidos melodiosos, y formando parte principal de la concurrencia, mujeres hermosas y hechiceras, ricamente ataviadas.
>
> *(26)*

¿Cuál de los aforismos te gusta más? ¿Cuál te gusta menos? ¿Por qué?

Plato principal | No hay chancho en el chancho en piedra

Para cazuelas, asados e incluso ensaladas hay un "chancho" con el que combinan o casan muy bien. Sin embargo, ¡atención! Este "chancho" no es un cerdo, o puerco o chancho —el muy adorable mamífero de cuatro patas que dice *oingk, oingk*. No. En contraste, estamos hablando ahora de un plato vegetariano que gusta muchísimo en Chile.

"Chancar en piedra", que significa "moler", "machacar" o "triturar", tal vez haya causado la palabra "chanco" (es decir: yo muelo) y, de ahí, tendría la alteración "chancho". En quechua, *chamqay* significa "triturar". Hay, además, una segunda posibilidad para entender el sentido de "chancho en piedra". La encontramos en un muy sugestivo e inteligente sitio web llamado *Etimologías de Chile*. Se trata de una anécdota simpática:

> Invité a un amigo chileno a cenar a mi casa. Me preguntó qué podría traer. "Na" le conteste. Bueno, me dijo, voy a traer un "Chancho en piedra". Yo me imaginé que iba traer un puerquito cocinado. Así que no preparé nada de carne. Bueno, resulta que llega el amigo con una pasta de tomate, ají, cilantro, y cebolla . . . y nada de chanchito. Luego me explicó que esa pasta era llamada "chancho en piedra". Este nombre proviene de cuando los campesinos preparaban el almuerzo en el campo. Agarraban la pala y cualquier piedra que encontraban, y preparaban esta pasta que usaban para condimentar la comida. "Chancho" viene por lo cochino o sucio de la pala, y "piedra", por la piedra que usaban para machacar esta pasta. "Chancho" es un sinónimo familiar de sucio, mal gusto —porque los cerditos y las cerditas pasan sus vidas revolcados en el barro, disfrutándolo.

La preparación del chancho incluye: un mortero de piedra donde molerás los ingredientes. Estos ingredientes son, en primer término, sal, ajo orégano y cebolla. Cuando estos ingredientes ya estén bien macerados, agregarás, en segundo lugar, los tomates, el jugo de limón, el vinagre rojo y aceite de oliva. Macera muy bien los tomates y, por último, pon ají verde en el mortero, macerándolo. No olvides retirar las semillas del ají verde.

Habrás creado, así, una salsa espesa o pasta, que irá estupendamente en tus cazuelas de carnes diferentes, sobre humitas (del quechua *humint'a*, tamalitos hechos con masa de harina y maíz) o, simplemente, lo untas sobre el pan a la manera de mantequilla. Este último maridaje —chancho con pan— es considerado como plato en sí y recuerda al famoso *pa amb tomàquet* catalán, una preparación típica: pan con tomate.

El proceso de chancado es interesante, puesto que remite a una antigua tradición chilena de los pueblos originarios. De alguna manera, el mortero de piedra —ese clásico objeto que está en el inconsciente colectivo— podría ser una versión más moderna de aquellas piedras agujereadas que usaban los antiguos indígenas para moler semillas en la época prehispánica para hacer harina.

En el "chancho en piedra", aunque hoy el utensilio es un mortero de piedra, hay reverberaciones del procedimiento prehispánico del molido: piedras ahuecadas y una piedra más para las manos permitían moler semillas y obtener harinas de distintos tipos. Según Sonia Montecino en su libro *La olla deleitosa: Cocinas mestizas de Chile* (2017), recuerda que el cerdo llegó a América gracias a los españoles y a los portugueses. La etnia mapuche integró el cerdo en sus modos de alimentación. "Si lo vemos desde esta óptica, el chancho en piedra —como mezcla de lo blanco (la cebolla, el ajo), lo rojo (el tomate), lo verde (el cilantro y eventualmente el ají) —, podría estar representando la puesta en escena —la puesta en la mesa— de lo abundante, es decir, siendo una metáfora de la reproducción y la riqueza" (45).

Sea cual fuere el origen del chancho en piedra, ella pertenece a la cocina del Chile central y es un acompañamiento saludable y muy rico para otras comidas.

¡A preparar chancho en piedra!

Tiempo de preparación: 15 minutos
Número de personas: 6 personas

Cantidades e ingredientes del chancho en piedra

2 dientes	Ajo, picados pequeños
1 cucharadita	Sal, mejor sal de mar
½ cucharadita	Pimienta o mezcla de pimientas
1½ cucharada	Orégano
4	Tomates
1	Ají verde picado pequeño
½	Cebolla grande picada en cubos pequeños
2 cucharadas	Vinagre rojo
3 cucharadas	Aceite de oliva
Al gusto	Jugo de limón o de lima

Ahora que tienes los ingredientes para el chancho en piedra, lee con todo detalle las instrucciones para la preparación. Finalmente, tanto con la lista de ingredientes como con esas instrucciones a mano, podrás pasar a *crear* —que no únicamente "cocinar"— el chancho en piedra. Así, entonces, experimentarás *el arte de la cocina*, lugar de una belleza nacida en olores, en imágenes visuales, en sabores, en gustos, en sonidos y en sensaciones táctiles (¡pero no te cortes!).

Preparación del chancho en piedra

1   Pon los ajos, la sal, la pimienta y el orégano entero en un mortero de piedra.
2   Machaca los ingredientes hasta molerlos y mezclarlos.
3   Corta los tomates en cubos pequeños y ponlos también en el mortero, agregando todo el jugo y todas semillas de los tomates que hayan ido soltando cuando los cortaste.
4   Añade la cebolla, el vinagre y el aceite.
5   El ají verde, sin semillas, también muélelo con cuidado en el mortero.
6   Prueba y sazona con más sal, jugo de limón, pimienta u orégano.

La dieta del lagarto *de Chancho en Piedra*

Vayamos ahora a un poco de música. El sabroso platillo que aprendiste a preparar fue escogido como el nombre para de una banda chilena de funk rock. "Chancho en Piedra" es una agrupación musical nacida en Santiago, en los inicios de la década de los ochenta. Sus integrantes son Eduardo Lalo Ibeas, Pablo Ilabaca, Leonardo Toño Corvalán y Felipe Ilabaca. Hace poco, en 2018, Pablo Ilabaca dejaría la banda, y fue reemplazado por Cristian C-Funk Moraga, guitarrista de Los Tetas.

Expertos en la movida musical joven en Chile, aseguran que

> Ahora con la nueva formación comienzan a funcionar establemente en 1994 como banda musical bajo el nombre de Chancho en Piedra en clara imitación a su más fuerte referente, el grupo californiano Red Hot Chili Peppers. La primera vez que tocaron con el nombre de Chancho en Piedra fue el 1 de mayo de 1994. Es así como todos los años el grupo en el mes de mayo hace conciertos del cumpleaños de la banda. Desde un comienzo la agrupación se caracterizó por la energía y fuerza desplegadas en sus conciertos en vivo, virtud que le ha llevado a convertirse en el grupo chileno con mayor convocatoria, según sus fanáticos.

Con el álbum *La dieta del lagarto*, la banda ganó su consagración. Como el álbum anterior titulado *Peor es mascar lauchas*, la banda recupera decires tradicionales de Chile. En este caso, "Peor es mascar lauchas", donde *laucha* es sinónimo de "ratón", significa "peor es nada". Usualmente, Chancho en Piedra compone sus propias canciones. Sin embargo, "Sinfonía de cuna" es una excepción, porque la letra es creación del gran poeta, matemático y físico chileno Nicanor Parra (1914–2018), hermano de Violeta Parra.

Busquen el significado de estos dos dichos chilenos y explíquenlos en la clase.

¿Por qué creen que este grupo de rock chileno utiliza dichos o refranes para los títulos de sus discos y, también, platos típicos de su país?

Una de las canciones de *La dieta del lagarto* fue bautizada "Huevos revueltos". Escucha la canción en www.youtube.com/watch?v=v7B47CzvsQY. Es una canción difícil de seguir, pero te damos una parte de la letra para que puedas entenderla.

"Huevos revueltos"

Si no lo dicen, lo digo.
Si no existe, lo invento.
Si nadie lo dice y nadie lo inventa,
¿Quién lo va a hacer?

Huevos revueltos, es para mí unidad.
Yema y clara no sé cuál es cuál.
Si se los doy a un mendigo,
Es manjar de dioses para su ombligo.
El aceite hirviendo me quema, ahora.
Los sesos se acaban de incendiar, por encima.
Ese fuego quema, y desordena,
Las ideas que llegan a aflorar.

Si no lo dicen, dilo.
Si no existe, invéntalo.
Si nadie lo dice y nadie lo inventa,
¿Quién lo va a hacer?

Huevo a la copa es formalidad.
Orden, jerarquía, cuello y corbata.
Mezcla el color, la raza lo conceptos.
No hay realidad si no la hacemos.
El aceite hirviendo te quemó,
Los sesos se acaban de incendiar, por encima.
Ese fuego quema y desordena.
Las ideas que llegan a aflorar.

Ha llegado el momento de innovar,
Que no quede cerebro sin estrujar.
Elevemos el diálogo al máximo,
No le temamos al ridículo.
Lo único que hace superior al hombre es el seso,
Para ser alguien mejor y alguien peor, solo es eso.
Soy cuico para algunos,
Indigente para otros,
Pero nadie puede negar
Que escupo el fuego.
Puedo frenar un fósforo con la mirada,
Solo porque estoy seguro de ello.
Estoy luchando por unificar cerebralmente el país.

Dije revuelto, nunca a la copa.
Dije revuelto, nunca a la copa.
Dije revuelto, nunca a la copa.
Dije revuelto, nunca a la copa.

Después de escuchar la canción, de leer la letra y de comprender todas las palabras, haz una lista de todas las palabras (sustantivos, verbos o adjetivos) que están relacionados con la comida o con la cocina.

Aunque hay muchas palabras relacionadas con la comida, la canción no trata sobre cocinar "huevos revueltos". ¿De qué trata la canción?

Carta de bebidas | Borgoña: Una bebida literaria

Entonces Manuela se rió, tomándose lo que le
quedaba de borgoña en el vaso,
como para ocultar detrás del vidrio verdoso
un rubor que subió hasta sus cejas depiladas.

José Donoso. El lugar sin límites.

Es el momento de refrescar el paladar. ¿Qué tal un borgoña? La palabra viene de Francia: la región de *Bourgogne*, tierras de vinos —rojos y blancos— y de riquísima mostaza. El cóctel chileno tradicional llamado borgoña se prepara con vino tinto, frutillas picadas (frutilla: fresas), azúcar y hielo. Los tres ingredientes son abundantes en Chile. Basta con que vayas a una tienda de licores y te será muy fácil constatar que, en los aparadores de vinos, los venidos de Chile son apetecidos y tienen gran presencia en los mercados del mundo. Podemos, asimismo, pensar un poco en la sangría cuando queremos catar el borgoña. Su consumo tiene lugar durante las fiestas nacionales del país, en días de calor o mientras llegan las carnes de un asado.

El borgoña de El lugar sin límites

Del escritor chileno José Donoso (1925–96), *El lugar sin límites* (1966) le detalla al lector una visita al infierno. El protagonista es La Manuela, una mujer transgénero que está obligada a prostituirse, sufre por el amor que experimenta hacia Pancho Vega. Pancho reciproca ese amor, pero lo reprime con rencor, con amargura, con destrucción.

En el caserío de la estación El Olivo —una estación de tren donde ya el tren no se detiene— hay dos polos escénicos: la finca de Don Alejo Cruz, cacique que literalmente ahoga a los habitantes, y el prostíbulo, donde La Manuela, La Japonesa y La Japonesita —hija de ambos— derraman con generosidad el poco divertimento y la no menos alegría a quienes las visitan.

La historia de *El lugar sin límites* aparece fragmentada, pues el comienzo está en el capítulo VI y, por eso, vamos a detenernos en ese capítulo y en la celebración que se organiza. A continuación, van a leer los preparativos de la gran fiesta donde todas las personas de la comarca estaban invitadas. Don Alejo celebra en el prostíbulo su triunfo al ser elegido diputado. En la celebración, por supuesto, el borgoña es una necesidad.

Manuela, ayúdame a colgar las guirnaldas de papel; Manuela, dónde será mejor ubicar el poyo para asar los lechones, Manuela, échale una mirada al aliño de las ensaladas; Manuela, esto; Manuela, lo otro; Manuela, lo de más allá. Toda la tarde y a cada orden o pedido de la Japonesa, la Manuela sugería algo que hacía que las cosas se vieran bonitas o que el condimento para el asado quedara más sabroso. La Japonesa, ya tarde, se dejó caer en una silla en el medio del patio, bastante borracha, con los ojos fruncidos para ver mejor, dando órdenes a gritos, pero tranquila porque la Manuela lo hacía todo tan bien.
—*Manuela, ¿trajeron la frutilla para el borgoña? (159)*

El borgoña, como pasa con la sangría en España, se considera una bebida de las clases populares. Además del borgoña, ¿qué elementos del párrafo anterior muestran que la fiesta no acontece en un ambiente elegante?

De la literatura al cine: *El lugar sin límites*

Once años después de la publicación de la novela de Donoso, el director mexicano Arturo Ripstein (1943–) la llevó a la pantalla grande con el mismo título, *El lugar sin límites*. Así, la novela chilena pasa a filme mexicano. Te animamos a ver la película en YouTube: www.youtube.com/watch?v=FE9l68dokOQ. En la película hay varias escenas en las que los protagonistas comen y beben. Describan esas escenas. ¿Son las comidas del filme típicas mexicanas o chilenas o, por el contrario, ni mexicanas ni chilenas?

No hay borgoña sin vino

Chile es vinos. Por esta razón, un capítulo que presente los sabores chilenos deberá incluir párrafos consagrados al mundo vitivinícola de Chile. Además de "vitivinícola", son sinónimos "vitícola" y "vinicultura" —todas las tres palabras presentan el étimo (raíz) *vitis*, que en latín significa "la planta de la vid".

Si bien existían otras bebidas fermentadas a partir del maíz, por ejemplo, solo con la llegada de los españoles a América empieza la historia del vino. En un primer momento, el cultivo de vides estuvo bajo el control de comunidades religiosas y el vino mantuvo funciones limitadas al sacramento de la eucaristía en las mismas. Ahora bien: en Chile, cepas de vino arriban en el siglo XVI y, en otras zonas de América Hispánica, como los actuales territorios de México y de Perú, hay registros de viñedos también en ese siglo. En Colombia, por el contrario, y hasta hace únicamente un par de décadas, el vino empezó a competir con otros dos licores: el aguardiente y la cerveza. Según José del Pozo, desde Perú la vid se difundió a Chile y a Argentina (12). A partir de las investigaciones de Jorge Gilbert Ceballos, se entiende que el primer viticultor chileno habría sido Rodrigo de Araya, como consta en el Acta de Fundación del Vino Chileno del 9 de marzo de 1555, acta que fue descubierta en el Archivo de Indias por el historiador José Toribio Medina (62).

Zonas secas de la parte central del país, pero de tierras bien irrigadas con aguas que nacen en los Andes, crearon posibilidades favorables a la expansión de cultivos de la vid en Chile. Sobre las condiciones naturales del vino chileno, Carmen Paz Álvarez Enríquez escribe:

> El vino chileno goza de gran prestigio a nivel internacional y se exporta desde el siglo XVIII a diferentes países debido a que la zona central tiene la ventaja de tener un clima mediterráneo de lluvias concentradas durante el invierno y una larga estación seca en verano, lo que le hace tener condiciones óptimas de producción.
>
> *(760)*

Nos limitaremos a reportar informes cortos de la historia del vino en Chile en el siglo XIX y desde la segunda mitad del siglo XX, porque a partir de 1974 y luego con la llegada de la década de los ochentas en ese mismo siglo, Chile proyectó a gran escala su industria vitivinícola. Como informa el sitio web *Vinos del Mundo*,

> debieron pasar tres siglos antes que se produjera un vuelco en el desarrollo de la vitivinicultura chilena. Claudio Gay, profesor de la Universidad de Chile, en 1830, y luego

el empresario Silvestre Ochagavía, en 1854, importaron cepas francesas como la *cabernet sauvignon*, la *merlot*, la *pinot noir*, la *sémillon*, la *sauvignon blanc* y la *riesling*. De esa forma, se inició la sustitución de las antiguas cepas españolas por cepas nobles francesas y otras que constituyen hoy en día la base de la producción de vinos en Chile. Poco tiempo después, el mismo Ochagavía volvió a impactar la producción chilena de vinos con la contratación de un enólogo francés, Joseph Bertrand.

Por suerte para el sector de los vinos, 1979 trajo fortuna. Ese año fue derogada la Ley de Alcoholes, de 1938, la cual, informa Carmen Paz Álvarez Enríquez, prohibía "las nuevas plantaciones y trasplantes de viñas" (760). Conviene entender un poco el espíritu de esa ley de 1979, que se conoce como el Decreto Ley N.º 2.753 de 1979. "Este Decreto Ley", continúa Álvarez Enríquez,

> viene a reemplazar el Libro I de la Ley de Alcoholes N.º 17.105 de 1969, dictando normas consideradas liberales debido a que sus redactores estaban influenciados por las ideas de libre mercado que estaban cobrando fuerza. Esto da como resultado que cambie totalmente el marco legal, pasando de una legislación proteccionista a otra liberal. Así no se legisla sobre las viñas ni sobre infraestructura mínima de las bodegas elaboradoras, se elimina la función legal de los ingenieros agrónomos enólogos, se reducen las funciones de los organismos administrativos y fiscalizadores, se liberaliza la comercialización de los alcoholes y bebidas alcohólicas, no establece nuevos impuestos y permite la elaboración de vino a partir de uva de mesa de desecho.
>
> *(765)*

¿Qué pasa con los vinos de Chile en la década de 1980 del siglo XX? Una fuerte inversión en tecnología, como es el caso de maquinaria para plantación, riego, recolección, almacenamiento y embotellado. Barricas hechas de roble francés y cubas en acero inoxidable fueron complementadas con mejor calidad en las botellas para cada vino. Sin embargo, en esa misma década cae precipitosamente el consumo nacional del vino frente a altísimos niveles de producción. Para finales de esa década, los negocios familiares o individuales que antes habían concentrado toda la cadena productiva del vino son desplazados por grupos económicos de poder —incluso con las intervenciones accionarias de compañías no chilenas. Son creadas, de este modo, las condiciones para la internacionalización del vino chileno. Las cifras son impresionantes. Rocío Montes, recientemente, en junio de 2019, informa sobre esas cifras:

> Fue en los años noventa, con la apertura económica de Chile y la firma de diversos tratados de libre comercio, cuando explotó la exportación de vinos del país sudamericano, reconocidos a nivel mundial por su concentración y sus variedades de uva *cabernet* y *carmenère* de alta calidad. Si en los años ochenta, en dictadura, vendía al exterior unos 15 millones de dólares en promedio anual, la exportación de este producto en 2018 llegó a los 2.000 millones de dólares (unos 1.800 millones de euros).

"El vino", expresa con emoción el enólogo chileno Aurelio Monte, "es hoy en día el gran embajador de Chile. No hay un producto que se identifique mejor con el país que el vino. El cobre y la fruta son más bien *commodities*" (Rocío Montes). Los latinos reconocían que el vino era tanto fuente de alegría como lugar de la verdad. De ese reconocimiento vienen estos proverbios seculares que nos han llegado hasta presente: *In vino veritas* [En el vino está la verdad] y *vinum laetificat cor hominis* [el vino alegra el corazón humano]. Para Chile, exportador indiscutible de vinos para el mundo, el vino no es únicamente verdad y alegría, sino también una de las más fuertes manifestaciones de la patria: *In vino patria*.

Regiones vitícolas

Las siguientes ciudades, provincias y valles corresponden a las zonas vitícolas de Chile. Sitúalas en el mapa mudo (también podemos hablar aquí de "croquis" o de "mapa en blanco) de Chile:

Coquimbo
Limarí
Elqui
Valle de Aconcagua
Valle de Casablanca
Valle del Maipo
Valle de Rapel
Cachapoal
Colchagua
Curicó
Valle del Maule
Valle de Itata
Valle del Bío Bío
Valle de San Antonio

¡A preparar el cóctel borgoña!

¡Atención! Este cóctel se elabora con vino. Si eres demasiado joven para consumir alcohol, puedes cambiar el vino por jugo de uva. Tampoco utilicen vino si lo preparan en el salón de clase. Recuerda que no debes conducir ningún medio de transporte, si has bebido algún tipo de alcohol.

Tiempo de preparación: 10 minutos y un reposo de 2 horas
Número de personas: 8 personas

Cantidades e ingredientes del borgoña

1 litro	Vino tinto
400 gramos	Frutillas (fresas) frescas
4 cucharadas	Azúcar
Al gusto	Hielo en cubitos

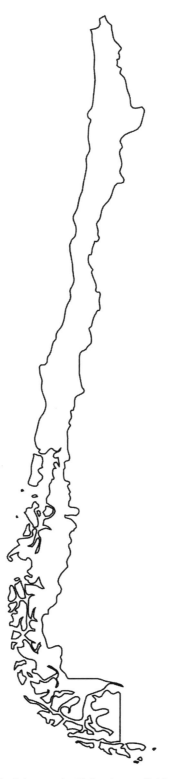

IMAGEN 8.5   Croquis simplificado del mapa de Chile, sin sus divisiones político-administrativas.

Source: © Cortesía de Pytyczech y de Dreamstime.com.

Preparación del borgoña

1   Te servirá mucho tu conocimiento para la preparación de sangría y, la preparación del borgoña, en su defecto, te servirá de práctica cuando prepares sangría.

2   Lava bien las frutillas y corta cada una en cuatro pedazos. Los pedazos de frutilla los pondrás en un recipiente grande o una jarra grande. Agrega ahora el azúcar y un poquito de vino.

3   Revuelve muy bien frutillas y azúcar, hasta que el azúcar quede bastante diluido.

4   Bien el recipiente, bien la jarra, guárdalos en el refrigerador un par de horas. Así asegurarás que tu coctel esté frío en el momento cuando lo bebas.

5   Justo antes de servirlo para ti y para tus invitados, agrega los cubitos de hielo y revuelve bien otra vez.

Sobremesa | Chile: ¿Nombre gastronómico?

Muy seguramente la palabra "Chile" te lleva de inmediato a imaginar el ají y a anticipar sabores picantes en tu paladar. Sin embargo, el largo y delgado país sudamericano no recibe su nombre por un desplazamiento del nombre de la planta. Aquí, simplemente, tiene lugar la homofonía y la homografía —dos palabras con sonidos y con ortografías idénticas—, aun cuando de sentido diferente. ¡Una cosa es el país y otra el chile poblano!

Aquí abajo te presentamos cuatro hipótesis. Algo sí es un hecho: fue Ramón Freire Serrano (1787–1851) quien, por decreto del 30 de junio de 1824, ordenaba que en los documentos oficiales fuera usada la palabra "Chile" en lugar de la palabra "patria".

Primera hipótesis

La palabra "Chile", en cuanto topónimo —nombre de lugar— sería la onomatopeya del canto de un pájaro que, en Chile, recibe el nombre vulgar de *trile* y, en Argentina, el de junquero ala amarilla. Su nombre científico es *agelasticus thilius*. Macho y hembra son de color negro en el plumaje de todo su cuerpo, salvo que el macho presenta color amarillo en las alas de los hombros y en la parte baja de esas mismas alas. El trile emite un canto que bien podría transcribirse así en caracteres del alfabeto latino: "chile, chile".

En el libro *Historia de la Compañía de Jesús en Chile* (1736), del jesuita Miguel de Olivares y González (1672/1713–1786/1793), se lee esta anécdota:

> La etimología de Chile, dicen todos, que se la cojen (*sic*) de una avecilla que solo se diferencia del tordo en que tiene los encuentros de las alas amarillos, y todo lo demás de su pluma negra como el tordo y casi de su tamaño, llamada tchili (Trile). Dicen unos que, preguntando los españoles a los indios cómo se llamaba la tierra, estaba este pajarito a la vista; y pensando que preguntaban por el ave, respondieron thili; y así la empezaron a llamar los españoles Chile, y hasta ahora así lo llaman y llamarán.
>
> *(Citado en "Trile y el origen del nombre Chile", Faunánimo Humor Animal)*

Segunda hipótesis

Esta hipótesis nos es ornitológica, sino lingüística. Nos envía a posibles etimologías de la palabra nacidas de lenguas indígenas de América. En un artículo de la *BBC Mundo*, publicado en 2016 bajo el título "¿Cuál es el origen del nombre de cada país de América Latina?", se informa: "algunos historiadores sostienen que el nombre deriva de la palabra *chilli* del idioma aborigen quechua o aymará, que significa 'confín', porque [el actual territorio que ocupa Chile] era el fin del imperio para los incas". En quechua, además, los incas denominan el frío con la palabra *chiri*, mientras que *chilli* o *tchili* son voces para referirse, respectivamente, a la nieve la profundidad más abisal de la tierra.

Tercera hipótesis

Para otro jesuita, el padre Diego de Rosales (1601–77), "Chile" envía al nombre de un jefe indígena de la región del Aconcagua, un cacique de ese valle: "el nombre deste Reyno de Chile . . . le tomó de un cacique de mucho nombre, que vivía en Aconcagua y era señor de aquel valle . . . el qual cacique se llamaba Tili, y los Españoles trabucaron el nombre y lo pronunciaron, que es diferente en algunas cosas de la de los indios, y llamaron a esta tierra Chili" (175).

Cuarta hipótesis

El arqueólogo, etnólogo y folclorista británico Ricardo Eduardo Latcham Cartwright (1869–1943) propone otra opción también vinculada con el mundo incaico. Según Latcham, la palabra "Chile" se debe a un grupo de indígenas desterrados o mitimaes de sus propios hogares por los incas —del quechua *mitmay* = desterrar. Ese grupo habría habitado un lugar de Perú donde había un río cuyo vocablo sonaría "Chile". En palabras de Latcham Cartwright: "los indios trasplantados de la región de Arequipa dieron al valle [de Quillota o Aconcagua] que vinieron a ocupar el nombre de Chile, en recuerdo de su patria" (236).

¿Con cuál de las cuatro hipótesis te quedas? ¿Por qué prefieres esa hipótesis y no las otras tres?

Escritura de una redacción

En una redacción de una página (350 palabras aproximadamente), escribe sobre alguno de los temas relacionados con la comida y Chile:

1 "La dictadura del hambre en Chile" es título de un artículo escrito por Joaquín Prieto y publicado el 16 de septiembre de 1977 en *El País*. Aquí te dejamos con el comienzo del artículo:
> El cuarto aniversario del golpe militar que derribó al régimen constitucional del presidente Allende ha caído sobre un país duramente castigado por una situación económica desastrosa. Finalizada la parte más *visible* y espectacular de la represión militar, con su secuela de muertos, encarcelados, exiliados y desaparecidos, hoy reina en Chile una aparente tranquilidad, encubridora de un estado de degradación económica que deja pequeñas cuantas imágenes puedan existir en el exterior sobre su brutal proceso de inflación. No es ninguna exageración afirmar que este país andino se encuentra bajo una situación de hambre física imposible de disimular.
2 La situación de hambre de la dictadura de Augusto Pinochet (1915–2006) es un tema central en el filme *Machuca* (2004) del director chileno Andrés Wood (1965–).
3 Gastronomía en las islas chilenas. Por ejemplo: en Chiloé o Rapa Nui (conocida anteriormente como la Isla de Pascua).
4 Consulta *Afrodita: Cuentos, recetas y otros afrodisíacos* (1997), libro de la escritora chilena Isabel Allende (1942–). Allí podrás leer tres páginas, más o menos, sobre alimentos erotizantes o afrodisíacos.

Bibliografía

Acurio, Gastón. *¡Bravazo! Más de 600 recetas para volver a cocinar en casa.* Penguin Random House, 2017.

Allende, Isabel. *Afrodita: Cuentos, recetas y otros afrodisíacos.* Plaza y Janés, 1997.

Álvarez Enríquez, Carmen Paz. "Instituciones del derecho del vino, en especial de las denominaciones de origen". *Revista Chilena de Derecho*, vol. 25, no. 4, 1998, pp. 757–92.

Ariz Castillo, Yenny. "La figura y la obra de Violeta Parra en *Sabor a mí*, de Cecilia Vicuña". *Revista Laboratorio*, vol. 12, 2015, revistalaboratorio.udp.cl/num12_2015_art5_ariz/.

Bergamín, José. *Caballito del diablo.* Losada, 1942.

Bosch, María Ángeles, et al. *Gran Larousse de la cocina.* Planeta-Agostini, 1988.

Brillat-Savarin, Jean Anthelme. *Fisiología del gusto o meditaciones de gastronomía trascendental.* Óptima, 2001.

Castaño González, Yezid. "El chupe: Recordando a Mamá". *El Nuevo Día: El Periódico de los Tolimenses*, 29 jul. 2016, m.elnuevodia.com.co/nuevodia/sociales/la-columna-del-chef/291578-el-chuperecordando-a-mama.

Ceballos, Jorge Gilbert. *Chile país del vino: Historia de la industria vitivinícola, 1492–2014.* Universitaria, 2014.

"Chancho en Piedra". *Algo de rock chileno*, funkrockchileno.blogspot.com/search/label/Chancho%20en%20Piedra, acceso 22 jun. 2019.

"Chancho en Piedra". *Etimologías de Chile*, etimologias.dechile.net/Expresiones/?Chancho-en-piedra, acceso 22 jun. 2019.

"Chile". *Vinos del Mundo*, www.losvinosdelmundo.com/esp/paises/chile.html, acceso 23 jun. 2019.

¿Cuál es el origen del nombre de cada país de América Latina?". *Redacción BBC Mundo*, 17 jun. 2016, www.bbc.com/mundo/noticias-america-latina-36556458.

Diccionario de la Real Academia de la Lengua Española, dle.rae.es/?w=diccionario, acceso 31 mar. 2019.

Dionicio, Miguel Ángel. "Lo que no debes hacer en un restaurante". *El Universal*, 29 abr. 2015, archivo.eluniversal.com.mx/menu/2015/restaurante-modales-reglas-104883.html.

Donoso, José. *El lugar sin límites.* Editado por Selena Millares, Cátedra, 2010.

Fetzer, Erika. *Sabores del Perú: La cocina peruana desde los incas hasta nuestros días.* Viena, 2004.

Larraín, Pablo, director. *Neruda.* AZ Films et al., 2016.

Latcham Cartwright, Ricardo Eduardo. *La prehistoria chilena.* Oficina del Libro, 1928.

El lugar sin límites. Dirigido por Arturo Ripstein, www.youtube.com/watch?v=FE9l68dokOQ, acceso 8 abr. 2019.

Martínez, Rodrigo. "Lung Fung: ¿Un restaurante fantástico?". *El Libero*, 21 jun. 2018.

Messer, Natalia. "Las otras caras de su obra artística: Violeta Parra, genia indomable". *Revista Nos*, jul. 2017, www.revistanos.cl/2017/07/las-otras-caras-de-su-obra-artistica-violeta-parra-genia-indomable/.

Montecino, Sonia. *La olla deleitosa: Cocinas mestizas de Chile.* Catalonia, 2017.

Montecinos, Antonio. "Brillat-Savarin: El gran filósofo de la Gastronomía". *CEGAHO BLOG: Centro Empresarial Gastronómico Hotelero*, 25 may. 2017, cegaho.wordpress.com/2017/05/25/brillat-savarin-el-gran-filosofo-de-la-gastronomia/.

Montes, Rocío. "El vino chileno quiere jugar en primera división". *El País*, 13 jun. 2019, elpais.com/economia/2019/06/11/actualidad/1560270549_194208.html.

Neruda, Pablo. *Canto general*, www.neruda.uchile.cl/obra/cantogeneral.htm, acceso 21 jun. 2019.

———. *Confieso que he vivido: Memorias*, www.lectulandia.co/book/confieso-que-he-vivido/, acceso 21 jun. 2019.

———. *Obras completas.* Vol. 3, Losada, 1957.

Parra, Violeta. "Gracias a la vida", www.youtube.com/watch?v=w67-hlaUSIs, acceso 21 mar. 2019.

———. "Pastelero a tus pasteles", www.youtube.com/watch?v=d8Jx6288LK8, acceso 21 mar. 2019.

Pozo, José del. *Historia del vino chileno: Desde la época colonial hasta hoy.* Lom, 2013.

Prieto, Joaquín. "La dictadura del hambre en Chile". *El País*, 16 sep. 1977.

Raichlen, Steven. *Planet Barbecue!* Workman, 2010.

Röhl, Juan. *Quinientas y una pequeñas historias.* Monte Ávila, 1971.

Román Madariaga, Manuel Antonio. *Diccionario de chilenismos y de otras voces y locuciones viciosas,* Revista Católica, 1908.

Rosales, Diego de. *Historia general del reino de Chile, Flandes indiano.* Andrés Bello, 1989.

"Tip". *Online Etymology Dictionary,* www.etymonline.com/search?q=tip, acceso 21 jun. 2019.

"Trile y el origen del nombre Chile". *Faunánimo Humor Animal,* faunanimo.cl/trile-chile/, acceso 23 jun. 2019.

IMAGEN 8.6 Bodega con toneles de vino, en Viña Undurraga. Su fundador fue don Francisco Undurraga Vicuña, en 1885. Los vinos de Viña Undurraga son conocidos internacionalmente y esta empresa, iniciada en el siglo XIX, es hoy todavía una viña de liderazgo para la viticultura de Chile. Está localizada a más o menos 35 kilómetros al suroeste de Santiago, la capital del país.

Source: © Cortesía de Diego Grandi y de Dreamstime.com.

9

ARGENTINA A LA BRASA

Cocinando con los gauchos

Aperitivo | El refranero

Es un churrasco la tipa.
Agua y yerba para el gaucho es riqueza.

Con un compañero/a y con la ayuda de un diccionario busca el significado de los refranes anteriores.

¿Habría equivalentes de esos refranes en inglés? Si los hay, tradúcelos al castellano para tus compañeros y muestra en qué contexto los usarías.

Encuentra en Internet, transcribe, traduce al inglés y por último aprende de memoria al menos otros dos refranes en castellano: uno sobre la carne y otro sobre Argentina. Finalmente, comparte esos dos refranes con tus compañeros de clase, explicándoles siempre el contexto donde los refranes son utilizados.

Refrán 1) _____

Refrán 2) _____

Entrada | La comida del gaucho

La carne tiene su historia

Todo visitante de Argentina y de Uruguay, en zonas rurales o urbanas, estará inevitablemente confrontado a sentir la fuerza de la carne. La carne, particularmente los diferentes cortes para la carne de res, adquiere en esos países del sur de América una presencia protagónica. Como verás más adelante, la presencia de la carne y de su consumo desborda lo simplemente alimenticio. En otras palabras: la carne existe más allá del mundo gastronómico de restaurantes, de asaderos, de puestos callejeros, o de lugares de compra de carne cruda como supermercados, tiendas pequeñas de jamones, de fiambres y de empanadas. Para los argentinos —y, por extensión, para los uruguayos—, la carne atraviesa longitudinalmente la cultura a modo de elemento común identitario y político.

IMAGEN 9.1 Carbones en ascuas y parrilla esperan el asado con sus carnes.

Source: © Cortesía de Konstantin Malkov y de Dreamstime.com.

¿Cuándo, cómo y por qué la carne llegaría a convertirse en una sinécdoque de Argentina? ¿Cómo es posible justificar, asimismo, que el gaucho haya llegado a ser —al menos internacionalmente— uno de los arquetipos culturales para pensar en los argentinos? Te ofrecemos aquí algunas respuestas tentativas a estas dos preguntas. Si bien nuestras respuestas serán incompletas, simplificadas y cortas, no por esto serán menos verdaderas.

Sería atrevido e irresponsable datar con exactitud la aparición del asado en la historia de la humanidad. Ahora bien: sí es posible afirmar que *barbacoa*, cuyo origen está ligado al encuentro de Europa con América desde 1492, es una palabra americana, y más precisamente taína. Los indígenas taínos constituyeron uno de los pueblos originarios de las islas caribeñas, y con mayor precisión de la isla que los españoles bautizarían *Hispaniola* —hoy, esta isla es una de las Antillas mayores y su territorio es compartido por dos países: la República Dominicana y Haití. *Barbecue*, en inglés, viene directamente de la palabra taína, y presenta algunos sinónimos, los cuales todos se refieren a cocinar comida —carnes y vegetales— sobre carbones ardientes, gracias a la ayuda de una estructura de hierro o de listones en madera resistentes al calor y al fuego. Para la estructura en metal, a modo de mesa o de cruz (la "estaca"), el castellano utiliza también la palabra "parrilla"; mientras que los taínos usaban "barbacoa" para la mesa construida con listones de madera. O, en otras palabras: asar carne suspendiéndola sobre el fuego y sobre carbones en ascuas es realizar un *asado*, o cocinar *a la brasa* o *a la parrilla*.

En Argentina, confluyen varios acontecimientos relevantes y principales para nuestro tema, tanto desde mediados del siglo XIX como en el quiebre de ese siglo con el siglo siguiente. Las repercusiones de esos acontecimientos mostrarán prolongaciones, además, en las primeras décadas del siglo XX. Al final del siglo XIX es inventado el refrigerador doméstico, que los argentinos llamarán "heladera". Pionero de las máquinas para hacer hielo y para conservar alimentos en frío, el francés Louis Charles Abel Tellier (1828–1913) llevó a cabo, en 1876, la construcción de un contenedor con refrigeración instalado en un buque transatlántico. Esta invención posibilitó el transporte de carne a través del mar. Tuvo lugar, entonces y por primera vez, la travesía de un buque refrigerador entre Buenos Aires y la ciudad francesa de Ruan. Los europeos empezaron a consumir carne llegada de América del Sur y, con más precisión, de Argentina.

Para el primer cuarto del siglo XX, la exportación de carne y de otros productos agrícolas puso a Argentina entre los países más ricos del mundo. Muchos de los argentinos que por esa época viajaban y vivían en Europa, gastando sin la menor preocupación, pertenecían a familias de ganaderos, de agricultores y más ampliamente de terratenientes o hacendados. Ellos justificarían que circulara un dicho en países como Francia: "*être riche comme un argentin*" [ser rico como un argentino].

Entre las noticias venidas de las crónicas, se cuenta que Juan de Garay (1528–83) —el segundo fundador de la actual ciudad de Buenos Aires, bautizada primero como "Real de Nuestra Señora Santa María del Buen Ayre" (1536) y luego "Ciudad de la Trinidad" (1580) —habría llevado a tierras de la hoy llamada "Pampa argentina" varios cientos de cabezas de ganado. Allí, es posible imaginar que las crías de esos vacunos habrían prosperado en número y en calidad. Ahora bien: no sería plausible pensar que todas las cabezas de ganado vacuno de Argentina y de Uruguay tienen por origen esos cientos animales que pastaban desde finales del siglo XVI. Hay asimismo informaciones sobre la llegada de razas vacunas desde el Reino Unido durante el siglo XIX. Por ejemplo, la raza Shorthorn o Durham, venida del noreste de Inglaterra, llega a Argentina en 1823. Luego, en 1862, desde Inglaterra también ingresa a Argentina la raza Hereford. Desde los inicios del siglo XX, la raza Argentine-Holland sería la preferida como productora de leche. Con el paso de los años, y gracias al desarrollo tanto del transporte marítimo intercontinental como por la aparición de los grandes frigoríficos, fue posible exportar desde Argentina carne congelada a Francia (1877) y a Inglaterra (1890).

Sin duda, existe una diversidad de condiciones gracias a las cuales el personaje del gaucho logra encarnar internacionalmente, aún ahora, uno de los arquetipos culturales de un país — otros serían, por ejemplo, el del imbatible jugador de fútbol, como Leonel Messi (1987–) y el del escritor ciego, erudito, políglota y universal, como Jorge Luis Borges (1899–1986). El gaucho también encuentra réplicas rurales en otras regiones de América: el llanero (Colombia y Venezuela) y el huaso (Chile).

En amplias extensiones de tierra, alejados de asentamientos humanos con mucha población, la figura del gaucho argentino se levanta en protagonismo —si bien en su realidad actual son muchas las diferencias, más que los parecidos con el actual habitante del campo argentino. Las extensiones de planicie o de llanura llevarán el nombre de *pampas* y, allí, el gaucho tendrá su ambiente natural y coexistirá con animales que le servirán de alimento —muy en especial el ganado vacuno. La comida y la bebida para los gauchos fue a veces escasa, mientras que el mundo circundante, asimismo, le habría sido hostil por causa de grupos indígenas que sienten, sufren y se defienden de la invasión extranjera. Para esos grupos, el gaucho encarnaría uno de los modos de esa invasión.

¿Cuáles crees que serían las comidas y las bebidas de un gaucho?

¿Por qué crees que comen y beben esos alimentos en particular?

¿Cómo habría influido la comida del gaucho sobre la gastronomía actual de Argentina?

¿Te parece que la dieta de un gaucho es equilibrada? ¿Por qué sí? ¿Por qué no?

Comidas en la literatura: El gaucho Martín Fierro

El gaucho Martín Fierro (1872) es considerada por muchos críticos como la gran epopeya argen-tina —al igual que, para la Grecia antigua, la *Ilíada* y la *Odisea* de Homero son los dos grandes poemas épicos. El autor de esta obra en verso, José Hernández (1834–86), fue poeta, militar, periodista, político y conocedor directo de la vida rural en la Provincia de Buenos Aires. En 1846, y debido a recomendaciones médicas —de niño, José Hernández sufre dificultades res-piratorias—, él y su padre se instalan en una estancia de propiedad del caudillo Juan Manuel de Rosas (1793–1877). Allí, Hernández aprendió a cabalgar, a familiarizarse con las actividades cotidianas de los gauchos y a conocer las maneras de pensar y de sentir de estos "paisanos". Es sabido que, en 1878, Hernández se ganaba la vida con dos negocios: una librería y la com-praventa de terrenos en el campo.

José Hernández utiliza el arte poético para denunciar, ante políticos y lectores urbanos, la violencia que se ejerce sobre el gaucho —la cual causa la marginalización de este. Así, en la "Carta aclaratoria" (1872) incluida a modo de prólogo a su poema, Hernández habla de los gauchos como de una "clase desheredada" en Argentina, la cual es "víctima [de] todos los abu-sos y [de] todas las desgracias". El personaje de Martín Fierro, continúa Hernández, encarnaría un "tipo original de nuestras pampas, tan poco conocido por lo mismo que es difícil estudiarlo, tan erróneamente juzgado muchas veces, y que, al paso que avanzan las conquistas de la civili-zación, va perdiéndose casi por completo" (576).

¿Cuál sería el equivalente del gaucho en México y en los Estados Unidos?

A continuación, leerás tres sextillas de *El gaucho Martín Fierro*. En la sextilla, el primer verso va suelto, los cuatro siguientes riman en parejas y el último recoge la rima del segundo y del tercero.

Con un compañero/a, lee las tres sextinas en voz alta. Así sentirás el ritmo de cada verso y las rimas entre los versos.

Venía la carne con cuero,
la sabrosa carbonada,
mazamorra bien pisada,
los pasteles y el güen vino . . .
pero ha querido el destino,
que todo aquello acabára.
  (Canto ii, vv. 247–52, p. 584)

De hambre no perecemos,
pues sigún otros me han dicho
en los campos se hallan vichos
de los que uno necesita . . .
gamas, matacos, mulitas,
avestruces y quirquinchos.
    (Canto xiii, vv. 2215–20,
          p. 628)

Cuando se anda en el desierto
se come uno hasta las colas.
Lo han cruzao mujeres solas
llegando al fin con salú.

Y á de ser gaucho el ñandú
que se escape de mis bolas.
   (Canto xiii, vv. 2221–26, p. 628)

Antes de recurrir a la ayuda de un diccionario, ¿qué crees que significan las siguientes palabras de estas sextinas? *güen, acabára, sigún, vichos, cruzao, salú, á de*

Según las tres sextillas anteriores, enumera todas las palabras relacionadas con la comida y con la bebida, traduciéndolas al inglés. Utiliza un diccionario, si es necesario. De acuerdo con tu enumeración, ¿qué come y qué bebe el personaje de Martín Fierro? Además: ¿cuál es el instrumento que usa Martín Fierro para cazar?

Traduce en prosa cada una de las sextillas anteriores —o realiza una paráfrasis de todas las sextinas. Luego comparte tu traducción con un compañero.

IMAGEN 9.2 Cultura gaucha, celebrada anualmente en el festival Fiesta de la Patria Gaucha. Este festival, quizás el más importante del folclor gaucho en Uruguay, tiene lugar en el predio Laguna de las Lavanderas, en la ciudad de Tacuarembó.

Source: © Cortesía de Kobby Dagan y de Dreamstime.com.

A la carta | Choripán y pocas sopas

"El choripán no es un pan con chorizo. Es un ícono pop y un símbolo político". Estas palabras son de Ignacio de los Reyes, corresponsal de noticias en Argentina para la red *BBC Mundo*. El choripán es un elemento imprescindible de cualquier asado. Incluso, para muchos, también lo es de cualquier evento político de naturaleza masiva y popular. En 2016, de los Reyes publicó un artículo de prensa muy sugestivo y original titulado "Las 10 palabras más curiosas que se escuchan en las elecciones argentinas". De los Reyes, como quien se tome el tiempo de explorar con cuidado la gastronomía popular de Argentina, descubre que el choripán es una delicia de esa gastronomía. El choripán consiste en un chorizo "envuelto" en pan. En Buenos Aires, el choripán puede saborearse en los tradicionales carritos de comida de la Costanera Rafael de Obligado y, por supuesto, en cualquier asado familiar.

La oposición política de élite critica al peronismo populista por la costumbre de regalar "choripán y coca" (Coca-Cola) a quienes participen en sus actos. Fue común durante décadas, en discursos de los expresidentes peronistas Néstor Kirchner (1950–2003) y Cristina Fernández de Kirchner (1953–), ver enormes parrillas con miles de choripanes. De esta manera, el choripán adquirió el estatuto tanto de "actor" cultural como de método privilegiado y eficaz en prácticas políticas del clientelismo popular. Fernández de Kirchner, quien fuera presidenta de Argentina de 2007 a 2015, es una gran partidaria del "chori": "Cuando les digan que van por el choripán, digan que no, que van por las cloacas y el trabajo", repite la mandataria, según reporta de los Reyes. Uno de los lemas más ingeniosos sobre el choripán y que vincula a la política argentina con un producto de la cocina, apareció escrito en una pancarta bajo el dibujo de un choripán. Ocurrió durante una marcha en favor de la expresidenta, con ocasión de la apertura de sesiones del Congreso argentino en 2015. Allí estaba escrito: "Basta de estigmatizar al choripán".

Busca una foto o un dibujo de un choripán.

Para compartir con tu clase, inventa (1) un póster, (2) un anuncio y, por último, (3) una historia con el protagonista don Choripán.

Si estás viviendo fuera de Argentina, es necesario visitar algún restaurante realmente argentino para probar la maravilla de un choripán. Otra opción, pero que deberá ser con seguridad un sucedáneo imperfecto del exquisito choripán: compra un *bratwurst* (de res) y una *baguette* fresca al estilo francés. Cocina la salchicha a la brasa y ¡a comer! Si deseas, puedes echarle salsa de chimichurri.

Compara el perro caliente, en la tradición culinaria estadounidense, con el choripán argentino. Discute en grupo, lanzando hipótesis y durante diez minutos, por qué son usadas esas palabras o esas expresiones para denominar este plato de comida rápida: choripán, *hot dog* (también *hotdog*) y perro caliente. Durante la discusión, piensa en la forma misma de esas palabras —palabras simples y palabras compuestas. Por último, busca en Internet la etimología, así como las resonancias históricas y metafóricas (caninas y sexuales) implicadas en esas palabras.

Quien visite ciudades de Argentina, como Buenos Aires, Córdoba o Mendoza, sabrá pronto que los caldos, las cremas calientes y las sopas no pertenecen al menú usual en la mesa de los argentinos. Salvo el exquisito *locro* y el *estofado de lentejas* con carne y vegetales, en los restaurantes de Argentina y de Uruguay es difícil poder saborear platos calientes que el comensal consume con una cuchara grande y en un plato hondo. El locro

—una palabra que viene del vocablo quechua *ruqru*— es una sopa espesa, que tradicionalmente es consumida cada 25 de mayo. Ese día, la sopa reúne a familias, grupos políticos y de amigos, los cuales conmemoran el 25 de mayo de 1810, fecha convenida para celebrar los hechos previos que llevan a la declaración de independencia política de España. El locro es una sopa que requiere tiempo de preparación y de cocción. Puedes investigar sobre ella en Internet.

Así pues: si estás desesperado por tomarte una sopa —en castellano *tomamos sopa*, no *comemos sopa*—, tendrás entonces que viajar a Colombia o visitar un restaurante estadounidense como *Friday's* en Buenos Aires. Allí podrás pedir una sabrosa sopa francesa de cebolla con queso italiano mozzarella. Veremos que esta situación cambiará cuando visitemos otros países del mundo iberoamericano como Colombia —un país donde las sopas, literalmente, atacan e invaden maravillosamente los cinco sentidos del turista.

Por ser inusuales las sopas o las cremas calientes en Argentina, otras serán las especialidades —más comunes y no menos sabrosas— para el paladar de quien viva en ese país y en Uruguay. Recuerda que en esa región del mundo los platos principales consistirán más bien en variantes preparadas de diversas formas donde el ingrediente principal serán la carne de res, de cerdo o de pollo, las pastas y las pizzas, algunas variedades de ensaladas y, ¡por supuesto!, el múltiple universo de las empanadas.

La ausencia de la sopa en Argentina seguramente está reflejada en esta reacción de Mafalda, un personaje central de la cultura de Argentina. Podrás encontrar tiras cómicas con el título de *Mafalda*, del famoso dibujante argentino Joaquín Lavado (1932–), mejor conocido bajo el pseudónimo de "Quino". Hay viñetas donde aparecen Mafalda y su hermanito menor Guille: entre los dos hermanos y la madre de Mafalda hay situaciones humorísticas y difíciles alrededor de las sopas que se preparan en casa.

Busca información sobre el personaje de Mafalda, un verdadero ícono cultural del arte gráfico tanto para Argentina como para los demás países hispanohablantes.

Mira y escucha varias veces el siguiente videoclip. Transcríbelo en castellano para que después lo traduzcas al inglés. Tu profesor revisará que la transcripción y la traducción son correctas. www.youtube.com/watch?v=y6WPVUi3Wcc

Menú | Restaurante de empanadas

Busca en Internet tres de los mejores restaurantes de Buenos Aires y los menús.

¿Cómo se llaman? ¿Qué platos de comida y cuáles bebidas sirven? ¿Cuánto cuesta, en promedio, comer allí? ¿Cuánto sería el equivalente de ese costo en dólares? ¿Te parecen caros o baratos los platos y las bebidas? ¿En qué se parecen y en qué se diferencian esos restaurantes de los restaurantes que has visitado en tu pueblo o en tu ciudad?

Mi restaurante argentino de empanadas

Con dos compañeros, funda un restaurante argentino en tu pueblo o en tu ciudad, creando un menú para ese restaurante. Ponle nombre a tu restaurante, donde solo venderás empanadas. Crea un menú de cinco empanadas. Incluye los ingredientes que componen cada empanada e incluye sus precios. Escríbelo todo en una hoja donde podrás crear dibujos alusivos a lo que ofrece tu restaurante.

IMAGEN 9.3 Carta para menú, con decorados que llevan a pensar en una forma de pintura que es ya insignia de Buenos Aires: el filete porteño. ¡No dejes de buscar en internet fotografías de este arte pictórico! El filete porteño es, declarado por la UNESCO, Patrimonio Cultural Inmaterial de la Humanidad.

Source: © Cortesía de Igor Korets y de Dreamstime.com.

Consejos de la abuela Leonor | Las frituras

Las frituras son el resultado de freír o fritar.

Primero, cuando freímos —o fritamos— echamos mano de grasas, como los aceites (vegetales o animales), la manteca (grasa de cerdo) o la mantequilla —que los argentinos llaman "manteca".

En segundo lugar, el alimento que fritarás y el tipo de preparación para ese alimento determinarán la cantidad necesaria de grasas para la fritura. Por ejemplo, en caso de que quieras cocinar carne con la ayuda de una plancha o simplemente una sartén, la cantidad de grasa será muy poca. Incluso deberás tener en cuenta que la carne de res soltará su propia grasa según cuán magra sea la carne escogida.

En tercer lugar, fritar o freír papas, croquetas, pescados o empanadas —como las salteñas, es decir, las empanadas de la provincia argentina de Salta— exigen que uses una cantidad suficiente de aceite con el fin de que cubras completamente esos alimentos. Esto garantizará que, durante el proceso de fritura, los alimentos ni toquen el fondo del recipiente, ni se toquen demasiado entre sí.

En cuarto lugar, cubre tus manos con un guante de cocina —de tela y no de plástico— y gracias a ese guante podrás manipular con mayor confianza todos los utensilios usados en la fritura, mientras tienes cuidado en evitar salpicaduras de aceite sobre tu piel.

Por último, abre las ventanas de tu casa y mantén prendido el extractor de humo, si lo tienes encima de la estufa donde estás friendo. Así, el olor de las frituras será menos invasivo en tu espacio doméstico.

Las notas del filósofo | Hibridación y arquetipo

En esta sección, aprenderás dos conceptos o términos especializados que son muy útiles para pensar en las realidades de la cultura humana, sea la literatura, la historia, la economía, la sociedad, la religión y, por supuesto, la cocina y sus prácticas. Los conceptos que el filósofo te enseñará aquí pertenecen a varios dominios intelectuales y académicos: los estudios culturales, la teoría crítica o la filosofía de la cultura.

Hibridación

Tomada del contexto científico, de la biología y de la química en particular, la palabra *hibridación* te sirve para pensar, por ejemplo, que un alfajor argentino involucra no solo ingredientes culinarios diferentes, sino asimismo elementos de tradiciones culturales en mezcla.

IMAGEN 9.4 Alfajor. Cubierta de chocolate blanco —a modo de glaseado— y el exquisito relleno: dulce de leche y *mousse* de chocolate.

Source: © Cortesía de Juan Moyano y de Dreamstime.com.

Según el pensador post-colonial Homi Bhabha (1949–), hibridación es un término que debe comprenderse en relación con sus contrapartes: la identidad o la pureza. Para Bhabha, el pensamiento colonial o imperialista insiste en que hay identidad y pureza en las culturas y en sus productos. Para ese pensamiento, es más fácil sojuzgar y descalificar tanto las culturas como a los individuos que viven en ellas, ocultando autoritariamente sus complejidades y sus incertidumbres. Insistir en la hibridación abre las puertas para criticar purismos que discriminan y para desestabilizar el pensamiento autoritario que no duda, que pone finales o límites. Una mezcla puede ser el producto *de eso*, *de aquello*, *de algo más*, y así sucesivamente y sin final.

En el alfajor, que los argentinos por lo general defienden como "puramente" argentino, hay ecos árabes, ecos españoles, al igual que ecos que no pueden datarse ni localizarse geográficamente con exactitud.

Piensa en el alfajor como algo híbrido, con la ayuda del artículo de prensa escrito por Julie R. Thomson y que lleva por título "Alfajores Are the Best Cookie You've Never Heard of".

Identifica otro alimento que sea cotidiano para ti y que revelaría su naturaleza culturalmente híbrida.

Arquetipo

Palabra construida a partir de dos palabras de origen griego: ἀρχή (arjé) que significa "principio" y τύπος (typos) que tiene aquí el sentido de "modelo". El arquetipo nace de una construcción hacia lo abstracto y lo general por medio de la imaginación que sustrae datos particulares y concretos, y a través de la conceptualización. Aun cuando el arquetipo de cualquier naturaleza (sexual, religiosa, económica) no encuentra nunca una realización perfecta en la vida cotidiana, el arquetipo no es, por ello mismo, falso. Más bien: el arquetipo puede anunciar tendencias efectivas en la realidad.

Sirven de ejemplo: el personaje de don Juan encarna literariamente el arquetipo del macho, latino o no, es decir, de un hombre heterosexual que solo responde a sus propios deseos narcisos de lujuria y de superioridad, despreocupado por lo que sienten los demás, fundamentalmente las mujeres —sus meros instrumentos o cosas. El gaucho es un arquetipo de Argentina, a modo de sinécdoque de ese país, porque representa atemporalmente una geografía y una historia nacionales muy diversas.

En el siguiente artículo sobre gastronomía, verás que el gaucho es un arquetipo operante dentro y fuera de Argentina, pero también una representación incompleta. Te animamos a que leas este artículo desde el pensamiento del gaucho como pretendido arquetipo verdadero y definitivo de un país: "Argentina Is Not Only about Gauchos, Tango, Men and Parrillas . . ."

Plato principal | ¡A cocinar empanadas de carne de res al horno!

La receta que leerás la pensamos para que sea preparada en clase, en grupos de seis estudiantes. En caso de que no existan las condiciones en el salón de clase para cocinar, grupos de cuatro estudiantes prepararán la receta en la casa de alguno de ellos.

Antes de preparar las empanadas, cada estudiante leerá la lista de los ingredientes que constituyen la receta, prestando especial atención a las cantidades de esos mismos ingredientes y de las temperaturas de cocción, las cuales están expresadas, respectivamente, en kilogramos y en gramos, en grados Celcius (°C) —al igual que en unidades que siguen la costumbre anglosajona de las onzas y de los grados Farenheit (°F).

Si en el vocabulario de esta lista te topas con palabras desconocidas, búscalas en un buen diccionario de papel o en línea.

Ahora que tienes los ingredientes para la receta de las empanadas, lee con todo detalle las instrucciones para la preparación. Finalmente, tanto con la lista de ingredientes como con esas instrucciones a mano, podrás pasar a *crear* —que no únicamente "cocinar"— las empanadas. Así, entonces, experimentarás *el arte de la cocina*, lugar de una belleza nacida en olores, en imágenes visuales, en sabores, en gustos, en sonidos y en sensaciones táctiles (¡pero no te cortes!).

Tiempo de preparación: 15 minutos
Tiempo de cocción: 30 minutos
Número de personas: Cuatro personas —tres empanadas por persona

Cantidades e ingredientes para el relleno de las empanadas

1 bolsa de 11,06 onzas (330 gramos)	Marca Goya, o Ayanti, o Fargo, con doce tapas para empanadas[1]
2 cucharadas	Aceite de oliva
2,2 libras (1 kilo aprox.)	Carne molida de res
2 manojos	Cebollitas de cambray, bien lavadas y con el rabo, si lo tienen[2]
½ libra (250 gramos)	Pasas de uva
½ libra	Aceitunas verdes picadas y sin hueso
1 pizca	Polvo de pimiento rojo (ají)[3]
1 pizca	Comino molido
4	Huevos cocidos, pelados y finamente picados (sin la yema)
1	Huevo crudo y batido
Al gusto	Sal y pimienta

Bebidas recomendadas —pero solamente si eres mayor de edad:

Vino tinto, como el Malbec y el Cabernet Sauvignon. Estas dos cepas son muy apreciadas por el paladar de los argentinos. Argentina es un gran exportador de vinos, en especial de vinos tintos.

Preparación del relleno

1 A fuego medio y en una sartén grande, calienta el aceite de oliva.
2 Cuando el aceite esté caliente, agrega las cebollas finamente picadas y sofríelas, moviendo el aceite y los pedacitos de cebolla constantemente. Debes evitar que las cebollas se doren o se quemen. Únicamente necesitas que las cebollas pierdan su color intenso, hasta que se suavicen y veas que se cristalizan un poco.
3 Ahora añadirás la carne molida y seguirás revolviendo. Te recomendamos el uso de una buena cuchara de palo o de madera, aunque también puedes utilizar un cucharón de

plástico. En todo caso, si tu sartén es de teflón, lo importante es evitar que causes raspaduras en el teflón. Esas raspaduras, que son tóxicas, quedarían en el relleno de las empanadas, por lo que tus compañeros y tú terminarían comiendo raspaduras de teflón. Freirás la carne hasta cuando haya perdido su color rojo. Este paso puede tomar más o menos diez minutos.

4   Incluye ahora sal, pimienta, comino y el polvo de pimentón rojo, revolviendo regularmente y manteniendo la cocción por cinco minutos más. Retira del fuego toda la mezcla o el relleno.

5   Este es el momento para que agregues las aceitunas verdes picadas y la parte blanca de los huevos —o clara—, también picada finamente, así como las pasas de uva. Revuelve todo esto de nuevo y con especial suavidad. Tendrás que dejar enfriar la mezcla de cebolla, carne, sal, polvo de pimiento rojo, el comino, las pasas de uva, las aceitunas y la clara de los huevos.

Armado de las empanadas

1   Humedece un poco dos de tus dedos con agua —el índice y el corazón. Sobre una de tus manos bien abierta, extiende con cuidado una de las tapas para empanadas.

2   Con la ayuda de tu otra mano, empujarás hacia abajo la tapa de empanada, con el objetivo de que con tu mano y con la tapa de empanada formes una suerte de espacio con forma de cuenco. Empieza por tomar dos cucharas de tu relleno para empanadas y esa cantidad la pondrás "dentro" de tu mano y sobre la tapa de empanada.

3   Cierra la tapa de la empanada con el relleno adentro, sin que quede nada del relleno fuera de la tapa. Humedece con aceite tus dedos y extiende ese aceite sobre los bordes de la tapa de empanada. Sella los bordes de la empanada apretando delicadamente con un tenedor, o usa los dedos para el repulgue de esos bordes de la empanada. Verás en videos de YouTube técnicas para repulgar empanadas.
(*Nota Bene*: el verbo "repulgar" y el sustantivo "repulgue" tiene que ver con el dedo gordo de la mano. ¿Cómo se llama en castellano este dedo específico?)

4   Después de que precalientes tu horno a 350 °F —aproximadamente 180 °C— humedece tus dedos en el huevo batido o humedece allí una brocha. A modo de barniz, humedecerás un poco con el huevo batido toda la superficie exterior de la empanada.

5   Sobre una bandeja metálica para hornear, irás poniendo todas las empanadas, teniendo cuidado de dejar algo de espacio libre entre tus empanadas.

6   Hornea tus empanadas entre quince y veinte minutos, o hasta que la masa de las tapas tome un color dorado homogéneo y fuerte, o levemente tostado.

7   Abre el horno y saca la bandeja con las empanadas. No vayas a quemarte ni los dedos, ni la lengua. ¡Sopla un poco sobre la punta de una empanada y, finalmente, lánzale un primer mordisco a la empanada! **Y, ahora: ¡Buen provecho!**

Carta de bebidas | ¡A preparar mate!

Circula la información de que habrían sido los guaranís la primera comunidad indígena que encontró las propiedades rejuvenecedoras de la yerba mate. Esta bebida en infusión constituye el disfrute diario de millones de personas en Argentina, en Uruguay, en Paraguay, en partes de Brasil, de Chile y de Bolivia. Muchos comparan el sabor de la infusión de mate con el sabor del té verde, así como un gusto que recuerda al sabor del roble y del tabaco.

La yerba mate podrás conseguirla en algunos supermercados de tu región o realizar un pedido por Internet a través del sitio web de Amigo Foods, Walmart o Amazon. Prepara el mate con tus compañeros de clase y con tu profesor. Uso legítimo para fines didácticos.

IMAGEN 9.5 Empanadas argentinas al horno, según la receta consignada atrás. Chef: Damián Gabriel Pompei. Repulgue en forma de trenza para la empanada. *Repulgue* y *repulgar* son dos palabras comunes en Argentina. Estas palabras apuntan al uso de los dedos, muy en especial del pulgar, para cerrar las tapas de la empanada cuando el relleno ya está listo.

Source: © Cortesía de Andrés Lema-Hincapié.

Aquí te pasamos el vínculo donde verás un ejemplo con instrucciones sobre la manera de beber mate: www.youtube.com/watch?v=Qa6SGkH8KgE

Beban mate en grupos de tres personas y, mientras brindan y están bebiendo mate, vayan cantando esta canción acerca del mate y de la importancia de las cosas sencillas de la vida. Su título es "A chocar mates" [Let's Make a Toast with Mate Gourd Cups]. La música de la canción es de Carlos Gianni; la letra, de Hugo Midón. Te dejamos con una parte de la letra de la canción:

> ¡A chocar, chocar los mates!
> Que vamos a brindar.
> ¡A chocar, chocar los mates!
> Que vamos a brindar.
> Brindemos porque sean
> los días por venir,
> como helados gigantes
> de crema Chantilly.
> Brindemos porque sepan
> los chicos descubrir
> el pan que es pan de harina
> y el pan que no es así.

(www.youtube.com/watch?v=a0VSqWr5e6M)

¿Habías probado el mate con anterioridad?

¿Te ha gustado? ¿Por qué?

¿Te gusta con azúcar o sin azúcar?

¿Vas a seguir bebiendo mate en el futuro?

Con los dos compañeros con quienes has preparado el mate —*cebar* es el argentinismo para preparar mate— graba un anuncio comercial de mate. Grábenlo y súbanlo a YouTube. Tus compañeros y tú verán todos los videos con anuncios sobre el mate y todos, también, votarán por el mejor anuncio. El grupo ganador recibirá una condecoración con el título de "El Rey del Mate".

Reglas para tomar mate

El mate es una bebida social, que se toma en familia, con amigos o con compañeros de trabajo. En cuanto práctica centenaria entre personas, tomar mate es un rito cuyas reglas de etiqueta buscan ser repetidas. Estas reglas son transferidas entre generaciones.

Regla 1: Una persona prepara la yerba mate y después la sirve. Deberás devolver el "mate" a quien lo sirvió. Aquí la palabra *mate* tiene el sentido de "recipiente". Otras palabras son *porro* o *porongo*. Quien sirve la yerba mate a los demás es el líder o anfitrión del grupo, mientras todos beben mate.

Regla 2: No debes agradecerle a quien te sirve el mate cada vez que te lo entrega en las manos. Solamente dirás "gracias" al recibirlo, si ya no quieres beber más. Esta será la última vez que el "líder" del grupo de bebedores te pasará el mate.

Regla 3: La bombilla del mate es una sola y se comparte. Esto puede parecer chocante. En países donde no se bebe mate, no son compartidos con desconocidos aquellos objetos que han pasado con anterioridad por la boca de otra persona —como cucharas o vasos.

Infórmate más acerca del mate:

¿Cómo se produce?

¿Dónde se produce?

¿Cuáles son sus propiedades?

¿Cuál es, más o menos, la producción anual?

¿Cuál es el porcentaje de hogares argentinos que consume mate?

¿Cuántos kilos de mate consume aproximadamente un habitante por año?

Busca al menos cinco marcas de yerba mate en Internet. ¿Cuál comprarías? ¿Por qué?

Postre | Alfajores con dulce de leche

Un alfajor es un dulce tradicional que suele encontrarse en varios países latinoamericanos. Se trata de dos galletas unidas por un relleno dulce y cubiertas de chocolate o glasé (batido de claras de huevo, azúcar impalpable y jugo de limón).

El alfajor está emparentado con el árabe andaluz *al-ḥašú* الحَشُو y con el árabe *ḥašw* حَشْو, lo que literalmente es traducido al castellano como "el relleno". Grupos árabes llevaron a la península Ibérica. Posteriormente, el alfajor llega a América y adopta distintas formas, según la región. Por ejemplo, hay diferencias entre el tradicional alfajor argentino y el *chilenito* o alfajor de Chile.

Busca en Internet fotografías de alfajores. Describe oralmente o por escrito la foto de un alfajor.

Por ejemplo, en la provincia de Córdoba (Argentina), se los rellena con dulce de leche o con dulce de frutas: membrillo, durazno, higos o pera. En la provincia de Santa Fe, por su parte, los alfajores son hechos con al menos tres tapas de hojaldre, unidas entre sí con una cantidad generosa de dulce de leche. Por último, el alfajor lleva una capa de glasé.

¿Qué otras palabras de origen árabe y relacionadas con la cocina conoces en castellano?

Localización geográfica: Sitúa en un mapa mudo (o en blanco) de la Argentina, cada adjetivo gentilicio que acompaña la palabra "alfajor".

Alfajor santiagueño
Alfajor marplatense
Alfajor santafecino
Alfajor cordobés
Alfajor mendocino
Alfajor rosarino
Alfajor tucumano

Busca otros postres típicos de cinco regiones no mencionadas anteriormente y sitúalos en el mapa.

Un ingrediente imprescindible del alfajor es el dulce de leche. Según una leyenda nacional, el dulce de leche habría nacido en Argentina. Esa leyenda está vinculada con una de las luchas políticas sangrientas que sufrió ese país en el primer tercio del siglo XIX. Se trata del enfrentamiento entre los federalistas, liderados por Juan Manuel de Rosas (1793–1877), y los unitarios, uno de cuyos líderes fue Juan Lavalle (1797–1841).

Ahí va esa leyenda: la invención del dulce de leche habría acontecido hacia el año 1829, cuando Juan Manuel de Rosas y su enemigo político —y hermano de leche— Juan Lavalle se reunieron para firmar un pacto de paz en la casa del primero en Cañuelas, a las afueras de Buenos Aires. Lavalle fue el primero en llegar y, fatigado, se recostó sobre el catre de Rosas, quedando dormido. La criada de Rosas, mientras hervía leche con azúcar —preparación conocida en esa época como lechada— para acompañar el mate de la tarde, se encontró con Lavalle durmiendo. Ella lo consideró una insolencia.

Poco tiempo más tarde, llegó Rosas, quien no se enfadó con Lavalle y pidió a la criada el mate con leche. Ella recordó en ese momento que había abandonado la leche con azúcar al fuego, dejándola calentar durante un largo tiempo. Al regresar a buscar la lechada, la criada se encontró con una sustancia espesa y amarronada. Su sabor agradó a Rosas y compartió el dulce con Lavalle mientras discutían los puntos del pacto, dando así un origen accidental al dulce de leche.

El dulce de leche recibe nombres diferentes en otros países latinoamericanos. Busca los nombres del dulce de leche en los siguiente países y ciudades:

Venezuela
Chile
Perú
Cali (Colombia)
México
Cuba
Puerto Rico

IMAGEN 9.6 El Café Tortoni, desde 1880, está localizado en la Avenida de Mayo 825. El Tortoni ha sido una verdadera institución de la cultura de la ciudad de Buenos Aires. Si vas a la capital de Argentina, el Café Tortoni debería ser uno de tus destinos obligados.

Source: © Cortesía de Sergio Schnitzler y de Dreamstime.com.

Sobremesa | Analizar y escribir

Análisis de una representación gráfica

Busca en Internet el afiche de un documental reciente. Este documental lleva por título *Todo sobre el asado* (2016), de los directores Mariano Cohn y Gastón Duprat. ¿Cuáles son los sentidos literal y figurado que causa en ti el afiche usado para publicitar ese documental?

Además, y si te interesa, puedes ver el tráiler del documental en YouTube, www.youtube.com/watch?v=wt1KYbxh-x0, o ver todo el documental en Netflix.

Escritura de una redacción

En una redacción de una página (350 palabras aproximadamente), escribe sobre alguno de los temas siguientes referidos a la cocina argentina:

1   Lugares específicos y emblemáticos para la gastronomía son recordados en tangos muy significativos de la cultura argentina. Por ejemplo, Cátulo Castillo (1906–75) y Aníbal Troilo (1914–75) compusieron —la letra y la música, respectivamente— del tango "La Cantina". Las cantinas de Buenos Aires —que hoy son llamadas bares— fueron lugares donde se encontraban los inmigrantes italianos de principios del siglo XX. Argentina

hace eco en su alimentación de las oleadas migratorias que ha experimentado, muy en especial de inmigrantes italianos, españoles y franceses. Sin limitarte a enumerarlas, ¿cuáles comidas o cuáles bebidas, de tradición europea, consumen en la actualidad los argentinos? ¿Por cuáles razones serían populares esas comidas o esas bebidas y no otras?

2   La carne es omnipresente en Argentina. Tan pronto lees el menú de casi cualquier restaurante de ese país estás confrontado/a con los diferentes cortes de la carne vacuna. ¿Cómo podrías ser vegetariano/a en Argentina?

3   ¿Qué efectos ecológicos y qué violencias sobre la dignidad de los animales causa el consumo regular y masivo de carnes (res, pollo, cerdo)?

Revisiones

Revisa la redacción de otro compañero/a que se ha escrito para el apartado anterior. Para la revisión contesta brevemente las siguientes preguntas. Anota tus respuestas en un documento de media página de extensión.

- ¿Está la redacción bien organizada? Si se puede mejorar, en un corto párrafo presenta algunas sugerencias.
- ¿Está el tema de la redacción claramente explicado en la introducción? Extrae el tema de la redacción.
- ¿Hay conclusiones finales en la redacción? Copia las conclusiones de la redacción.
- ¿Has encontrado errores ortográficos o gramaticales? Haz una lista de esos errores.

Escritura de una reseña

Haz una reseña crítica en una página (350 palabras aproximadamente) del filme *El asadito* o del cuento "El matadero".

- *El asadito* (2000), dirigido por Gustavo Postiglione. Puedes encontrar el filme en You-Tube: www.youtube.com/watch?v=5bNGJ2SeKAQ.
- "El matadero" (1837) de Esteban Echeverría. Puedes encontrar fácilmente el cuento en Internet.

Lee tu reseña a varios compañeros/as de clase. Tus compañeros podrán comentar los aspectos débiles de la reseña y ofrecer sugerencias para mejorarla. Revisa la reseña una vez terminada la actividad anterior.

Traducción | Tiempo de buscar palabras, saboreándolas

Con la ayuda de uno/a de tus compañeros/as de clase, traduce al inglés el siguiente párrafo. Cuando hayan terminado de traducir, revisa la traducción en compañía de tu profesor/a.

"Una buena forma de definir al asado es como una excusa para estar cerca de quienes más queremos. Si algún integrante de la mesa está, por algún motivo, exento de comer carnes, será entonces una ensalada de muchos colores o unas verduras a la parrilla las que inunden su plato. De todos modos, deberán tener en claro que el sabor del asado esconde un secreto a voces que lo hace único. 'Aunque se publiquen libros de cómo hacer una buena carne, ningún texto parece superar la intuición del experto asador que cada argentino lleva adentro', dijo alguna vez Juan Pablo Meneses, escritor chileno. Algunos hablan de *intuición*. Otros preferirían usar la palabra *cariño*".

Buenos Aires Ciudad. "El asado, un ritual que nos define". turismo.buenosaires.gob.ar/es.

Bibliografía

"Argentina Is Not Only about Gauchos, Tango, Men and Parillas . . .". *Adventure Into Flavours*, adventureintoflavours.com/argentina-wine-region/, acceso 4 dic. 2017.

Buenos Aires Ciudad. "El asado, un ritual que nos define", turismo.buenosaires.gob.ar/es, acceso 26 oct. 2018.

"La Cantina". Compositor Cátulo Castillo, conductor Aníbal Troilo e intérprete Jorge Casal. 1954, www.youtube.com/watch?v=7-JZS8X-yYQ.

"A chocar los mates", www.youtube.com/watch?v=a0VSqWr5e6M, acceso 20 nov. 2017.

Cohn, Mariano, y Gastón Duprat, directores. *Todo sobre el asado*. Aleph Media, Instituto Nacional de Cine y Artes Audiovisuales, 2016.

Echeverría, Esteban. *El Matadero y Apología del Matambre: Cuadro de costumbres argentinas*. Stockcero, 2004.

Fans del Mate. "¿Cómo preparar un buen mate?". *Club del Mate*, www.youtube.com/watch?v=Qa6SGkH8KgE, acceso 5 oct. 2017.

Hernández, José. *El gaucho Martín Fierro. Poesía gauchesca*. Vol. 2, editado por Jorge Luis Borges y por Adolfo Bioy Casares. Fondo de Cultura Económica, 1984, pp. 571–630.

Midón, Hugo, y Carlos Gianni. "A chocar los mates". *Imaginario*, www.youtube.com/watch?v=a0V SqWr5e6M&list=PLd9TDm7aAED_QxAul7ei9BiVBriDGRC2R&index=9, acceso 3 sep. 2017.

Paulina Cocina. *Repulgues de empanadas paso a paso (6 tipos . . . y jamón y queso)*, www.youtube.com/channel/UCpNbMDNc_GXApuxL4aHjSsA, acceso 5 oct. 2017.

Postiglione, Gustavo. *El asadito*, Gap Producciones y La máquina, 2000, www.youtube.com/watch?v=5bNGJ2SeKAQ.

Reyes, Ignacio de los. "12 cosas que aprendí siendo corresponsal en Argentina". *BBC Mundo*, 6 ene. 2016, www.bbc.com/mundo/noticias/2016/01/151223_argentina_despedida_corresponsal_ignacio_reyes_irm.

Thomson, Julie R. "Alfajores Are the Best Cookie You've Never Heard of". *Huffington Post*, 5 feb. 2015, www.huffingtonpost.com/2015/02/05/alfajores-cookie-the-best_n_6614242.html.

Notes

1 Si corres con mala suerte y en tu ciudad no consigues tapas para empanadas, tu profesor o tú mismo/a podrán comprarlas *online*. Recomendamos estos sitios web: www.goya.com/es/, www.amigofoods.com/, www.foodservicedirect.com/, www.walmart.com/

2 Hay cocineros que también utilizan cebolla blanca.

3 Los argentinos llaman "morrón rojo" a este tipo de ají dulce y, en inglés, el polvo del morrón rojo lleva el nombre de *paprika*.

IMAGEN 9.7 Mate con yerba y con bombilla, así como el termo para el agua caliente. Nuestro amigo argentino Santiago Ehrt mantiene la persistente costumbre de tomar mate —siempre y en todo lugar. Aquí: en la playa de una isla griega y en pleno verano.

Source: © Cortesía de Santiago Ehrt.

10

AL RITMO DE LA SALSA

Tex-Mex en Estados Unidos

Aperitivo | Spanglish

> Al spanglish . . . hay que dejar de ponerlo entre comillas:
> es spanglish, no "spanglish", porque se trata de una realidad
> inobjetable, una lengua en constante movimiento, viva,
> nueva, virgen, con un futuro prometedor . . . Está en la
> calle, en la cocina, en la clase, en la oficina.
>
> *Ilán Stavans. "El futuro de la lengua" (en Jaramillo)*

> *El lonche está almacenado en el freezer.*
> *En el party nos tomamos unas birrias.*

En este capítulo sobre la cocina y la comida tex-mex, dejamos el refranero e incluimos dos oraciones en Spanglish.

Fue el escritor Salvador Tió (1911–89), de Puerto Rico, quien inventó el término *Spanglish*. El 28 de octubre de 1948, el *Diario de Puerto Rico* publicó un artículo de Tió bajo el título siguiente: "Teoría del Espanglish". El párrafo final de su artículo periodístico termina con palabras en el tono de un imperativo y de un programa. Tió concluye: "Hay que crear una lengua que no se preste a engaños. Por ahora sólo está en teoría, la teoría del 'espanglish', la teoría para acabar con el bilingüismo en nombre del bilingüismo".

Sin embargo, y como lo ha mostrado en sus estudios Domnita Dumitrescu, no es nada simple determinar en qué consisten las maneras de conexión entre las dos lenguas, el inglés y el español, según está implicado en el vocablo *espanglish* o *spanglish*. En primer lugar, Dumitrescu se niega a aceptar que el Spanglish —ella prefiere esta ortografía para la palabra, con "s" mayúscula— sea una lengua que se habla en los Estados Unidos. No sería "sino una variedad del español hablado en los Estados Unidos, al lado de otras variedades" (36). La investigadora también acepta que el término Spanglish apunte al español hablado por lo que ella denomina "hablantes vestigiales", una expresión que quizás puede ser equivalente a esta otra: "hablantes de herencia". Por último, y en relación con el conjunto de las variantes del español hablado en los Estados Unidos, en la clausura sintética de su ensayo "Spanglish, estadounidismos y bilingüismo vestigial: "Spanglish, estadounidismos y bilingüismo vestigial: ¿Qué es qué?/Spanglish, US Spanish Words and Vestigial Bilinguals: What Is What?", Dumitrescu es mesurada y optimista:

> dentro de este español estadounidense, hay que reconocer la existencia (al menos incipiente, pero aparentemente en rápida expansión) de una variante propia, usada por todos los hispanos, que incluye préstamos necesarios —a los que se les ha aplicado el nombre de estadounidismos— y/o calcos que resultan de convergencias conceptuales, y que pronto podría convertirse en la norma culta del español estadounidense, especialmente debido a su uso en documentos oficiales y otros tipos de escritos normativos. Las futuras generaciones de hablantes hispanounidenses nos darán, espero, la razón.
>
> *(36)*

En todo caso, el Spanglish o espanglish —según el lema que aparece como entrada en la vigésima tercera edición impresa del *Diccionario de la Lengua Española* publicado por Real Academia Española, expresa una realidad. Esa realidad es la "mezcla" o el resultado nacido de las interacciones léxicas y gramaticales diversas entre el inglés y el español en los Estados Unidos. Cómo entender la naturaleza de ese resultado o de esa mezcla, es algo que sigue debatiéndose. Por lo pronto, y con temor a las limitaciones que esta definición pueda suponer, nos atrevemos a repetir la definición del término espanglish dado por la Real Academia Española: "**espanglish**. (Fusión de español y el ingl. English "inglés"). m. Modalidad del habla de algunos grupos hispanos de los Estados Unidos en la que se mezclan elementos léxicos y gramaticales del español y del inglés" (945). Y, como toda lengua, en el Spanglish una comunidad de hablantes logra expresar creatividad, ansiedades, recuerdos y esperanzas. O, en pocas palabras: entendida como una lengua, el espanglish sería o llegará a ser, con todo derecho, una cosmovisión (*Weltanschauung*).

Spanglish en el cine

El filme *Spanglish* (2004), del director James L. Brooks, dramatiza el encuentro de culturas dentro de la misma casa: la hispana y la anglosajona. Este es un corto resumen de *Spanglish*: Dos mujeres emigran a la ciudad de Los Ángeles: Una madre soltera, la sensual e inteligente Flor (Paz Vega), y Cristina (Shelbie Bruce), hija de Flor. Ambas vienen de México. Por suerte, Flor es finalmente contratada para trabajar en la casa de la familia Clasky. Esta familia la constituyen el afamado chef John (Adam Sandler) y su insegura esposa Deborah (Téa Leoni), una diseñadora recientemente desempleada con una fuerte disfuncionalidad psicológica y social. Y, además de dos hijos de la familia, vive en este hogar la abuela (Cloris Leachman), madre de Cristina, alcohólica, sexualmente promiscua y excantante de jazz.

En la película de Brooks, encontrarás secuencias y planos importantes relaciones con prácticas culinarias donde hay cruces no solo de tradiciones alimenticias, sino asimismo de dos lenguas en fuerte contacto. Visiona con atención estas secuencias o escena, poniendo especial atención sobre el uso de lenguas y sobre las actividades en la cocina. Puedes ver la película en YouTube, en Amazon Prime, en Vudu o en Netflix.

El sándwich spanglish

El chef John le prepara a Flor "el mejor sándwich del mundo". La preparación del sándwich es ya una secuencia memorable de *Spanglish*. Ese sándwich ha sido bautizado y goza de gran fama. En Internet, puedes encontrar ese sándwich bajo el nombre de sándwich spanglish. También podrás leer la receta del sándwich.

IMAGEN 10.1 Nachos tentadores, acompañados de guacamole, chiles (jalapeños y serranos), pico de gallo, ralladura de queso *cheddar* y crema agria (*sour cream*).

Source: © Cortesía de Pixabay.

En síntesis, el sándwich BLT (*bacon*, lechuga, tomate) consiste en sándwich que tiene los mismos ingredientes del BLT y una adición central: un huevo frito. Este toque del huevo frito convierte este tipo de sándwich en una verdadera exquisitez. Según John Mariani, historiador de los alimentos, periodista para la revista *Forbes* y *wine connaisseur*, el BLT es el segundo sándwich más popular en los Estados Unidos, después del sándwich de jamón (véase Pruess 80).

Busca la receta del spanglish sándwich y mira cómo lo prepara el chef John: www.filmfood. nl/2011/01/film-spanglish-2004-woman-and-her.html ¿Te parece "el mejor sándwich del mundo"? ¿Has probado este sándwich? ¿Cuál es tu sándwich favorito y por qué lo prefieres?

Entrada | Los nachos: ¿Mexicanos o estadounidenses?

Ignacio Anaya: Don Nacho

Nada de la siguiente historia puede confirmarse, porque hasta ahora no existen ni registros gráficos, ni periodísticos, ni sonoros. De todas formas, es bella la historia, y les concede a los nachos o totopos una querible raíz popular en la imaginación culinaria.

Es común que los hombres que son bautizados con el nombre "Ignacio" reciban con cariño una versión cariñosa de ese nombre: "Nacho". Lo mismo es verdadero para José ("Pepe"), para Antonio ("Toño"), o para Jesús ("Chucho"). Ignacio Anaya, o mejor "Nacho Anaya", habría conseguido fama planetaria con este triángulo de combinación o de "matrimonio" entre alimentos: otros triángulos, pero pequeños y elaborados con tortillas de maíz, queso amarillo fundido sobre esos triangulitos y un atractivo círculo verde sobre el queso: chile jalapeño. Así, este es un buen ejemplo que ilustra una gran verdad en gastronomía: la novedad en la creación de nuevos alimentos está, por lo general, no en la "creación" de un nuevo alimento, sino más bien en la combinación original de alimentos ya disponibles.

Se cuenta que la historia de Ignacio y de sus nachos tuvo lugar en Coahuila —un estado mexicano en la frontera con los Estados Unidos—, que corría el año 1943 y que la siguiente escena ocurrió en el Club Victoria, de una ciudad llamada Piedras Negras. Quizás una media docena de esposas de militares estadounidenses llegó al restaurante y, por supuesto, expresaron su interés en comer algo. La hora de llegada de estas clientas sería posiblemente cuando terminaba la hora del almuerzo o, también, pudo haber sido unos minutos antes de que el personal del restaurante cerrara las puertas al final de la jornada. En todo caso, lo importante es saber que ya había poca comida preparada y, mucho menos, para un número importante de comensales. El jefe de cocineros en el Club Victoria, el chef Ignacio, habría recibido con cierta inquietud, pero con valentía, el pedido de las damas.

Ignacio llegó a la cocina y encontró tortillas fritas y, sin pensar demasiado, tomó el recipiente donde estaban las tortillas. Las espolvoreó con un tipo de queso rallado —queso Wisconsin—, cortó círculos de chile jalapeño, los cuales puso sobre el queso, y . . . y todo lo puso en el horno. Los nachos calientes, con el queso fundido y, entre el queso, el chile, causó una excelente impresión en el paladar de las damas estadounidenses. Alguien le preguntó a Ignacio el nombre del exquisito plato. Él habría respondido "no sé" y, frente a esta respuesta, y para homenajear el nuevo invento gastronómico, una señora tal vez de apellido Finan, bautizó el plato: "Nacho's Special". Otra versión informa que fue el mismo Ignacio quien respondió la pregunta, y lo hizo con una segura tranquilidad: "'Nacho's Special' es el nombre de este plato".

El éxito de los nachos de Nacho hubo de ser conocido gracias al "boca a boca": el plato empezó a ser replicado en otros restaurantes de la ciudad, llegaría sin ninguna patente oficial para su creador, Ignacio Anaya, desde Piedras Negras a la ciudad texana de Eagle Pass. La receta no conocería límites y su sabor invade, literalmente, los más inesperados lugares del planeta. Y, en ciertas ocasiones frecuentes, nachos y perros calientes (*hotdogs*) compiten por conseguir el mayor número de seguidores: en los juegos de béisbol, en Estados Unidos.

Con Frank Liberto: Exhibición masiva de los nachos

La ansiedad por no querer esperar, el hambre momentánea durante la emoción deportiva, el ingenio gastronómico y los medios de comunicación catapultaron el invento de Ignacio Anaya —y sin límites.

El *Smithsonian Magazine*, en su edición *online*, informa cómo los nachos de Nacho Anaya llegarían a convertirse en la obsesión estadounidense en muchos estadios de los Estados Unidos. Esa obsesión por los nachos haría que este platillo tex-mex compitiera en consumo, y siga compitiendo, con los perros calientes y con las palomitas de maíz —tanto en estadios como en cines, o en conciertos. Frank Liberto, dueño de un concesionario de comida en el estadio de béisbol, en Arlington, Texas, revolucionó el consumo de los nachos. Corría, según parece, el año 1976. Los Texas Rangers competían por otro trofeo del béisbol. Liberto juzgó que

el tiempo de la transacción era la clave en su concesionario de comida. Él no quería que sus clientes, en fila y con hambre, esperasen más de un minuto por elsnack o pasabocas.

Todos estaban ansiosos y querían regresar de inmediato a sus puestos con el fin de seguir viendo el partido de béisbol. Liberto pensó que solucionaría la situación calentando una lata de salsa de queso, cubriendo los nachos con esa salsa y, luego esparciendo algunos jalapeños encima de la salsa. Anthony "Tony" Liberto, el hijo de Frank Liberto, tenía trece años cuando Frank introdujo los nachos con salsa de queso en el estadio de Arlington. Los dueños de otros concesionarios, cuenta Tony, temían que el nuevo producto de su padre canibalizara otros alimentos populares como las palomitas, los *hotdogs* y la soda.

(Smith "The History of Baseball Stadium Nachos")

La salsa amarillo-naranja de queso, para los nachos, no siempre consiste en el queso Wisconsin cheddar que en su momento habría usado en la preparación Ignacio Ayala. Según la Administración de Comidas y de Medicamentos de los Estados Unidos (*Food and Drug Administration*, FDA), la salsa consiste en diferentes mezclas. Si bien la FDA no clasifica la salsa de "queso" como, realmente, queso, esto no ha sido óbice para que los hinchas (fans) y los espectadores de cine o de conciertos siguen enloquecidos por la salsa de Liberto. "La innovación de Liberto", continúa Smith, "no requería refrigeración y dura largo tiempo en la despensa. Su receta era, verdaderamente, un gran secreto —tan secreto que, en 1983, un hombre de 23 años fue arrestado por tratar de comprar los secretos para la preparación de esa salsa, tan bien guardados en la fórmula de Liberto" (Smith "The History of Baseball Stadium Nachos").

Y ahora toman protagonismos los medios de comunicación. Para 1978, los nachos fueron ofrecidos como pasabocas en el estadio de los Dallas Cowboys. Allí, durante el famoso *Monday Night Football*, los comentaristas deportivos estadounidenses Howard Cosell, Frank Gifford y Don Meredith narraban cada una de las jugadas esa noche de fútbol americano. De algún modo, los nachos, con la salsa de queso y los jalapeños, llegaron al cubículo de transmisiones radiales y televisivas. Cosel (1918–1995), muy reconocido deportivo en radio, en televisión y en prensa escrita, probó los nachos. Alucinó. La situación es recordada por Tony Liberto: "Cosell trataba de llenar con palabras tiempo muerto en el juego de fútbol. Anunció, emocionado: 'nos han traído un nuevo pasabocas. ¿Cómo lo llaman? ¿Knock-o's o nachos? Luego, Cosell empezó a usar la palabra 'nachos' para describir jugadas: '¿Vieron esa carrera? ¡Se llama *nacho run*!'" (Smith "The History of Baseball Stadium Nachos"). Cosell y otros comentaristas de deportes continuarían incluyendo en sus locuciones la palabra "nacho" y, de esta manera, los nachos recibieron su certificado de nacimiento en Texas.

Con todo, es importante insistir en esto: los nachos no son una comida típica de México. Son los paladares en Estados Unidos los que han consagrado ese platillo como un gran favorito de la cocina tex-mex. Y, aunque no sea un platillo de México, sí habría nacido probablemente en México y es común encontrarlo en zonas de la frontera sur de México con Estados Unidos.

En la actualidad a los nachos se les ponen frijoles y otros ingredientes. Enumera todos los ingredientes que has visto agregados sobre los nachos y cuéntales a tus compañeros/as cuáles ingredientes podrías agregarles de acuerdo con tu imaginación culinaria.

Dos salsas inevitables: Salsa Picante y Tabasco

El kétchup tiene su competidor y tal vez su vencedor en los Estados Unidos. Estamos hablando de la salsa fresca, que asimismo lleva otros dos nombres: pico de gallo o salsa mexicana. Tostitos y Pace son marcas del mercado gastronómico estadounidense que han comercializado el pico de gallo.

Detrás del éxito de la salsa picante —la cual, para ser justos, no puede identificarse exacta-mente con el pico de gallo, que es mucho menos aguado—, está el nombre de David Pace, originario de Luisiana y quien, con los años se instalaría en San Antonio, Texas. De acuerdo con el periódico *The Austin Chronicle*, la colaboración entre Pace y un científico, —menos conocido por su verdadero nombre Dr. Lou Rasplicka que por su sobrenombre picante: "Dr. Pepper"— dio como resultado la creación de una salsa de gran popularidad en los Estados Unidos. Según Mick Vann, en su artículo "Who's a Pepper? *Pace Picante*, the Company that Made Salsa a Household Name",

> el abrumador éxito de la salsa como condimento puede atribuirse, en los primeros años de los 70, al alineamiento perfecto de varios factores: el interés creciente en las cocinas de México y del suroeste de los Estados Unidos, el deseo también en aumento por ali-mentos frescos y saludables, la ampliación del papel de las tortillas chips en la categoría de los pasabocas, y la aplicación de una ciencia alimentación con mayores preocupacio-nes por la pureza de los productos y por el carácter básico de esos productos.

Se dice, igualmente, que Pace ideó un método ingenioso para dar a conocer su salsa. Entraba a un restaurante a comer y, a los platos que ordenaba, les agregaba la salsa de su propia inven-ción. Al parecer por "olvido", dejaba una botella de salsa en los restaurantes donde había estado. Y, algunos comensales de esos restaurantes se animaban a probarla. Luego de haberla probado, los clientes quedaban fascinados con el sabor. En 1991, las ventas de la salsa picante Pace habrían llegado a sobrepasar las ventas del kétchup en Estados Unidos. En 1994, cuando las ventas por año de la empresa de Pace alcanzaban unos 220 millones de dólares, Campbell's por 1,12 billones de dólares, la empresa de las famosas sopas se convertiría en la dueña de la empresa que había sido de David Pace. Con el paso del tiempo, esto causaría una mudanza geográfica, pero dentro del mismo estado: las salsas de marca Pace son hoy producidas en la ciudad texana de Paris.

De Texas es también una salsa ubicua que ha colonizado el paladar de muchos estadoun-idenses —sean o no de origen hispano. Sabemos de amigos de origen italiano, por ejemplo, que no pueden imaginar, y mucho menos probar, sus comidas del almuerzo y de la cena, sin recurrir a salsas extremadamente picantes como la salsa de la que hablaremos un poco ahora: La salsa Tabasco. "Tabasco" es una marca registrada de la empresa estadounidense McIlhenny. En el sitio web de esta empresa, aparece la información de que la salsa Tabasco sería "la salsa picante más famosa del mundo". No disponemos de datos empíricos y estadísticos para falsar o para confirmar ese enunciado de gran fuerza publicitaria. En todo caso, el sitio web informa: "La salsa de chile TABASCO® que Edmund McIlhenny creó en 1868 es la misma que se produce hoy. Se elabora con pulpa de chile macerada durante tres años en barrica de roble blanco y luego mezclada con vinagre de alta calidad y una pequeña cantidad de sal de la Isla de Avery" ("La salsa más famosa del mundo").

Primero, una "isla" que no lo es realmente; luego, la familia de McIlhenny; unos cuantos chiles rojos provenientes de una ciudad mexicana, en tercer lugar; y, por último, la experi-mentación culinaria, establecen las coordenadas entre reales y legendarias del origen de la salsa Tabasco. Edmund McIlhenny (1815–1890), en los inicios de la década de los 80 en el siglo XIX, establece su domicilio en la Isla de Avery, más específicamente en una zona cer-cana a una mina de sal propiedad de la familia de Mary Eliza Avery. Edmund desposa a Mary Eliza y, en territorios de la isla familiar —es más bien una extensión de tierra entre muchas corrientes de agua dulce, no en medio del mar— planta las semillas de un regalo. El regalo para el señor McIlhenny sale de manos de un viajero que viene de México: Gleason. Este viajero habría regalado a McIlhenny chiles rojos que traía directamente de la ciudad de Tabasco, en México. Esas semillas plantadas empiezan a producir chiles rojos, pero la Guerra de Secesión (1861–1865) obliga a los McIlhenny Avery a huir temporalmente de sus propiedades. Termina la guerra, volverán a la Isla de Avery y, para su gratísimo asombro las plantas han continuado dando chiles: son, en efecto, muchas, pero muchas plantas que embellecen el paisaje con cientos de chiles rojos en flor. Y la historia continúa:

> Entonces, allá por 1868, Edmund comenzó a experimentar con la elaboración de una salsa picante a partir de estos chiles, hasta que dio con la receta que hoy conocemos. Gustó tanto a sus familiares y amigos que pronto se empezó a hablar de la "maravillosa salsa de Mr. McIlhenny". Creada en principio sin ningún propósito comercial, las personas próximas a Edmund le animaron a venderla fuera de su círculo. Así, al siguiente año, unos agentes comerciales comenzaron a distribuir unas botellas, con tal éxito que su demanda fue creciendo rápidamente en los miserables años de la posguerra norteamericana. A finales de la década de 1870 Edmund comenzó a exportar la salsa TABASCO® a Europa.

IMAGEN 10.2 Pico de gallo en preparación (2016). Chef Joseph West, estudiante de la University of Colorado Denver, en el curso *Food Metaphors: Ibero-American Cuisine and Cultures.* ¿Cuáles ingredientes de la receta de Joseph (alias Pepito Oeste) identificas en la fotografía?

Source: © Cortesía de Andrés Lema-Hincapié.

En la actualidad, la salsa Tabasco es vendida en más de 185 países del mundo y son ya más de 22 lenguas a las han sido traducidas las etiquetas de la pequeña botellita roja. Y otro dato central: además de la tradicional salsa Tabasco, hay otros sabores. Entre esos sabores se cuenta la salsa de chile verde, la salsa de chile habanero y la salsa de chipotle.

Y antes de concluir estos párrafos, un poco de historia. En el apartado final de este capítulo, donde encontrarás documentos originales para traducir, leerás una referencia del ají en la obra de Bernal Díaz del Castillo (circa 1496–1584). Nos referimos a su *Historia verdadera de la conquista de Nueva España* (1576 y 1632). Por una parte, esto te confirmará que la cocina de territorios mexicoamericanos ha mantenido por siglos la sabrosa obsesión por la comida picante. Y, por otra, sería indispensable reconocer que, sin el regalo gastronómico que el planeta recibió con los chiles de Mesoamérica, nuestra comida no tendría tan variados picantes como los que saboreamos hoy en día.

¿Qué marca comercial de salsa fresca es tu favorita? ¿La compras con frecuencia? ¿Dónde la compras? ¿Cuál es el condimento que más pones en tus comidas? ¿Tienes Tabasco en tu casa? ¿A qué comidas le pones Tabasco?

Salsa, papel picado y tamaladas: Las ilustraciones de la texana Carmen Lomas Garza

La pintora Carmen Lomas Garza (1948–) es la artista que creó la obra que acabas de ver. Lomas Garza, desde muy niña, se inclinó por la pintura, sintiendo que ese tipo de arte era el más adecuado para expresar sus experiencias en cuanto mujer mestiza —por su herencia hispana y por su herencia estadounidense. Ella nació en la ciudad texana de Kingsville, en el suroeste del estado y desde sus primeros años de adolescencia empezó a pintar. Fue autodidacta y se ayudaba con libros que encontraba en la biblioteca de Kingsville. Según estadísticas de 2011, esto es, del *United States Census Bureau*, más del 70 % de la población de la ciudad natal de Lomas Garza la conformaban hispanos o latinos.

La obra pictórica de Carmen recupera con sencillez, colorido y una mirada de respetuosa ingenuidad infantil escenas cotidianas, en el exterior o en la intimidad de los hogares chicanos. Sí, chicanos: Carmen fue una de las artistas importantes en los movimientos político-culturares de los mexicanoamericanos en los años sesenta y setenta. Hay usualmente en la obra de Lomas Garmas cuadros de vida comunitaria, donde son celebradas prácticas que ella vivió de niña: el corte de flores, tranquilo y alegre, tal vez de una madre con su hija, en *Ofreciendo flores* (1987); y dos obras que pertenecen al Smithsonian American Art Museum: *Lotería tabla llena* (1972) donde sobre una gran mesa iluminada bajo la tibieza de la noche más de quince personajes participan del juego tradicional hispano de la lotería; *La curandera* (1974), que representa la visita a un enfermo por aquella que trae consigo un sabiduría médica ancestral; y, de 1985, es *Camas para sueños*. Acerca de esa pintura, y más ampliamente sobre buena parte de la obra pictórica de Lomas Garza, aparecen unas líneas muy apropiadas en una tarjeta que acompañaba la obra anterior en la exhibición titulada *Our America: The Latino Presence in American Art* (2014), del Smithsonian. Allí, se informa:

> Las obras folclóricas de Lomas-Garza documentan las vidas de mexicoestadounidenses y a menudo retratan los recuerdos de la familia de la artista en el sur de Texas. En *Camas para Sueños* (Beds for Dreams) la artista y su hermana están sentadas en el techo de la casa familiar, mientras sueñan en ser artistas y mientras la madre de las dos, debajo de

ellas, está entrega a las tareas de un hogar tradicional. Las imágenes claramente engañosas de Lomas Garza ofrecen vislumbres inusuales de la vida diaria en Estados Unidos tal y como esa vida se desarrolla en muchas comunidades chicanas.

Para el tema de nuestro libro, probablemente la ilustración de mayor interés de Carmen Lomas Garza sea *La tamalada* (1990). Esta obra representa la intensa actividad de una familia y también quizás de amigos en la preparación de tamales. En el centro inferior de la pintura, adquiriendo cierto protagonismo gráfico, hay un niño sentado en el piso. Él, quitándoles las hojas ya amarillas a una mazorca de maíz o elote, ayuda a otros tres adultos que trabajan en el mismo proceso.

Las hojas que cubren el elote pueden reservarse, ser deshidratadas y luego ser convertidas en un material a modo de papel para confeccionar manualidades o artesanías. Esta vez, en la clase y con tus compañeros/as, no vamos a cocinar tamales: ¡vamos a crear muñecas con las hojas del maíz!

Busca en Internet las obras de Lomas Garza mencionadas atrás y pon especial cuidado en todos los pequeños y grandes detalles de *La tamalada* (1990). Comparte tus hallazgos pictóricos con uno/a de tus compañeros/as de clase.

Muñequitas de hojas de maíz

Tiempo: 60 minutos

Materiales para las muñecas de maíz

10 o 12	Hojas de maíz, es decir, con un elote y medio por muñeca será suficiente. Cada elote tiene unas 12 a 14 hojas. Sin embargo, algunas se dañarán en el proceso y otras serán muy pequeñas. (Atención: en una tienda de artes manuales o para materiales de artesanía, pueden comprar las hojas ya secas, limpias, algunas ya coloreada y en tamaños regulares)
3 metros (120 pulgadas)	Hilo, nylon para pescar o cordón delgado
1	Par de tijeras
1	Bola pequeña de poliestireno expandido, llamado telgopor (Argentina) o icopor (Colombia). (Atención: también pueden construir la cabeza con varias hojas de maíz)
40 centímetros (15 pulgadas)	Alambre limpiapipas o alambre dulce
1	Atomizador
	Barbas de una o dos mazorcas de maíz
2 metros (80 pulgadas)	Cuerda de lana, más gruesa que para la cabellera de la muñeca. (Pueden reemplazar las barbas del maíz)
	Pequeños recortes de telas de colores

	Pinturas de colores
	Marcadores de colores
	Silicona
	Recipiente hondo, en lugar del atomizador. Allí, con agua, pondrán remojar un poco las hojas, con el fin de evitar que se endurezcan y así sean más maleable. También es útil un atomizador para mojar hoja por hoja, mientras las van manipulando.
	Bolitas plásticas u otros materiales pequeños de adorno para artesanías o para manualidades
	Pinceles, según el número de colores que usen

Instrucciones para las muñecas de hojas de maíz

Te recomendamos que busques buenos videos tutoriales en Internet. Consulta los que están en español. Así, además de aprender la manualidad para construir una muñequita de hojas de maíz, podrás mejorar tu comprensión auditiva del español. No temas repetir varias veces los segmentos del proceso cuando no los entiendas con total claridad.

Una música con nombre gastronómico: La salsa

Aunque el ritmo, las melodías y las letras de la salsa llevan hoy a pensar en Cuba y en Colombia, también es importante pensar en Estados Unidos con el fin de comprender el origen y la gran recepción de la salsa en el mundo. En este capítulo de comida tex–mex, dejamos momentáneamente el sur de los Estados Unidos, para pensar en los hispanos o latinos del noreste del país, especialmente, puertorriqueños, cubanos y dominicanos afincados en la ciudad de Nueva York.

Todavía hay mucho de misterio en el hecho de que ritmos como el de la salsa, surgidos en la región del Caribe, hayan hechizado y sigan hechizando buena parte de los oídos y de los cuerpos de miles de millones de humanos por todo el planeta. Para decirlo con palabras de Peter Manuel y Michael Largey:

> El impacto global de la música caribeña constituye algo así como un enigma para la cultura mundial. ¿Cómo estilos musicales de tal popularidad y de tal influencia pudieron ser creados por una población que acaso representa solo el 1 % de la población de los pueblos del mundo, desperdigada en una suerte de gran archipiélago y carente de poder económico y político.
>
> *(1)*

En blogs que repiten afirmaciones sin justificación documental alguna, hay, no obstante, lindas historias en relación con el ritmo de la salsa. El músico cubano Ignacio Piñeiro Martínez (1888–1969) aparecería como el creador de la palabra "salsa". No sin polémicas años después, esa palabra habría sido popularizada, y en diminutivo, gracias a la canción titulada "Échale salsita" —la cual Piñeiro Martínez habría compuesto en 1930, mientras viajaba en un tren hacia Chicago. Luego, otro cubano Cheo Marquetti, quien pasó tiempo en México durante de la década de los cuarenta, volvió a su isla: traería en el paladar el picante de los chiles en las salsas mesoamericanas. Y, de ahí, habría nacido el sabroso nombre de su agrupación: Los Salseros. Si bien está confirmado que Marquetti viajó a Venezuela en 1957, aún no hemos podido confirmar esta afirmación atribuida a su paso por Venezuela: que sería en la radio de Venezuela, donde por esos años de 1957 habría sido usada con frecuencia la palabra "salsa".

En los antecedentes de la salsa como ritmo hay un número seguramente ilimitado de otros ritmos: el jazz, el mambo, el chachachá, el son cubano, el *Rock 'n' Roll*, el *Latin Boogaloo* o la pachanga, entre otros. Los expertos, en todo caso, certifican que en los sesenta y en los setenta, músicos de salsa en la ciudad de Nueva York —los *Nuyoricans*: puertorriqueños de New York— introdujeron innovaciones instrumentales que causarían el carácter distintivo de la salsa: "un gran uso de los trombones y de los timbales como presencia de fondo, mientras que el bongó y las congas adquirirían protagonismo, así como el recurso ocasional a elementos puertorriqueños del canto como las interjecciones *le-lo-lai*" (Manuel y Largey 95). Así, en el caso concreto de la salsa, Cuba y Puerto Rico en música, y más ampliamente por sus raíces culturas comunes. Las dos islas "son de un pájaro las dos alas" —para expresar esa comunidad cultural con el título del poema de Lola Rodríguez de Tió, la poetisa puertorriqueña (1843–1924). La salsa apunta a esos dos países, con personajes y orquestas muy renombradas: Celia Cruz (1925–2003) y la Sonora Matancera (1924), de Cuba; o el Gran Combo de Puerto Rico (1962) y Rafael Ithier (1926–), de Puerto Rico.

Expertos como Peter Manuel y Michael Largey hablan igualmente de dos tipos de salsa: la *dura*, también bautizada salsa caliente y salsa brava, por una parte, y, la *romántica*, o salsa sensual, por otra. En sus términos, la primera es música salsa "*hard-driving*"; la segunda, "sentimental, y que surgió en la década de los ochenta, con sonidos más suaves y menos percusión, al igual que con letras exclusivamente románticas" (322).

Con todo, la salsa tiene más de dos alas: según las investigaciones de Robin Moore y de Walter Aaron Clark, editores de *Musics of Latin America* (2012), en la salsa hay aportes de gran valor que también vienen de Colombia (143, 150), de México (86) y de Venezuela (170). Y no hay que olvidar a la República Dominicana: Fue un dominicano, en Nueva York, Johnny Pacheco (1935–), el fundador de dos disqueras absolutamente vitales para la salsa: Fania All-Stars y Fania Records. Un documental difundido por el *Public Broadcasting Service* (PBS) bajo el título de "The Salsa Revolution" informa que Pacheco sería quien habría acuñado el término "salsa" para distinguir la salsa en cuanto género. En ese mismo documental, también, se consideran la fecha del 26 de agosto de 1971 y The Cheeta, un club situado en el old midtown Manhattan, el día y el lugar del nacimiento de la salsa.

Y, para ocasionar mayor complejidad a la historia de la salsa, es necesario situar esa historia en el período de la posguerra, después de 1945. En la ciudad de Nueva York, con más exactitud en East Harlem (Spanish Harlem) —"El Barrio". Allí, hispanoamericanos en busca de mejores condiciones de vida y apasionados por expresar sus diversas identidades culturales fueron comunicando, con una voz propia y en música, esas identidades. Un producto híbrido, o esa mezcla de muchos "ingredientes", será la preparación para una nueva receta musical: la *salsa*, en los sesenta, en los setenta y en los ochenta. Entre los *chefs* o grandes "cocineros" de esta música debemos mencionar aquí estos monstruos de la salsa: Tito Puente (1923–2000), Ray Barreto (1929–2006), Héctor Lavoe (1946–1993), Rubén Blades (1948), Ismael Miranda (1950–) y Willie Colón (1950–).

"Échale salsita" de Ignacio Piñeiro Martínez: Quizás el bautizo de un género musical

Escucha y transcribe la canción que habría sido un significativo antecedente para el género musical salsero. La salsa o la salsita no es el único término relacionado con la comida en la canción. Mientras escuchas la canción, subraya todas las palabras relacionadas con la comida. Pueden ser sustantivos, adjetivos o verbos —es decir, no solo ingredientes. Si no estás seguro/a de alguna palabra, búscala en el diccionario. Puedes escuchar la canción en www.youtube.com/watch?v=WYqKMcpc_6w.

Menú | Burritos: Ni de aquí ni de allá

Al igual que muchas prácticas domésticas, simples y cotidianas, datar y localizar el lugar del burrito son dos tareas inciertas —al menos hasta ahora. Acaso una primera anticipación del burrito aparece registrada en un libro de 1895: es un sustantivo masculino listado en el *Diccionario de mejicanismos*, de Feliz Ramos i Duarte (hemos consultado la segunda edición aumentada por don Ricardo Gómez, 1898). Esta referencia no sitúa al burrito en una zona de frontera entre México y los Estados Unidos y, tampoco, se incluyen dos ingredientes que, por lo general, pertenecen a la receta actual: tortillas de harina de trigo y aceite de origen animal. Según Ramos i Duarte, sería originario de Guanajuato y no se distinguiría del taco: "Burrito (Guan.), sm. Tortilla arrollada, con carne ú otra cosa dentro, que en Yucatán llaman *coʒito* (*sic*), i en Cuernavaca i en Méjico, *taco*" (98).

Importa insistir en la forma de rollo del taco, pero también, como decíamos atrás en el origen del aceite que se usa y en el tipo de harina que hay en la receta. Otros dos elementos, tal vez, que conectarían el burrito con prácticas alimenticias del Caribe y de otros países centroamericanos: el relleno hecho con frijoles refritos y con arroz. Algo más para el burrito tex-mex: el cilindro construido con la tortilla debería quedar abierto en ambos extremos.

En todo caso, y en cuanto que es una comida que es tanto de aquí como de allá, puede afirmarse: el burrito es mexicano, pero no mesoamericano: es norteamericano, pero no estadounidense —y, todo ello es cierto, por muy contradictorio que esto pueda parecer. Y ahora en tono de broma: excepto el burrito de la cadena estadounidense de comida Chipotle Mexican Grill, ese sí que es estadounidense. Esto lleva a que insistamos en que el burrito, como infinidad de comidas del mundo, primero, no tendría una geografía precisa para su aparición, y, segundo, desafiaría las fronteras oficiales entre países. Así, el burrito es una comida maravillosamente fronteriza, es decir, movediza o liminal. Y la frontera también está muy presente en el nombre que recibe un burrito muy grande. En el estado mexicano y fronterizo de Sonora, hay un burrito gigante. En lugar de llamarlo "burrote", los habitantes de la región lo han bautizado "burrito percherón".

El burrito floreció con particular esplendor en Ciudad Juárez, en Chihuaha en Villa Ahumada. Actualmente, hay burritos con carne asada o a la parrilla, pero fue usual encontrar en ellos, preferentemente, carne desmechada. Hay sitios de burritos fijos, en locales, o también en carritos de comida que se estacionan en un solo sitio, o que se desplazan en busca de comensales. La salsa verde —muy picante—, chiles colorados, queso manchego o chihuahua, aguacate o guacamole, pico de gallo, chicharrones, lechuga en hilachas . . . ¡lo que te imagines! Todo puede tener un burrito y siempre hay lugar para nuevas imaginaciones culinarias.

El burrito es el gran ejemplo de la cocina fronteriza, mestiza, ligeramente incestuosa. Jeffrey M. Pilcher anota que

> el burrito ejemplifica la peculiar geografía de lo mexicano global consumido en gran parte del mundo, pero virtualmente desconocido en buena parte de México. Envuelto en tortilla de harina, es un producto distintivo de la frontera, a diferencia de los platos basados en maíz del resto del país. El uso de grasa animal en las tortillas también lo separa de la variedad de maíz hecha con grasa vegetal. Y aunque el envoltorio es norteño, el relleno no lo es: la combinación de arroz con frijoles es más del caribe que del norte mexicano.
>
> *(46)*

Hay un burrito que se consume en San Francisco y que luce un vestido plateado. Por ser tan pesado y porque necesita ser manipulado con mayor cuidado, el *Mission* burrito debe ser envuelto en papel aluminio antes de que le sea entregado al comensal de turno. De este modo es descrito el *Mission* burrito por Calvin Trillin en *The New Yorker*, para la sección "Annals of Gastronomy":

> En San Francisco, el burrito ha sido refinado y embellecido, así como la pizza ha sido refinada y embellecida en Chicago. Usualmente envuelto en papel aluminio, aunque el comensal no piense llevárselo fuera del restaurante, el burrito de San Francisco muestra sus rasgos característicos, parcialmente, en la cantidad de arroz y la inclusión de otros ingredientes en el paquete y, también parcialmente, por su tamaño alargado y vertical.

La carne asada es común en el relleno de los burritos de la ciudad estadounidense de San Diego y en la ciudad mexicana de Tijuana, que viene envuelto en aluminio para sostener su peso brutal, es natural de San Francisco; en San Diego (y Tijuana) son comunes los burritos de carne asada; y, con chiles rellenos picantes existen los burritos de El Paso. En conclusión, tener un burrito en las manos, morderlo, degustarlo y mantener el placer de sus sabores en la memoria implica mantenerse, sin tener que tomar una decisión, entre dos países. Comer burritos es experimentar, culinariamente, una rica y tensa zona de frontera.

Puedes comprar pizza, sushi, burritos en muchas plazas de comidas en centros comerciales, así como en supermercados de Estados Unidos. Aunque estas comidas parecen propias de Estados Unidos, no lo son. Con tus compañeros de clase entablen un debate sobre las comidas de otros países que han triunfado allí donde ustedes viven. Tengan en cuenta las siguientes preguntas: ¿Qué ingredientes debe tener esa comida? ¿Cómo debe ser la preparación? ¿Importa el país de procedencia? ¿Qué otros aspectos deben tenerse en cuenta?

Mi burritería

Con dos de tus compañeros/as, crea un restaurante de burritos. En su *burritería* pueden tener el típico "*breakfast* burrito" o burritos de creación propia. Pónganle un nombre a su restaurante de burritos, enumeren los ingredientes de cada burrito y decidan el precio para cada uno. Escríbanlo todo en el siguiente formato para menú. No se olviden de bautizar con originalidad todos los burritos.

IMAGEN 10.3 Formato para el menú de tu burritería.

Source: © Cortesía de Madartists y de Dreamstime.com.

Consejos de la abuela Leonor | Una velada estupenda: El perfecto anfitrión

La abuela Leonor nos dará consejos de cómo organizar una cena o una comida estupenda en casa. Para ella, conviene que tengas en cuenta estos aspectos centrales y básicos de la hospitalidad y de la etiqueta. El curioso se dará cuenta, con facilidad, de que la abuela Leonor, animada por su hija, doña Ofelia, leían con gran atención una revista de España que fue furor en Colombia en los años noventa: *Hola* —una de las más importantes revistas del corazón, fundada en 1944. De allí vienen buena parte de estos consejos, con mayor exactitud del artículo "Protocolo: Claves para convertirse en el perfecto anfitrión", publicado *online* el 22 de diciembre de 2011.

Darles la bienvenida a tus invitados

Los/as invitados/as a tu cena o a tu almuerzo no llegarán todos al mismo tiempo. Esto te obligará a estar siempre listo/a para recibir a cada uno en la puerta. También es tu tarea, además de saludarlos, recibir de ellos/as y retirar sus abrigos, maletines, carteras, paraguas, o incluso algún detalle para ti que ellos/as han traído: una botella de vino, una caja de dulces o de chocolates, o flores, por ejemplo. Conduce a tus invitados a la sala o directamente al comedor, si no tienes otro espacio de recibimiento. Mientras ofreces a tus comensales un aperitivo —una copa de vino, o de whisky, digamos—, les mostrarás que hay *hors-d'œuvre* para degustación. Piensa en aceitunas, galletitas para untar con humus o con queso, tal vez uvas frescas, entre otras muchas opciones. Conversarás con tus invitados/as y presentarás a los/las que no se conocen previamente. También habrá personas que preferirán conversar de pie y, poco a poco, se irá creando una atmósfera amigable entre todo el grupo de visitantes. No sobra si suena una música de fondo, o si alguien se decide a escoger o a cambiar la música.

Lugares en la mesa

Tú, quien eres el anfitrión o la anfitriona, tomas por lo general los extremos de la mesa —si esta es rectangular. O, en caso de que entre los comensales haya una persona de mucha edad, él o ella se sentarán en uno de esos extremos. Conviene que tu asiento en la mesa esté cerca de la cocina, pues esto te permitirá una facilidad de desplazamiento. Si te visitan personas de varios sexos, mézclalas y, también divide con gentileza las parejas con el fin de profundizar la socialización de todos/as. Si hay niños/as, es recomendable que tengas dispuesta una pequeña mesa para ellos/as y que se encuentre a una distancia visibles de los padres.

Disposición de la mesa

Tu mesa bien organizada causará una memorable impresión. *Hola* aconseja que, entre comensales ya sentados/as en la mesa, haya un perímetro de distancia de entre 70 centímetros (27,5 pulgadas) y 1 metro (40 pulgadas aproximadamente). Sin embargo, la abuela Leonor, que era colombiana, disfruta con la cercanía física de las personas y le importó demasiado no separar con rígida exactitud a quienes venían a comer a su casa. Puedes instalar un par de mesitas adicionales cerca de la mesa principal, para que así haya más espacio en tu mesa.

El Protocolo de *Hola* insiste en colores claros y tejidos naturales para el mantel de tu mesa. Leonor no sería tan estricta y, por ser nacida en una tierra de colores vivos y vibrantes, nunca se molestó con colores diferentes a los colores pastel. Y, de paso, hay que recordar este refrán de doña Leonor: "A veces cambiamos con las circunstancias, y a veces también podemos cambiarlas". Con los años, los autores de este libro descubrimos que ese refrán, pero con otras palabras y sin querer ser refrán, aparece en un libro de Erich Fromm (1900–1980), *Marx y su concepto del hombre* (1961). Allí, interpretando algunas ideas de Karl Marx (1818–1883), Fromm expresa: "No solo las circunstancias hacen al hombre, sino que también el hombre hace a las circunstancias" (19). Un caso: Leonor no dudaría, para una reunión al aire libre, en un usar un mantel de hule o de plástico. Hoy solo vengo a comprender que mi abuela usara, debajo del mantel, una tela más gruesa. Este elemento del protocolo para la mesa lleva el nombre de muletón e impedirá que no se desplacen fácilmente ni el mismo mantel, ni los objetos sobre el mantel.

El Protocolo de la revista española mencionada antes requiere que la servilleta se ponga sobre la mesa, y no sobre el plato ni dentro de la copa vacía de vino —como es una costumbre de decoración en restaurantes costosos y elegantes. Leonor nunca temió poner las servilletas sobre el plato grande para el puesto de cada comensal, o usar servilletas de papel. Atención: en el caso de que uses servillas de papel, necesitas comprar servilletas suaves y que no sean tan solo una hoja de papel doblada en cuatro.

En relación con la vajilla —que no la cristalería—, Leonor y *Hola* están de acuerdo en tener en cuenta, si tú puedes, las combinaciones de colores múltiples o únicos de esa vajilla y el mantel. Ella, sin embargo, era capaz de combinar artículos diversos de diferentes vajillas. Si hay alguien a tu mesa que no toma vino, devolverás su copa a los gabinetes de la cristalería. En la ocasión de que vayas a ofrecer otros licores, como cerveza o whisky o digestivos (Cointreau, Limoncello, Jägermeister), traerás la cristalería a la mesa cuando sea el momento. Desde el exterior hacia el interior es el principio de organización de la cubertería. Así, si empiezas con una sopa, el cubierto más lejano de los platos de cada invitado/a será la cuchara sopera; si terminas con un pedazo de pastel, un tenedor mediano irá cerca de esos mismos platos.

Otros toques de decoración para tu mesa: flores secas o naturales —nunca plásticas o de papel—, pero que no despidan ningún olor. Tampoco deberán ser velas con olor las velas para tu cena y las tendrás encendidas durante esa cena. Es un gesto cordial y emotivo poner en un lindo florero las flores que te ha traído alguien expresamente para esta invitación.

Relajación en la sobremesa

Don Diego, yerno de doña Leonor, acostumbró a tener la radio prendida durante el tiempo de la comida. Sus parientes y sus amigos no se molestaban con esta práctica. Leonor encuentra esa costumbre algo ruda, en particular si los comensales no tienen mayor familiaridad contigo. Este también es el tiempo para conversar. *Hola* entiende que la sobremesa durará "entre media hora y una hora y media como mucho, pero el anfitrión nunca debe marcar el final".

¿Tienes cenas o comidas en tu casa? ¿Te gusta ser anfitrión/a o prefieres ser invitado/a? ¿Por qué? Con un compañero/a explica la última cena o comida que tuviste en tu casa o en casa de un amigo o familiar. Explica todos los detalles: las personas que estaban ahí, la comida, cómo estaba puesta la mesa, los temas de la sobremesa y todo lo que se te ocurra sobre la velada.

La nota del filósofo | La liminalidad: Comida fronteriza

En todo gran escritor hay un gran pintor,
un gran escultor y un gran músico.

José Martí, LXXIII, 87

Del latín "*līmen*" y su significado de "umbral", la "liminalidad" insiste en las existencias, las condiciones, las situaciones y los procesos que son intermedios. Es decir, una situación liminal no puede definirse definitivamente, sino como un período de transición o de paréntesis o de estar entre *esto y aquello*. Para la antropología, aquellos individuos que viven ritos de pasaje, ritos donde pasa de un estado a otro, se encuentran en una situación liminal. Hay quienes viven el duelo por una pérdida, personas transgénero, bisexuales, intersexo, o inmigrantes sin situación legal definida, pueden ser considerados como individuos o grupos *en camino de*. Así, sus vidas son vividas en el umbral de la existencia, esto es, ni adentro ni afuera de dos habitaciones —en sentido metafórico. Un individuo inculpado de un crimen y que todavía no sido juzgado culpable o inocente, vive la liminalidad de estar entre dos opciones; y, un adolescente es una persona que experimenta su vida o cuya vida es evaluada como liminal — no es ni niño/a, ni adulto/a. Se menciona al antropólogo Arnold Van Gennep (1873–1957) y muy particularmente a su libro *Les Rites de passage* (1909), como el investigador que introduce el concepto de liminalidad para los estudios antropológicos. Si Van Gennep había nacido en Alemania, sus orígenes también en los Países Bajos y en Francia, llevan a situarlo en cierta liminalidad en cuanto a su nacionalidad imprecisa. En su libro, Van Gennep estudió ritos en transición, donde postuló la existencia de tres momentos o fases: la fase preliminar, la fase liminal y la fase post-liminal.

Para el *Huffington Post*, Laurie Burrows Grad, clarifica el concepto de liminalidad con estas palabras:

> El estado de liminalidad es aquel donde el orden de las cosas ha sido suspendido. Se trata de una arena movediza donde estoy aprendiendo a maniobras el vehículo de mi vida, con la esperanza de guiarlo hacia el encuentro de un nuevo yo para mí. En la liminalidad, el pasado entra en juego solo en la medida en que, brevemente, ayuda a reevaluar una pérdida, por ejemplo. Es el futuro y en la promesa de una transformación donde yo encuentro aspectos alentadores en relación con la liminalidad.

Liminalidad en las artes

Si bien antes de los "ismos" artísticos en Europa y en algunos países de las Américas es posible pensar en ilustración sobre la liminalidad en las artes, son esos "ismos", de hecho, que se apropian de la liminalidad como materia misma de las artes. No hubo, en las vanguardias de la primera década de 1900, interés en insistir en las fronteras que distinguen las artes. Más bien, los vanguardistas de movimientos como el futurismo, el dadaísmo, el surrealismo, el fauvismo, el cubismo, el ultraísmo, el estridentismo, el creacionismo, entre muchos otros -*ismos*, apostaron por no ser ni esto ni aquello en pintura, en literatura, en escultura, en tipografía, en métrica, o en música —pero la lista continúa . . . Experimentar, explorar, romper patrones, tradiciones, combinar lo que en el pasado quizás no había sido combinado, multiplicar las perspectivas del autor, del espectador, del medio de expresión, desestabilizar el *statu quo* —o, en tres palabras, *habitar el umbral*, se convirtió en consigna de los creadores de artes desde esa primera década del siglo XX.

Busquen ejemplos de liminalidad en las artes. La clase se dividirá en grupos. Cada grupo se encargará de un tipo de arte: música, cine, literatura, teatro, pintura, fotografía, arquitectura, danza y escultura. Después de encontrar un ejemplo de liminalidad con el tipo de arte asignado, lo presentarán a la clase.

IMAGEN 10.4 Quesadilla Steak, con filetes de lomo (*tenderloin*) o de falda (*flank*) de res.

Source: © Cortesía de Muhammed Yasin İrik y de Dreamstime.com.

Además del burrito, ¿qué otras comidas podrían considerarse liminales? ¿Sería acaso que todas lo son?

Plato principal | Las quesadillas: ¿Es el queso necesario?

En Estados Unidos, una quesadilla sin queso parecería inconcebible. Sin embargo, en México sí podrás encontrar una quesadilla que no tiene queso. ¿Podría ser que el queso diferencia las quesadillas tex-mex de las quesadillas mexicanas? Tal vez la respuesta a esta pregunta la encontremos si damos una muy rápida mirada a la historia de las quesadillas.

Según el *Diccionario del español de México*, una quesadilla es una "sf. Tortilla de maíz o de harina de trigo doblada por la mitad, rellena de diversos alimentos como queso, papa, hongos, picadillo, chicharrón, flor de calabaza, etc, cocida en comal o frita". Además, que el queso no sea uno de los ingredientes indispensables de una quesadilla, es algo que asegura Francisco Masse. Para desmentir la presunción de que la quesadilla es una voz de origen prehispánico, Masse cita a Alberto Peralta de Legarreta, investigador y docente en Turismo y Gastronomía de la Universidad Anáhuac México. Masse asevera que "la palabra *quesadilla* no procede del náhuatl e incluso es anterior a la Conquista: su origen se encuentra en la voz asturiana 'casadiella' o 'quesadiella', que era un postre en forma de empanadilla dulce elaborada con masa de hojaldre de trigo mezclada con queso y rellena de nuez y azúcar. La palabra pasó al castellano y se convirtió en 'quesadilla'".

El primer documento en el que aparece la quesadilla data del año 1324, y se trata de un recetario escrito en lengua catalana, de autor anónimo y titulado *Llibre de Sent Soví* (85). Según el sitio web *Food and Travel* en su artículo "Quesadilla, ¿de origen mexicano?", "quesadilla" es una palabra que aparece en el que sería el recetario más antiguo de México: *Diccionario de cocina, o El nuevo cocinero mejicano en forma de diccionario* de 1845. En la definición que ofrece ese recetario, la quesadilla no tendría queso. Citamos la entrada completa del diccionario, conservando la ortografía del original: "QUESADILLAS. Aunque este nombre indica una preparación dispuesta con queso, se llaman quesadillas á muchas en que para nada entra el queso, y solo en la forma ó en los dobleces se parecen à las que se hacen con tortilla de maíz. Hay quesadillas de vianda y de dulce" (708). Sería posible, entonces, considerar la quesadilla como un antojito de México, pero de naturaleza mestiza: maíz americano con influencias hispánicas. Se la disfruta dulce, si se insiste en su origen ibérico y sin queso — y así parecen preferirla los habitantes de la Ciudad de México; con queso y por lo general salada, sería la quesadilla preferida en otros lugares de México y en Estados Unidos. ¿Habría conexiones de la *crêpe* dulce y salada de Francia con la quesadilla? Te dejamos a ti esta pregunta.

¡A preparar quesadillas de pollo à la tex-mex*!*

Tiempo de preparación: 30 minutos
Tiempo de cocción: 30 minutos
Número de personas: 8 personas

Cantidades e ingredientes de las quesadillas de pollo a la tex-mex

4 tiras picadas	Tocino
1 taza	Pechuga de pollo en cubos pequeños
½ taza	Granos de maíz en lata, sin líquido
½ taza	Frijol negro de lata y sin caldo
½ taza	Salsa mexicana o fresca (puedes utilizar una salsa comercial como Tostitos o Pace)
8	Tortillas calientes de maíz
1 taza	Queso monterrey en rebanadas finas

Después de tener dispuestos los ingredientes para estas quesadillas tex-mex, estudia con mucho cuidado las instrucciones de preparación. Toma conciencia de que tu práctica en la cocina no es simplemente "cocinar". Es mucho más que eso: la receta y las instrucciones son un documento general. Tú mismo/a, en el proceso de la preparación, crearás quesadillas únicas. Esto significa que cocinar es un arte: cada una de tus obras es irrepetible y expresa tu propia sensibilidad. Así, entonces, experimentarás *el arte de la cocina*: un verdadero acontecimiento de una belleza nacida en olores, en imágenes visuales, en sabores, en gustos, en sonidos y en sensaciones táctiles. (¡Pero no te cortes!)

Preparación de las quesadillas de pollo à la tex-mex

1 Fríe, sin quemarlo ni tostarlo, el tocino picado. Para ello, usa una sartén mediana y mantén el fuego en medio-alto durante dos minutos. Siempre remueve.

2 Pon ahora los cubitos de pollo junto con el tocino. Sigue removiendo por unos cinco minutos o hasta que veas que todo el tocino ha tomado un color dorado.

3 Procede a agregar los frijoles, el maíz y la salsa mexicana. La temperatura del fuego será ahora media. Tómate cinco minutos y revuelve regularmente. Cuando tu mezcla esté algo seca, apaga el fuego.

4 Sobre cada una de las tortillas pon tu mezcla y una rebanada de queso.

5 Dobla la tortilla por la mitad, teniendo en cuenta que nada debe salirse de ella.

6 Prepara una sartén antiadherente grande sobre fuego medio.

7 Pon sobre la sartén el número de quesadillas que puedas manipular con facilidad. Es suficiente que cada lado de la tortilla esté unos dos minutos en la sartén, o al menos el tiempo necesario para que el exterior de la tortilla se haya dorado y el queso en el interior se haya derretido.

Una vez hayan preparado sus quesadillas y estén comiéndoselas, pueden hacer un debate sobre polémicas gastronómicas. No solo las quesadillas con queso o sin queso crean polémica. Hay otras comidas, ingredientes o prácticas gastronómicas que dividen a los consumidores. Aquí les pasamos algunos ejemplos, y pueden añadir otros a esta lista:

> La pizza con piña
> La salsa kétchup en el huevo y en la pizza
> ¿Qué va primero, el cereal o la leche?
> ¿Cuál es mejor, la salsa roja o la salsa verde?
> ¿Qué hace que una hamburguesa sea una hamburguesa?
> La carne vegetariana

Carta de bebidas | El origen incierto de un cóctel norteamericano: Margaritas

Hay una conexión poco plausible, pero no confirmada, entre el Margarita y el escritor mexicano Juan Rulfo (1917–1986). La conexión la sugiere Antonio Jiménez Morato en su libro *Mezclados y agitados: Algunos escritores y sus cócteles*, de 2012. Rescatando para la memoria un bello detalle cinematográfico, Jiménez Moreto recuerda el cameo de Rulfo en la adaptación cinematográfica de un cuento de Gabriel García Márquez (1927–2014). Esa adaptación del cuento "En este pueblo no hay ladrones" fue realizada en un filme homónimo por el director mexicano Alberto Isaac (1923/25–98). En una cantina de pueblo, sin lujos y con alcohol, Rulfo caracteriza a uno de los frustrados jugadores anónimos de billar —las bolas de billar han sido robadas. Entre 0:39:15 y 0:39:45 acontece el cameo de Rulfo. Jiménez Morato fantasea: "De entre todos los papeles que Rulfo podría haber desempeñado en la cinta puede uno preguntarse por qué, precisamente, [interpreta] el papel de parroquiano de cantina. Justamente en todas las cantinas mexicanas uno de los pocos cócteles que puede uno encontrar con toda seguridad es el Margarita". No obstante, por atractiva que sean, estas líneas fantasiosas de Jiménez Morato no muestran mayor justificación documental: en la cantina del pueblo, es la cerveza el licor usual durante toda la historia.

En cuanto al género gramatical de la palabra "margarita", en el *Diccionario de la lengua espa-ñola*, de la Real Academia Española, ambos géneros son aceptados. En terminología gramati-cal, a este tipo de sustantivos que permite el uso indistinto del género gramatical masculino o femenino se los llama *sustantivos ambiguos*. Es importante que la variación de género gramatical no cause cambios en el significado de la palabra. Así, entonces, *el/la* margarita (para el cóctel), *el/la* vodka y *el/la* mar; pero *la* margarita (para la flor), *el* cólera (para la enfermedad) y la cólera (para la intensa emoción de ira).

Aunque varias son las leyendas sobre el Margarita, el origen de este cóctel sigue siendo incierto. O, en otras palabras: el inventor del Margarita es todavía un misterio; pero sí son muy ciertos estos tres datos. Uno: el Día del Margarita tiene lugar todos los 22 de febrero. Dos: desde 2005, reposa en el *Smithsonian's National Museum of American History* la primera máquina en el planeta que logró preparar Margaritas helados. Esta fue una invención que aconteció en 1971: Mariano Martínez, de Dallas, la llevó a cabo en su restaurante Mariano's Mexican Cuisine. Tres: la aún famosa revista para hombres *Esquire*, fundada en 1933 y donde colaboraron per-sonajes centrales de la cultura en el siglo XX como Truman Capote (1924–84) y Andy Warhol (1928–87), le concedió al cóctel Margarita el premio de ser escogido como "el trago del mes".

Abajo les presentamos las cinco leyendas que circulan sobre el origen del cóctel. Después de leerlas, decidirán con sus compañeros cuál o cuáles les parecen más fidedignas. La existencia de una bella mujer sería el elemento común de todas las historias sobre el Margarita, el cóctel. Nuestras fuentes de información aquí son dos magazines reconocidos: el del *Smithsonian Insti-tute* y el de la *National Geographic*.

> **Primera versión**. En palabras de Lisa Bramen para el *Smithsonian Magazine*,
>
> > la historia más difundida sobre el origen del cóctel tiene que ver con Carlos "Danny" Herrera. Él, en el área de Tijuana, habría inventado la bebida en su restaurante, hacia el año 1938. La historia legendaria asegura que Herrera soñaba con preparar un cóctel para una de sus clientas, una actriz *amateur* llamada Marjorie King. Salvo al tequila, la señorita King era alérgica a todas las bebidas alcohólicas. Con el fin de confeccionar un licor que fuese del gusto de su clienta, Herrera combinó el tradicional trago de tequila con algo de sal en el borde de la copa y el casco del jugo de un limón. Esto dio como resultado una refrescante bebida.
>
> **Segunda versión**. La tomamos del artículo "The Thirst-Quenching History of the Mar-garita", de Rebecca Rupp. "En 1948, habría sido la muy sociable texana Margaret Sames — en castellano "Margarita"— la madre de esta invención: durante una fiesta privada en su casa veraniega de Acapulco, ella mezcló tequila, jugo de limón y la sal". En su "The History of the Margarita", Lisa Breman consigna: "Entre los huéspedes, por cierto de muy alto nivel económico, se encontraba Tommy (*sic*) Hilton. Más tarde, el señor Hil-ton incluiría ese cóctel en el menú de sus bares para la gran cadena hotelera". *Nota bene*: creemos que Breman confunde Conrad con Tommy. Debería ser Conrad Hilton (1887–1979), quien fundó en 1919 esa cadena, hoy bajo el nombre de Hilton Hotels & Resorts.
>
> **Tercera versión**. Rupp también reporta que la actriz Rita Hayworth (1918–87), cuyo nombre real era Margarita Cansino, en la década los 1940 pasó por Tijuana en una rápida gira teatral. Según decires populares, allí, en Tijuana, vivía por aquel entonces Enrique Bastante Gutiérrez, barman en el hipódromo de Aguas Calientes. Él habría inventado el cóctel en honor de su admirada actriz.

Cuarta versión. El trago Margarita quizás fue servido en la ciudad texana de Galveston. Este cóctel mezclado y agitado iba para el paladar y la alegría de la "cantante Peggy Lee, cuyo verdadero nombre era Norma Egstrom". Sin embargo, continúa Rupp, "'Peggy' es usualmente un apodo cariñoso para las mujeres de nombre Margaret. De ahí, de Margaret-Peggy se habría pasado a 'Margarita' para que fuera usado para nombrar el cóctel".

Quinta versión. Rebecca Rupp justifica esta versión recurriendo a David Wondrich, historiador de la coctelería. En su libro *Imbibe!* (2007), y según Rupp, Wondrich defendería esta historia:

El Margarita nació de un cóctel conocido bajo el nombre de "Daisy". Este cóctel, popular en los 30 y en los 40, consiste en una mezcla de alcohol, jugo de cítrico y granadina —un jarabe elaborado a partir de la granada y azúcar. Los tres ingredientes de la mezcla se ponían en una copa y sobre cubitos de hielo. Existían daisies de ginebra, de whiskey, y también de tequila. En el caso del daisy de tequila se usaba licor de naranja (el Cointreau), jugo de limón y un toque de agua gaseosa. El influyente cóctel mexicano Daisy —reconocible y preferido por un licor muy mexicano: el tequila— iría tomando el nombre español para "daisy": Margarita. Ya para 1950, en los anuncios del tequila José Cuervo se publicitaban los Margaritas.

Postre | Uvas y fresas con injusticia: César Chávez y Francisco Jiménez

Antes de investigar y de escribir sobre el movimiento de los derechos civiles para los campesinos estadounidenses, observa con atención la siguiente imagen relacionada con César Chávez (1927–93). Y, después, lee el relato de Francisco Jiménez titulado "Cajas de cartón" (1997). Este relato puedes encontrarlo fácilmente en internet.

Identifica las palabras desconocidos y los giros difíciles para ti. Luego, procede a traducir esas palabras y esos giros.

Elabora un resumen o sumario completo del cuento anterior, tratando de no dejar nada importante de lado.

¿Qué efecto causa sobre el lector el hecho de que el cuento sea una narración en primera persona del singular? ¿Qué pasaría si cambiáramos esa voz narrativa de primera persona a una voz narrativa en tercera persona del singular?

Enumera y discute con dos compañeros/as cada uno de los obstáculos que encuentran la familia protagonista de "Cajas de cartón".

Escritura de una redacción

En una redacción de una página (350 palabras aproximadamente), escribe sobre alguno de los temas relacionados con la comida y con los hispanos en Estados Unidos:

1   El boicot de las uvas y el movimiento de derechos humanos encabezado por César Chávez.
2   La situación actual de los campesinos hispanos en los Estados Unidos.
3   Los inmigrantes indocumentados que trabajan en restaurantes de Estados Unidos por salarios bajos.

IMAGEN 10.5   Estampilla en memoria de César E. Chávez y para uso postal en los Estados Unidos de América. Impresa por el *U.S. Postal Service*, esta estampilla por valor de 37 centavos salió a circular el 23 de abril de 2003, desde Los Ángeles, California. Chávez murió el 23 de abril de 1993.

Source: © Cortesía de Sergei Nezhinskii y de Dreamstime.com.

Traducción | Tiempo de buscar palabras, saboreándolas

Con la ayuda de uno/a de tus compañeros/as de clase, traduce al inglés el párrafo que te presentamos. Cuando hayan terminado de traducir, revisa la traducción en compañía de tu profesor/a.

"Dejemos esto y digamos cómo Doña Marina, con ser mujer de la tierra, qué esfuerzo tan varonil tenía, que con oír cada día que nos habían de matar y comer nuestras carnes con *ají*, y habernos visto cercados en las batallas pasadas, y que ahora todos estábamos heridos y dolientes, jamás vimos flaqueza en ella, sino muy mayor esfuerzo que de mujer . . . por la mañana dizque [Moctezuma] hacía sus oraciones y sacrificios a los ídolos o almorzaba, poca cosa, y no era carne, sino ají" (Con ortografía modernizada. 192–93, 817).

Bernal Díaz del Castillo. *Historia verdadera de la conquista de Nueva España.*

Bibliografía

Bramen, Lisa. "The History of the Margarita". *Smithsonian Magazine*, 5 may. 2009, smithsonianmag. com/arts-culture/the-history-of-the-margarita-57990212/.

Díaz del Castillo, Bernal. *Historia verdadera de la conquista de Nueva España.* Tomo I, Capítulos LXVI y XCVII, Oficina Tipográfica de la Secretaría de Fomento, 1904.

Diccionario de cocina, o El nuevo cocinero mejicano en forma de diccionario. I. Cumplido, 1845.

Diccionario del español de México, dem.colmex.mx/, acceso 15 mar. 2019.

Dumitrescu, Domnita. "Spanglish, estadounidismos y bilingüismo vestigial: ¿Qué es qué? /Spanglish, US Spanish Words and Vestigial Bilinguals: What Is What?". *Visiones europeas del spanglish.* Editado por Silvia Betti y por Daniel Jorques, Uno y Cero, 2015.

Fromm, Erich. *Marx y su concepto del hombre.* Traducido por Julieta Campos, Fondo de Cultura Económica, 1970.

Grad, Laurie Burrows. "Liminality: The Threshold Betwixt and Between". *Huffington Post*, 25 dic. 2017, www.huffpost.com/entry/liminality-the-threshold_b_13845666.

Isaac, Alberto, director. *En este pueblo no hay ladrones.* Óptima, 1965. DVD.

Jaramillo, Juan F. "El futuro de la lengua". *Al DíaTX.com*, 23 oct. 2010.

Jiménez, Francisco. "Cajas de cartón", www.gavilan.edu/spanish/gaspar/html/3_02.html, acceso 25 julio 2017.

Jiménez Morato, Antonio. *Mezclados y agitados: Algunos escritores y sus cócteles.* Debolsillo, 2012.

Llibre de Sent Soví. Editado por Rudolf Grewe et al., Barcino, 2009.

Lomas Garza, Rosario. *La tamalada*, www.loc.gov/item/2004665904/, acceso 1 nov. 2017.

Manuel, Peter, y Michael Largey. *Caribbean Currents: Caribbean Music from Rumba to Reggae.* Temple UP, 2016.

Martí, José. *Obras completas.* Tomo LXXIII, Trópico, 1936–53.

Masse, Francisco. "Se acabó: Las quesadillas pueden ir con o sin queso". *Milenio*, 9 feb. 2017.

Moore, Robin, y Walter Aaron Clark, editores. *Musics of Latin America.* Norton, 2012.

Pilcher, Jeffrey M. *Planet Taco: A Global History of Mexican Food.* Oxford UP, 2012.

Piñeiro Martínez, Ignacio. "Échale salsita", www.youtube.com/watch?v=WYqKMcpc_6w, acceso 19 mar. 2019.

"Protocolo: Claves para convertirse en el perfecto anfitrión". *Hola*, 22 dic. 2011, us.hola.com/cocina/escuela/2011122256169/protocolo-buen-anfitrion/.

Pruess, Joanna. *Seduced by Bacon: Recipes & Lore about America's Favorite Indulgence.* The Lyons, 2006.

Ramos, Carmen, y Tomas Ybarra-Frausto. *Our America: The Latino Presence in American Art.* D. Giles Limited, 2014.

Ramos i Durarte, Feliz, y Ricardo Gómez. *Diccionario de mejicanismos: Colección de locuciones i frases viciosas.* Herrero Hermanos, 1898.

Real Academia Española. *Diccionario de la lengua española.* Espasa Calpe, 2014.

Rupp, Rebecca. "The Thirst-Quenching History of the Margarita". *National Geographic Magazine*, 23 feb. 2016, nationalgeographic.com/people-and-culture/food/the-plate/2016/02/23/the-thirst-quenching-history-of-the-margarita/.

"La salsa más famosa del mundo desde el corazón de Louisiana". *Tabasco*, www.tabasco.com.es/historia, acceso 21 abr. 2019.

"The Salsa Revolution". *Latin Music USA: Hour 2*, Public Broadcasting Service (PBS), 12 oct. 2009, www.pbs.org/wgbh/latinmusicusa/home/#/en/exp/salsa/watch.

"Sándwich spanglish", www.filmfood.nl/2011/01/film-spanglish-2004-woman-and-her.html, acceso 19 mar. 2019.

Smith, K. Annabelle. "The History of Baseball Stadium Nachos". *Smithsonian Magazine*, 7 may. 2013, www.smithsonianmag.com/arts-culture/the-history-of-baseball-stadium-nachos-53046650/.

Tió, Salvador. "Teoría del Espanglish". *Diario de Puerto Rico*, 28 oct. 1948, p. 5.

Torres Siller, María Isabel. "Quesadilla, ¿de origen mexicano?". *Food and Travel*, 23 jun. 2017, foodandtravel.mx/quesadilla-de-origen-mexicano/.

Trillin, Calvin. "Local Bounty: Grandfather Knows Best". *The New Yorker*, 12 ene. 2003, www.newyorker.com/magazine/2003/01/20/local-bounty?Current Page=all.

Vann, Mick. "Who's a Pepper? Pace Picante, the Company That Made Salsa a Household Name". *The Austin Chronicle*, 22 ago. 2008, www.austinchronicle.com/food/2008-08-22/663211/.

Wondrich, David. *Imbibe! From Absinthe Cocktail to Whiskey Smash, a Salute in Stories and Drinks to "Professor" Jerry Thomas, Pioneer of the American Bar*. TarcherPerigee, 2015.

IMAGEN 10.6 Alice M. Allen, con ocasión de la *Grand Tasting Holiday Feast*, ofrece Tostitos Scoops con guacamole y con pico de gallo. University of Colorado Denver, 5 de diciembre de 2018.

Source: © Cortesía de Holly Vesco.

ÍNDICE